ミネルヴァ日本評伝選

感じたるまゝ

柳田国男

鶴見太郎著

ミネルヴァ書房

刊行の趣意

「学問は歴史に極まり候ことに候」とは、先哲荻生徂徠のことばである。

歴史のなかにこそ人間の智恵は宿されている。人間の愚かさもそこにはあらわだ。この歴史を探り、歴史に学んでこそ、人間はようやくみずからの正体を知り、いくらかは賢くなることができる。新しい勇気を得て未来に向かうことができる。徂徠はそう言いたかったのだろう。

「ミネルヴァ日本評伝選」は、私たちの直接の先人について、この人間知を学びなおそうという試みである。日本列島の過去に生きた人々の言行を、深く、くわしく探って、そこに現代への批判を聴きとろうとする試みである。日本人ばかりではない。列島の歴史にかかわった多くの異国の人々の声にも耳を傾けよう。

先人たちの書き残した文章をそのひだにまで立ち入って読み、彼らの旅した跡をたどりなおし、彼らのなしとげた事業を広い文脈のなかで注意深く観察しなおす――そのとき、はじめて先人たちはいまの私たちのかたわらによみがえってくる。彼らのなまの声で歴史の智恵を、また人間であることのよろこびと苦しみを、私たちに伝えてくれもするだろう。

この「評伝選」のつらなりのなかから、列島の歴史はおのずからその複雑さと奥ゆきの深さをもって浮かび上がってくるはずだ。これを読むとき、私たちのなかに新たな自信と勇気が湧いてきて、その矜持と勇気をもって「グローバリゼーション」の世紀に立ち向かってゆくことができる――そのような「ミネルヴァ日本評伝選」にしたいと、私たちは願っている。

平成十五年（二〇〇三）九月

上横手雅敬
芳賀　徹

柳田国男（大正10年）

間引きの絵馬（利根町徳満寺）

遠野遠景（六角牛山）

柳田国男——感じたるまゝ　目次

目　次

図版一覧

序　体験を記述するということ

死後六〇年近くを経て柳田国男の文章は読む側にとって、懐かしさと近づきやすさを感じさせる。その理由はどこにあるのだろうか。

柳田国男の「方法」

草創期の日本民俗学を担った人物を評する時、物事を洞察する力においては折口信夫《おりぐちしのぶ》、型破りの知識量と記憶力においては南方熊楠《みなかたくまぐす》の名前を挙げなくてはならないのに対し、柳田国男は、志す者があれば、誰もが入っていける道筋を示したといえる。すなわち、柳田がいなければ、民俗学とは超人的な力量が先行する「技」のようなものと捉えられた可能性すらある。

それでは、柳田の方法とは何かといえば、即座に明言できるものがあるとはいいがたい。例えば民俗学の世界で柳田が言及した方法に重出立証法がある。文献資料に偏ることなく、集められた民俗事象の比較検討からその変遷過程を探ることを説いたものだが、柳田自身は必ずしもこれを系統的に使ったわけではない。むしろ柳田の方法とは、こうした技術的な領域に止まるものではなく、その背後にある暗示に富んだ言葉の中に求められる。

ここで思い当たるのは、柳田は民俗学に限らず、文章の中で何度も自分の記憶、そして体験を描いていることである。しかもそれらは具体的な場所や人、そしてモノを介してひとつの風景を構成しており、それだけ映像的、感覚的である。個人の体験、記憶を織り込んだ記述が多くの読者にとって時代を隔てていながら、同時に読み手が共感できるものであること――柳田の仕事が読み継がれる理由はそこにある。近代日本の官僚として柳田は栄達を遂げた人物だったが、民俗に関わって描きこまれる記憶、体験は立身出世した者の目線が抑えられているのも理由のひとつである。

柳田の方法とは、これらの体験を現在からその都度、意味付けしていく過程でゆっくりと編み出されていったといえる。その文脈から読み解くと、柳田にとって自分の体験、記憶とは、個人の内部に止めて置かれるものではなく、扱う主題へと読者を誘っていく上で重要なものだったことが分かる。現在まで続く柳田の影響力とは、まさにその方法に負うところが大きい。

メモワールはヒストリーたり得るか

こうした方法に沿って自身の民俗学を広げていく柳田にとって、課題となったのは、どうすれば自分の記憶から引き出される感覚を多数の読者、同好の士に伝えそこから共鳴を得られるか、だったといえる。集積する個々の体験、記憶をどう総合していくか――それは柳田にとって最終的に総体としての日本人像という大きな事象へと連なっていくが、無数の生活者による記憶を堆積させていくことで、そこにひとつの歴史を描こうというのが柳田の生涯だったといえる。その際、柳田の体験、そして記憶とは、まさにその呼び水として重要な役割を果たすものだった。

ただし、ここで本来は断片化している個々の記憶は集積することで歴史となるか、という問題は依然として残る。煎じ詰めていえば、メモワールとは果たしてヒストリーたり得るのか、という問である。そして近代日本の思想史の中で、柳田ほどこの問題に自身の学問と方法が重なってくる人物は少ない。柳田は大小多くの回想録を残しているが、もっともまとまった『故郷七十年』（一九五九年）も、そこに書かれたことはすべてが七〇代後半になって回想したものではなく、多くは幼少期から柳田に伴走してあったものを再論したものといってよい。

以下に続く本編では、その点を意識しながら柳田の辿った行程を描く。故郷における記憶のはじまり、上京後、就学しながら無名の群像による記憶の堆積をモティーフに習作を行った青年詩人時代、農政学から民俗学へと活動の領域を推移させる中で自分の方法について思索を深めた官僚時代、官界を去りジャーナリズムの世界に身を置き、沖縄旅行を経て次第に自身の方法を自覚的に使い始める朝日新聞社時代、その方法の実践として組織作りに入った昭和戦前期、自身の民俗学がアジア規模で敷衍可能かという岐路に立たされた戦時下、そして自身の創った民俗学という領域と方法が、それまで潜在的に競合関係にあった文化人類学の側から挑戦を受けた戦後、という構成をとる。

なお、氏名の表記については、正確には柳田家に養嗣子として入籍する一九〇一年五月までは「松岡」で記すべきであるが、便宜上本書では「柳田」、ないし「柳田国男」で通すことにする。

第一章　はじまりの風景

1　松岡家のこと

柳田国男の仕事を見渡した時、特徴的なことは、若い時に得た直観がずっと後になって姿を変えながら、よりしっかりとした像をなしていく点である。柳田の人生に即すと、青年時代の文学的な感性が、後年、自らが育てた民俗学という、すぐれて経験的な枠組みの中で初発の魅力を備えたまま、いくつもの資料によって説得性を持った仮説として再現されていく。

記憶の中の肖像

戦後柳田は、「自分の尊敬する友人の中には、なまじいに秀才であったがゆえに紙鳶や竹馬の経験を、ほとんど記憶しないという人も少なくないが、私はこれとは正反対に、あまりにいつまでも子供らしさの好奇心が続いている」（「柳田國男自伝」『柳田國男全集』三一巻、ちくま文庫、一九九一年、五九七頁）と述べた。晩年になってからの回想だが、多くの人間が自身の感覚によって周囲の対象を把握する幼少期の特性を、次第に書物や外からの知識によって失っていくのに対して、自分の場合、それが途切れることなく続いたと、柳田自身、考えていたことを伺わせる。それはまた、簡単に少年期の記憶を手放さないということでもある。

例えば、一九二八年に書かれた「ウソと子供」（『文章倶楽部』八月号）は、戦後『不幸なる芸術』（一九五三年）の一篇として収録された文章だが、私利私欲のために人を欺くことと、人を面白がらせるために「ウソ」をつくことの違いを明快に述べた文章である。この場合、欺瞞と狡猾さが先行する前者に対し、後者は民衆娯楽の一部として伝承され、村の中でも優れた「ウソツキ」が長く記憶に留められることすらあった。それが無垢な形で現れた話を柳田は自身の子供時代にさかのぼって紹介する。小学校時代級友の間で訪問客が土産を持ってくることが目新しい話題だった時、自分はありもしない客を創造して自宅に長逗留していると吹聴し、却って辻褄を合わすのに苦労したというのである。さらに、末尾で柳田は買い物を母親から頼まれた末弟が、帰宅後買ってきた揚げ豆腐が欠けた理由を鼠が齧ったと母親に申し開きした光景を描き、「ウソ」と知りつつ普段は厳格な母親がおかしそうに笑い、「彼のいたいけな最初の智慧の冒険を、成功させ」たと結んだ（『柳田國男全集』以下、『全集』と略記、一九巻、筑摩書房、一九九九年、六一六、六二五〜六二六頁）。ここで描かれる「ウソ」の持つ笑いと面白さの意味が光彩を放つのは、考証の中で少年時代の小さな記憶が約四〇年の間隔を経てよみがえるという、その構造にも求められる。

加えてもうひとつ柳田を特徴付けるのは、それらの体験がしばしば直観を伴っていること、その直観が自身の回想・体験談の中で重要な役どころを果たし、時に多少の変容が加えられながら、論考に組み入れられていることである。『山の人生』（郷土研究社、一九二六年）における「神隠し」を扱ったくだりで、幼少期の自分もそれに近い体験、ないしそれを引き起こしやすい気質を持っていたことを例示したことにみるように、柳田の論考で読者に印象を残すのは、博捜によって引き出された資料に劣らず、これら柳田自身の言葉なのである。

ひるがえって、どの専攻に限らず、ヨーロッパの学問を基準とする近代日本の学問において自分の体験を論考に組み入れることは、客観的な視座を保持する上で、明らかに逸脱の対象となる。そこで基準となっているヨーロッパの学問が、神学を起点としながら発展していることを考え合わせれば、ヨーロッパの学問とは自立した個人を標榜する一方で、神を中心に考えて自己を卑小化するという、もうひとつの側面を持っている。

そこから考えると、実質的な自伝といってよい『故郷七十年』（のじぎく文庫、一九五九年）で柳田が云っていることは、決して筆を起こした七〇代後半になってから初めて思い出されたものではない。絶えず反芻されるその時々の直観、体験を晩年、もう一度練り直したものであり、常に幼少期から柳田に伴走してあったものを再論しているといってよい。さらには、その中に、ヨーロッパ型の学問の在り方への隠された批判を読み取ることも可能であろう。

この点を片隅に置きながら、まずは『故郷七十年』に描かれた故郷と幼少時の記憶から眺めること

当時の生家

とする。

生い立ち

一八七五（明治八）年七月三一日、松岡国男、のちの柳田国男は飾磨《しかま》県（翌年兵庫県に合併）神東郡田原村辻川（現・神崎郡福崎町）で父・松岡賢次《けんじ》（のち操《みさお》と改名。号は約斎《やくさい》　一八三二〜九六）、母・たけ（一八四〇〜九六）の子として生まれた。男ばかり八人兄弟の六番目（うち三人は夭折）で、早くに亡くなった四男・芳江と五男・友治の後に生まれたのが国男だった。松岡家は代々一人っ子が多く、絶えず存続の危機に晒されていた家系だったが、その歴史からいえば、これは珍しいことだった。伝承によると、松岡氏は播州赤松氏の流れを汲むとされ、室町時代の終わり頃、兄弟で播州西部から辻川に移り、それぞれ辻川の東と西に居を構えた。操の先祖はそのうち「西組」とよばれた側の東端に属した分家のひとつだった（「故郷七十年」『全集』二一巻、一九九七年、一二三頁）。

辻川は播州平野のほぼ真ん中に位置しており、生野街道と加西郡北条へ到る街道が交わるほか、海岸からさほど遠くなかったことから、早ければ昼前には播磨南岸でとれた鮮魚を売りにきたし、秋には若狭ガレイ売りもやってくるなど、物流の盛んな地点だった。そしてモノとともにそこを行きかう人々によって多くの噂話、世間話がもたらされる場所でもあった。辻川は明治初年で百戸に満たない集落だったが、郡役所が出来たことを受けて、菓子屋・鍛冶屋のほか新しい商売が目に見えて増えていき、時代の波が確実に押し寄せてきていることは幼少期の柳田の眼にも伝わってきた（前掲「故郷七十年」五五、六五頁）。

「西組」の松岡氏に学者として明記される人物として、一八四〇年に没した左仲《さちゅう》がいる。左仲自身は早くから儒者として身を立てようと決心していたが、はからずも医業に従事していた兄・勝次郎が早くに亡くなったため、これを引き継ぐこととなり、京都へ遊学の後、辻川で開業した。子に恵まれなかったため、近隣の川辺の医家・中川氏から小鶴《こづる》を養女として迎え、さらに小鶴が二六歳の時、同じ中川家の縁筋から中川至《いたる》を養子にとり、一子・賢次（操）を得た。小鶴は明治六（一八七三）年に亡くなるが、早くから学問を志し、漢学・詩文に非凡な才能を示した。のち、不幸にもたまたま病臥中だった至が、些細な言動から左仲の不興を買うこととなり松岡家を出てしまって以降は、医業の研鑽を積み、女医として生活を支えるかたわら、息子操の教育に傾注した。また、近隣からの要望によって、子供たちに漢学を教えた。自身の思うところを率直に述べることのできる人物であり、懐徳堂にも学んだことのある辻川の庄屋・三木慎三郎が排仏論者として著した文章に対し、小鶴は法華経を信奉していた立場からこれに反駁する「与公逢論仏書」を奏した。明治六年に没したため、柳田自身は生前の小鶴を直接知ることはなかったが、家に伝わるこの一文を読んでその学識から強い刺激を受けた（後藤総一郎監修『柳田国男伝』三一書房、一九八八年、三五～三九頁）。

父母のこと

操は早くから母によって家学たる漢学と医学に習熟することとなった。長じて郷学の仁寿山校に学び、さらに弘化二（一八四五）年には姫路藩藩校の好古堂に入学して官費による勉学を行う機会を得た。成績は優秀だったが、次第に学校に適応がむつかしくなり、師や級友と軋轢を起こすことが多くなった。やがて無断で学校を出て生き別れになっていた父・至の許を訪ねたりしたことから、学費の給付を停止され、好古堂を退学せざるを得なくなった。その後、近隣の医家で短期間医業を修め帰郷し、医業を継いだ。文久三（一八六三）年には姫路藩許可の町学校・熊川舎の教師となり姫路に住んだが、ほどなく廃藩置県によって辞職し、敬業館教習、竜野更化中学校一等助教をそれぞれ短期間つとめた後、明治一〇（一八七七）年、多可郡の荒田神社の神官となった（「故郷七十年拾遺」『全集』二一巻、三六九～三七〇頁）。明治一五（一八八二）年頃には、鳥取赤碕の漢学塾・順正書院で教えたこともあったが、半年ほどでまた辻川に戻ってきたことが判明している（生田清「順正書院のこと」『定本　柳田國男集』以下、『定本』と略記、三一巻、月報三五、筑摩書房、一九六四年）。

目まぐるしい変転の中にあって操は国学、漢学の勉強を続けているが、本居宣長、平田篤胤の著書に親しんだ。特に篤胤への傾倒は大きく、中年となってから平田派の神官となった。復古的な性格の強い平田神道に身を置き、国男の生まれた年には仏壇を流してしまう程の傾倒を見せる一方で、年中行事の魂送りはこれを慣習的に行った。戦後間もない時期、柳田は自身の仕事を「新国学」と呼ぶなど、近世の国学を意識していたことは明らかであるが、その背後には幕末維新期という不安定な世相にあって国学を手放さなかった父親の存在があったといえる。

一八世紀の終わりに稿を起こした『玉勝間』において本居は、「すべてゐなかには、いにしへの言の、これること多し、殊に国人の、とぶらひきたるには、必その国の詞をとひきゝもし、その人のいふ言をも、心とゞめてきゝもするを、なほ国々の詞共を、あまねく、聞きあつめなば、いかにおもしろきことおほからん」（『日本思想大系四〇　本居宣長』岩波書店、一九七八年、二三五頁）と述べ、都会では廃れたが、田舎には残っている習俗の価値を認め、その収集を奨励している。後に民俗学で重要な主題のひとつとなる死後の世界について宣長が諦念とともにこれを受け止めたのに対し、没後の門人・篤胤はこれに強い関心を示し、自身の学問の中心に据えた。すなわち、亡くなった後も死者の霊魂は「常磐にこの國土に居」り、その赴く先である「冥府」とは、「顯國をおきて、別に一處あるにもあらず、直ちにこの顯國の内いづこにも有なれども、幽冥にして現世とは隔たり見えず」という前提に立ち、死後の世界とは国内の何処にでもありながら、いずれもこの世からは見えない場所にあるとした（同前「霊能真柱」『日本思想大系五〇　平田篤胤　伴信友　大國隆正』一九七三年、一〇九頁）。この把握から日常の背後にある霊魂観・神観念が強調され、それらが隠れた世界（幽冥界）との交感という神秘主義が前面に押し出される。後年、明治政府の神道政策に対する批判者となる柳田が、維新後の宗教政策に圧倒的な影響力を発揮した平田国学について一時、そこに位置付けられる「幽冥界」に強く引かれ、自身の想像力を刺激する糧としたが、次第に距離を置くようになった。郷土研究の組織化に取り組んでいた一九三〇年代、柳田は『玉勝間』を引いて宣長の慧眼を評価するとともに、「何故にその生涯を古典訓詁の業に傾け盡して吝まれなかつたのかを訝しく思ひ、且つは時運といふものゝ學者を支配し、または指導する力の大きかつたことを感ぜずには居られなかつた」(「我國郷土研究の沿革」『全集』八巻、一九九八年、二三七頁)と評したが、このことは、柳田が宣長を読むにあたっても、自身が仕事の基礎に置いた「平凡」への意志、「凡俗」の価値が保たれていたことを示している。柳田がこうした姿勢をとったことは、『鉗狂人《けんきょうじん》』や「日の神論争」などにみられた宣長の論理の飛躍に対し、自身を抑制できた要因となった。

転変の激しい来歴が示すように、操は新しい場所で人間関係を結ぶ素質に恵まれていたわけではなく、明治維新の前後、変動する社会の中にあって、再三、上昇の機会をつかみながら、新しい環境に順応することができず、故郷へ戻ることを繰り返した。後年、氏神信仰と神道の関係を詳述した『神道と民俗学』(明世堂、一九四三年)の序文で、柳田は「常に自分の故郷の氏神鈴ガ森の明神と、山下に年を送った敬虔なる貧しい神道学者、すなわち亡き父松岡約斎翁とを念頭に置きつつ」と記している。ここに凝縮されているのは、神経の細やかさによって異郷の地で他者との間に交じって生きることに不得手なことから、新しい時代に翻弄され、辛うじて自身を繋ぎとめるべく、その方途を郷里で神道に求めようとした転換期の一地方知識人の姿である。物心ついた頃から、こうした父親の姿を目の当たりにしたことは、後に明治新政府による一部の近代化政策に対し、冷ややかな態度をとった柳田を見る上で記憶に止めてよい。

世事に疎かった父・操に対し、これとおよそ対照的な人物だったのが母親のたけ(一八四〇年生)だった。たけの実家・尾芝家は元々、辻川のほど近い北条町で代々医家を営んでいたが、たけが生ま

父・操と母・たけ

れた頃には零落しており、二人の兄が早世し、母親も心労から亡くなったため、父と妹の世話を一身に引き受け、早くから家の切り盛りを任された。一八歳の時、一時姫路藩家老・高須家に奉公に出たことがあるが、ほどなく一八五九年に松岡家に嫁し、八人の男子を産んだ（うち次男・俊次、四男・芳江、五男・友治は早世）。

柳田は父親から移り気な気質を受け継いだとする一方、自分が前代生活を詠嘆的に記述する口調は母親からのものであるとし、自分の感情のあらわれに型があるとすれば、それは母親に由来するとした（前掲「柳田國男自伝」五九二〜五九三頁）。のちに民俗学の輪郭を定めるにあたって柳田は民衆の幅で捉えた感情の起伏を重視したが、その柳田が幼少期まず、感情をあらわす時、無意識のうちに参照点にしたのが母親だった。戦後柳田は、母親がその時々の感情を交えながら子供に対して発する日常の言葉が生活上の論理を理解させる上で何よりも大きな道具となることを述べたが、その基礎となるものは、すでに幼少期の体験にあったと見るべきである。

たけについて特筆すべきことは、小さな地域社会において優れた判断を示す人として通っていたことである。百戸ほどの村だった辻川において、各家の中でとりわけ夫婦間でおさまることが出来ない諍いごとが起こった時、たけは判断を仰ぐべき人物として頼りにされていた。その際たけは、どちらに非があるかを的確に見極めた上で、それがかりに年輩であってもきちんと釘を刺した。しかも柳田によれば、こうした母の手腕は書物によるものではなく、二〇代から三〇代にかけて自身が様々に「実験」を積むことで生まれたものだった。そこで培った手腕を外で発揮すべく自ら積極的に外へでたことが、周囲からの信望となってあらわれたとした（「主婦の歴史」『新女苑』一九四〇年一一月号、山川菊栄との対談）。

兄弟たち

近代日本において親の代で家が斜陽化しつつあった時、子供の世代が巻き直しをはかってとられた戦略のひとつに、上の兄弟たちが勤勉さをもって身を立ててのち、そこで形成された人脈、経済的基盤によって下の兄弟を引き上げるという様式がある。明治一〇年代から二〇年代をとってみると、松岡家の兄弟はまさにその典型だった。それは長兄の鼎《かなえ》においてほとんど自己犠牲といってよいほど、顕著な形をとった。

松岡鼎（一八六〇〜一九三四）は明治一一（一八七八）年、神戸師範学校を終えて小学校教師生活を送った。後述する二度にわたる不幸な結婚生活と別離を経て、医学を志して医者の速成コースに相当する帝国大学医科大学別科医学科を卒業し、茨城県布川で開業医として成功して親兄弟を呼び寄せ、その後も親代わりになって弟たちの面倒をみた。一八九三年には千葉県南相馬郡布佐町（現我孫子市）に移り、ここを拠点に医業を続け、地元と密接に関わり信望を得、町会議員・郡会議員のほか、千葉県医師会会長をつとめるなど、地域社会に重きをなした。

「故郷七十年」には、日本画家となった末弟・松岡映丘《えいきゅう》の絵を文展で説明された貞明皇后がこの作者の兄弟は四人いて、それぞれ仕事をしていることを紹介された時、鼎のことを指して、「もう一人、上のが田舎にいるはずだ」と言ったことを後日聞いて、「それでもう本望」と言って滂沱《ぼうだ》する長兄の姿が描かれている（前掲「故郷七十年」一〇九頁）。兄弟で濃淡はあるものの、こうした無条件といっていいほどの皇室に対する尊崇は柳田にも通じており、さらに南方熊楠、津田左右吉など、明治初年に少年期を過ごした民間学者にも共通するものである。ただし、両者の強靭な個性でもあった「反官意識」が皇室への尊崇と相互補完性の関係にあったのに対し、官僚として民間学に従事した柳田は在野の研究者となってからも士大夫的な視座から皇室と民間との調和を模索した（鹿野政直『近代日本の民間学』岩波新書、一九八三年、二二九〜二三三頁）。敗戦から数年を経て行われたインタビューの中で柳田は自分には「勤皇心」があると発言しており（「村の信仰」初出、思想の科学社編『私の哲学』中央公論社、一九五〇年、田中正明編『柳田國男　私の歩んできた道』岩田書院、二〇〇〇年、六七頁）、一部で天皇制批判がかまびすしい同時代の論壇とは明確に線を引いた。そして、この信念は戦前戦後と揺らぐことはなかった。

こうした思想的な背景に、本居ら国学の系譜に連なる父親からの影響を指摘する向きもあるが、苦学してそれが報いられる世の中が生まれ、柳田が兄弟を含め、その環境を十分に享受した点を重視すれば、それは近代に比重の置かれたものであろう。先に引いた貞明皇后の逸話が示すように、柳田の天皇観を特徴付けているのは、経験的かつ人格的なところである。これは次章で述べる、その対極ともいうべき教育勅語に象徴される抽象的な言辞によって民衆を縛る動向に対し、終始柳田が忌避感を示したことと重なってくる。

生活面で柳田を支えたのが鼎だったとすれば、これに続く形で学業と文学活動への援助を行ったのが次兄・井上泰蔵《たいぞう》（のち、通泰《みちやす》と改名、一八六六〜一九四一）である。一二歳の時、近隣の吉田にあった旧家で医師・井上家に養子に入った通泰は、その後上京して帝国大学医科大学に学び、卒業後は眼科医として兵庫県立姫路病院、ついで岡山の第三高等学校医学部教授として勤務したのち、一九〇二年再度上京して、麹町幸町に眼科医院を開業した。学生時代より桂園派に連なる歌人として知られたほか、医科大学の先達である後の軍医中将・賀古鶴所《かこつるど》を通して森鷗外、あるいは落合直文の知遇を得、「新声社」の結成にあたって同人の一人となった。一八八九年、訳詩集『於母影』の刊行にあたっては、その数編を担当したほか（「漱石の猫に出る名――越智東風の由来」初出『週刊朝日』一九三四年三月一日、『全集』二九巻、二〇〇二年、一三七頁）、同年創刊された『しがらみ草紙』では、数多くの歌を投稿した。また、同誌を通して幸田露伴と知己になったほか、徳富蘇峰《とくとみそほう》、陸羯南《くがかつなん》らとも交わり、広く言論界までその人脈を広げた。

一九〇六年、かねてより歌人として通泰の力量を認めていた山縣有朋の肝煎りで歌会「常盤会」が結成されると、通泰はこれに選者として加わった。同会には幹事として鷗外と賀古が名を連ね、選者に通泰のほか佐佐木信綱、小出粲《つばら》、大口鯛二《たいじ》が加わった。翌年、通泰は山縣の推輓《すいばん》によって御歌所寄人（宮内省管轄勅任待遇）に任ぜられ、宮中における関連行事・歌道指導に深く関わった。山縣の庇護はこの後も続き、事情通からみた井上眼科は山縣系の政治情報が聞ける場所と目されるようになる。「町医者」でありながら、権力の中枢に強いパイプを持ち、さらに領域を超えた対象への関心を持ち続け、市井の好事家としての相貌も併せ持ったところに、通泰の特色がある。後に東京で学業を再開するにあたって柳田が高等教育の鋳型にはまることなく、自在に文学的才能を伸ばすことができたのは、通泰が作った人脈によるところが大きい。

宮中御歌所での通泰の仕事振りをみると、常盤会のほか、自らが関わったいくつかの史談会において強い指導力を発揮したことが分かる。山縣閥という明治の政界における圧倒的な力が背後に控えていたことで、一眼科医でありながらその仕事場には、同時代の政界に関わる貴重な情報が集まった。政界から宮中にわたる通泰の人脈はまた、山縣閥の影響を官僚となって以降の柳田が間接的に受けることにも繋がった。

すぐ下の弟にあたる松岡静雄《しずお》（一八七八～一九三六）は、軍人でありながら後に民族・言語学者となった異色の経歴の持ち主で、兄弟中、直接柳田と研究上のやりとりのあった唯一の人物である。海軍兵学校を卒業後、最終的に大佐で予備役に編入されたが、第一次世界大戦時、ドイツの統治下にあった南洋諸島へ海軍が派兵した折、ポナペ島で統治の実務にあたったことをきっかけとして、南洋の言語・習俗に深い関心を寄せるようになり、『南溟の秘密』（春陽堂、一九一七年）『太平洋民族誌』（岡書院、一九二五年）『ミクロネシア民族誌』（同、一九二七年）など、南洋諸島の地勢・習俗に関するいくつもの著作をあらわした。日本人の祖先の来し方は、柳田のライフワークともいうべきものだったが、古代における南方からの船による民族移動という構想は、その淵源のひとつは明らかに大正中期、静雄との意見交換にあった。一九一八年に静雄は日蘭通交調査会を設立し、ここで東南アジア島嶼部の移民・開発事業の計画に携わった。折から南洋への関心を高めつつあった柳田がこの調査会に関わり、オランダ語を学び始めたのは、ちょうどこの時期にあたる。同会は静雄の病気によって中途で活動を停止するが、その後も南洋諸民族への関心を注ぎ続けた。昭和に入ってからは、豊富な言語学の知識を記紀神話の研究に生かして多くの著述を残したが、次第に国家回帰的な民族宗教を提唱するようになった。

末弟の映丘・松岡輝夫《てるお》（一八八一〜一九三八）は、上の兄弟が開いた人的・経済的な基盤を十二分に享受した。柳田に遅れること一年、上京して通泰宅から中学校へ通った。通泰・柳田の人脈によって当時の画壇の重鎮である橋本雅邦、次いで山名貫義に入門し、とりわけ後者から大和絵の技法について多くを学んだ。一八九九年には東京美術学校日本画科予備課程に進んでいる。雅邦、貫義という当代屈指の日本画家にして日本絵画協会の指導者に師事したのが入学前であることからすれば、画学生としてはこれ以上ないほどの環境に恵まれている。卒業後は一九〇八年に母校の助教授として着任し、以後長らく教鞭をとり、杉山寧、橋本明治、高山辰雄など多くの弟子を育成し、一九三〇年には帝国美術院会員となるなど、斯界の指導者として重きをなした。一九三五年には、「民族絵画の伝統」に立脚した新文化運動を企図して国画院を起こし、斯界のみならず政財界・ジャーナリズム・軍人など多方面から顧問を得たが、十分な活動を行えぬまま急逝した。なお、一九三七年に帝国美術院が発展的に改組され帝国芸術院が設立された際、帝国芸術院会員となっているが、これは通泰・国男に先立つものであった。かつて通泰は弟の関心がどこにあるかを想像しながら柳田に向けて歌の本を送ったが、後にそれをそのまま、受けるようにして柳田は映丘に錦絵を送っている。

2　辻川から北条の町へ

いくつかの原体験

自らの記憶から問題を発見することを特色とした柳田にとって、幼少期はその基礎となるいくつかの重要な原体験をもたらした。その最たるものが、長兄・鼎の許に嫁いできていた兄嫁との離別だった。

郷里の知識人である一方、松岡家の暮らし向きは楽ではなかった。そのことは住居の大きさ・構造という生々しい形で家族生活を拘束した。現在も辻川に保存されている松岡家の旧宅は間口も狭く、それに土間と厨房などを除くと、四畳半が二間、三畳部屋が二間しかなく、柳田が生まれた時点でそこに一家五名が起居していた。鼎が嫁を迎えたことから、ひとつの悲劇が起こった。新婚を迎えたばかりの夫婦にとって、この家は明らかに同居するには小さく、嫁姑との関係をこじれさせた。特に取り返しのつかない形でその被害を被ったのが、最初の妻が離縁された後、鼎の後添いとして松岡家に入った女性だった。幼少期の柳田からみれば、家に様々に新しい彩りを添えるはずの兄嫁はいずれも、生活空間の狭さ、気の強い母・たけとの軋轢に悩み、最終的に松岡家を出ざるをえず、特に二番目の兄嫁は実家に戻ることも叶わず悲劇的な最後を遂げた。

後になって柳田は、幼い聞き手を主体とした場合、鮮やかに心に残る昔話を語ってくれるのは血縁者よりも、むしろ外からやってきた兄嫁であることが多いという話題に沿って、自分にとっても兄嫁の存在が大きかったと回想しており（「昔話と民俗」『新女苑』一九四一年五月号）、その兄嫁がある時、ふいに居なくなったことは、当時の柳田にとっても、そこに家をめぐる深い問題があることを感じざるをえない出来事だった。戦後、柳田は「この家の小ささ、という運命から、私の民俗学への志も源を発したといってよい」（前掲「故郷七十年」二五頁）と、この体験がその背後にたたずむ問題を反芻するきっかけとなったと回想しているが、そこにあるのは明らかに住環境、そしてその遠因となる経済事情を無視して嫁を迎え、新婚夫婦を同居させた周囲、そして家族の短慮への嘆きである。

本来、婚姻・同居などひとつの画期をもたらす習俗は、そこに到るまで様々な経験知をもってはかられるべきであり、柳田にとって民俗学とはまさにその処方箋として捉えられた。兄嫁が被った悲劇は、後に柳田が民衆を描く時、それをいたずらに美化することのない視座をもたらす出発点となった。柳田の民俗学を特徴づける経世家としての側面は、郷里で直面した生活苦にあることはつとに指摘されている。その一方で、一家が味わった厳しい生活体験は、柳田の文体に漂う一連のペシミズム、特にそこで描かれる民衆像、それを取り巻く環境を決して理想化して描かない筆調となってその後の柳田を大きく規定した。

同じく四、五歳の頃、忘れがたい小さな事件を柳田は目撃する。自分の家の前で一人の酔漢が居座って、家族がどかそうとしても動こうとしない。そしてあろうことか、「どこに寝ようと自由の権だ」と叫んだ。この体験もまた、柳田にその後長く記憶として刻まれた。戦後、中島健蔵、天野貞祐ら進歩的知識人との座談会において「自由」という言葉が近代日本で積極的な評価の対象として受け止められたのではないか、と話題にのぼった折、柳田はその時の目撃譚を紹介し、民間レベルにおいてはむしろその傾向は希薄だったと位置付けた。そして新しい思想がむやみに登場して混乱を与える状況は、ちょうど敗戦直後の現在とよく似ているとして、安易に「自由」がもたらす思想環境を評価することを戒めた（『柳田國男対談集』所収「進歩・保守・反動」筑摩書房、一九六四年、一九八～一九九頁）。

無論、この問題把握はその後の柳田の人生においてゆっくりと形成されていったものである。しかし肝心なことは、自分にとって明らかに異質なものとして捉えられた体験の像を記憶し、そこにひとつの問題の輪郭を定めてこれを持続して考えていこうとする柳田の姿勢がここに示されている点である。『故郷七十年』の草稿メモには、「自由主義の時代となって嫁が姑に口応えができるようになったくらいのことが進歩だと考えられるのでは仕方ない」という記述があり（宮崎修二朗「あるポイント」『定本』別冊第三、月報三三、一九六四年）、この視点自体、時代時代の潮流に乗りながら、その都度、軽はずみに動く日本の知識層と柳田とを明確に区分している。

一八八四年、松岡家は経済的な事情も手伝って、母方の里である北条町に移った。『故郷七十年』で、「故郷のことを思い出すとき、私には生まれた辻川よりも、むしろ北条の町の方が印象が強い」

（同前、一〇二頁）と回想されるこの地もまた、生野銀山への要路として重要な場所に位置し、多くの人の行き交う所だった。わずかに離れているだけで辻川とは話し言葉が違っており、柳田は当初、〝辻川訛り〟をからかわれた（「私の方言研究」『柳田國男　私の歩んできた道』二一七頁）。また、近隣に「高室芝居」で有名な高室村があり、柳田は折に触れて同村出身の生徒から芸能を見せてもらった（「踊の今と昔」『全集』二四巻、一九九九年、四二～四三頁）。

この北条町で、柳田はもうひとつ記憶すべき体験をする。一八八五年に日本における最後と思われる飢饉がこの地を襲った。町の有力な商家が行った炊き出しは一カ月にも及び、それを求める人々の列を柳田は目の当たりにした。その間、周囲から羨まれる食事をしてはいけないという母親の配慮から、松岡の家も粥を食べた。この体験は後年、柳田が農政学を専攻する原点となったとされるが、各自が抱えた内的問題とは別に南方熊楠、折口信夫、渋沢敬三などが生家で経済的には不自由のない幼少年期を過ごしたことを考えれば、彼らと柳田とを決定的に分かつもののひとつに、この幼少の時に見た飢饉の体験をあげてよい。

近代の教育を受けたこと

経験の堆積から生まれる民間の知恵を大切にした柳田にとって、自身が就学年齢に達した時、そこで受けた学校教育とはどのように映ったのだろうか。

年譜では、柳田は一八七九年に辻川の昌文小学校に入学し、八三年にこれを卒業、同年北条町への引っ越しに伴い同町の高等小学校に入学し、二年後にこれを卒業している。卒業時には県知事から褒賞を受けるほどであったから、学校に対して適性があり、かつ優れた成績を残したことは疑いない。

ただし、少年時代を回想する柳田の特色に、自分が受けた近代的な教育に関する記述が思いのほか少ないことが挙げられる。また、優れた教師に出会い、そこで受けた薫陶について語ることもしていない。戦後になって柳田は、自分の受けた教育の良い点・悪い点を問われ、どれひとつとして良いものはなかったと言い切っているところから見て（前掲「進歩・保守・反動」二〇九頁）、初等中等教育において印象深い授業にめぐり会ったとは考えにくい。恐らくこの資質は大学に上がってからも続いたとみられる。

制度化した近代教育に対しもっぱら冷淡な態度をとった柳田の背景には、小学校に上がる以前から、父・操による漢文の素読を受けていたことが大きいと推測される。後年、柳田は子供を叱責する時、漢文口調になったといわれるが（柳田為正『父柳田国男を想う』筑摩書房、一九九六年、一八五頁）、壮年期に入って漢籍に依らない民間習俗を主唱した柳田を考えれば、幼年時父から受けた教育はその後形成された価値意識を超えて染みついたといえる。

松岡家にあった蔵書は柳田が物心ついた時、次第に処分せざるを得なくなったことから、その数は限られていた。しかし、当時生活上の百科事典に相当する『三世相』、あるいは本居宣長の『古今和歌集遠鏡』『詞の玉の緒』『武家百人一首』『康煕字典』『八犬伝』第六輯などがあり、このうち『八犬伝』は繰り返し読んだ（前掲「故郷七十年」六三～六四頁）。ここにみられる通り、柳田は前近代の「家学」の伝統に立った知識が先行し、通常の学校の授業は必ずしも居心地のよいものではなかった。折にふれて幼少期を綴った回想録の中に、母親から受けた躾をふくめ、近代教育以外の記述ばかりが目立つのはそのためであろう。

一方、兄弟の目からみれば、少年時代の柳田は、時に犬の尻尾に胡瓜を結び付けてキツネ来たとふれて廻るなど、創作的ないたずらで家族を驚かす子供だった。兄・通泰によれば、柳田は一三、四歳の頃、「喰眼録」と題する全文を漢文で記した和装の仮綴本を作っている。内容は自身のいたずらで母親から叱られたことを記したものであり、意表を突いた題名に一驚させられたことが記されている（「雷の褌に河童の屁――喰眼録の由来」『週刊朝日』一九三四年三月一一日）。柳田が機知に溢れた子供だったことは重要である。『雪国の春』所収「清光館哀史」に見られるように、柳田の描く生活世界は哀切さをともなう筆調によって知られることが多いが、大正末、吉右衛門会《きっちょんかい》を組織して滑稽を主題とする各地の昔話について意見交換を行ったように、柳田には明るさとユーモアに富んだ視点があり、これを民俗比較の重要な素材に据えた。その気質は少なくとも、これら幼少期に一端を窺うことができる。後に柳田がアナトール・フランスに魅せられた理由のひとつもそこにある。

これ以外にも、一八八七年にはそれまで家の中で自身が書きためた漢詩・雑文を綴じて操が標字を書き、「竹馬余事」とした（「予が出版事業」初出『図書』一九三九年一二月、『全集』三〇巻、二〇〇三年、二三四～二三五頁）。ここから垣間見えるのは、子供が自らの発意で言葉を記すことを喜び、それを保存する価値観が家の中に根をおろしている姿である。この環境に早くから置かれた柳田にとって、教科書による均質的な小学校の授業は索莫たるものに感じられたといえる。

一八八五年に高等小学校を卒業すると、柳田は単身辻川に戻り、これより約一年間父の友人にあたる三木承三郎のはからいで、同地の豪農・三木家に居候として寄寓した。これより柳田はしばらくの間、正規の学校教育から離れ、以前よりもまして濫読に耽ることとなる。滞在中の柳田は土蔵の二階八畳に収納されている多くの蔵書を自由に出入りして読むことを許された。『故郷七十年』の中で「この三木家の恩誼は終生忘れることができない」(前掲「故郷七十年」三〇頁)と記される三木家の厚意は、単なる読書環境としてだけではなく、日本の豪農層の持つ豊かさと懐の深さを体験することとなった。

濫読の意味

もともと松岡家は蔵書が少なく、本を選ぶということができなかった(『退読書歴』所収「読書懺悔」初出『全人』一九二七年一二月、『全集』七巻、一九九八年、三二二～三二三頁)。父・操は「いつも風呂敷包をさげて、本を借りては読んでいた」人であり(前掲「故郷七十年」六四頁)、家にまとまった種類の書物が揃った状態で置かれていることはついぞ眼にしたことがなかった。そのため、柳田は自身の読書欲を補うべく読みたい本があれば、父と同様、遠出して借りに行くことを厭わなかった。柳田と同じ年東京に生まれ、後に親交を結んだ長谷川如是閑《はせがわにょぜかん》が元々実家にあった蔵書に加え、早くから望む書籍を買うことができたこととくらべると、柳田は本だけでなく読書環境そのものから社会を知ったといえる。

これに加えて少年期に入った頃、「出来るだけ人の読まない本を読み、人の知らない事を知らうといふ、野心」が勃々とあらわれはじめてきたことは、柳田の濫読の幅をさらに広げていった。後年、柳田自身はこれを「江戸後期に始まつた随筆流行、よく言へば考証学風の目に見えぬ感化だつたらしい」(「私の信条」初出『世界』一九五一年二月、『全集』三二巻、二〇〇四年、一九一頁)とし、濫読の中に好事家としての自己形成を読み取っているが、こうした読書癖を持つ少年にとって、三木家はまさに解き放たれた空間であった。

柳田にとって思わぬ収穫だったのは、三木家には自宅にはなかった通俗本、例えば江戸の合巻草紙、随筆類、歌謡類などが豊富に所蔵されており、しかもそれらを自由に読めたことだった。干渉めいたことは一切なく、読みたい本を読むことができた(前掲「故郷七十年」三二頁)。

ここで濫読に対置される読書とは、系統的に本を読むことである。さらに突き詰めていえば、正統な古典を順序立てて精読することを意味している。少年期の基礎的な読書の指針は別として、長じて後もこの読書法が常態化すれば、それは意識しないうちに見えないプログラムに沿って自己形成を遂げる意味で、同じ系統的読書を経た他の人物たちと同列化してしまう可能性を孕んでいる。少年期の柳田が自らの濫読によって、系統的な読書から外れたことは、彼がその後に受けた高等教育、あるいは多数の人士と交わった青年期において、絶えず自身の思考が均質化する危険に置かれながらも、それを阻む布石となったといえる。

3　上　京

郷土を離れる

一八八七年柳田は次兄・井上通泰に伴われて上京し、短期間東京に滞在したのち、茨城県北相馬郡布川町（現利根町）に移った。移住の理由は、この年の二月、長兄・鼎が同地で跡取りのいなかった医院を継いで開業し、多少の余裕ができたことによる。二年後には両親も故郷を後にし、この地へ移り住んだ。ここにおいて松岡家は、未知の土地での生活を始めることになる。

以後、一八九〇年に学業を再開するため東京へ行くまでの三年間、この布川の地で過ごす。多感な少年期に辻川・北条という播州平野の平坦な地勢から、布川の地へ移り住んだことは、そのまま肌で異なる民俗を感じ取る機会を与え、おのずから〝比較〟の視点をつくる素地となったと指摘される（色川大吉『柳田國男　日本民俗文化大系一』講談社、一九七八年）。その一方で、少なくともこの時点において柳田が、一度自らの故郷と断絶した体験をしている点は重要である。後年、官僚時代から朝日新聞社時代をふくめて柳田は時折、故郷に立ち寄ることがあったが、それら功なり名遂げてからの故郷再訪は断片的に文章化されることはあっても、『故郷七十年』に綴られた幼少時代の持つ鮮烈さとは比較にならない。

ずっと後になって柳田は、坪田譲治との対談で、自身の経験に引き付けながら、「故郷の概念」とは年齢とともに変わっていくものだと発言しており、その中でも一番、強く愛着を持って捉えられる故郷像とは、「人事関係」が欠落したものだ、としている（前掲「昔話と民俗」）。この言葉は自身の代えがたい幼少期の記憶である以外に、『故郷七十年』に描かれた辻川、北条における幼少年時代が何故かくも鮮明なのか、解き明かしているともいえる。柳田にとって郷土の記憶とは、一度故郷の人々との繋がりを断たれたものであり、その後も絶えず反芻して回顧される対象だったことである。父の半生をふくめ、少年期の柳田の家を取り巻く環境は、「半漂泊」と評されることが多い。その要因のひとつは、この時の故郷との別れだった。

布川の地にて

布川における柳田は相変わらず、正規の学業にはつかない日々を送っていた。そしてここでも近隣の旧家小川家の土蔵に多くの書物があり、その他もう一軒蔵書のある家があったことから、柳田はそれぞれの家から許可を受け、自由に蔵書を読んだ。特徴的だったのは、蔵書を収集した人物が儒者の影響下になかったことから、三木家に比してさらに通俗本が多く、その中には「少年には悪い本」もまじっていた。とりわけ柳田が興味を持って読んだのが中国明代に成立した随筆集『五雑俎《ござっそ》』や、清代の小説集『虞初新誌《ぐしょしんし》』などだった。そのほかここには『我楽多文庫』をはじめとする同時代の文芸誌が送られてきており、柳田はそこではじめて坪内逍遙など、草創期の日本近代文学に触れることとなった（「乱読の癖」『全集』二三巻、二〇〇六年、四九二頁）。

弟の濫読癖に対し次兄・井上通泰はこの頃から、柳田が系統的な読書をする必要を痛感して、先述した歌の本以外にも東京から国学の本を取り寄せた。柳田自身は無論それらも読むが、あいかわらず自分で興味を持った本も並行して読む自由な読書癖を変えることはなかった（前掲「読書懺悔」三二四頁）。

一方柳田はこの地において、一軒当たり子供は男女が一人ずつという習俗があることを目の当たりにして、あらためてこの土地が遠くない過去に再三飢饉に見舞われた土地であることを実感する（前掲「故郷七十年」三六頁）。このことは、広く民間の生活苦への洞察を深めていく基礎となった。近隣の徳満寺に掲げられた生後間もない我が子を窒息死させている母親の姿を絵馬にした「間引きの絵馬」に衝撃を受けたのも、この頃である。

松岡兄弟
（左より鼎，柳田（国男），輝夫，前に静雄）

もうひとつ、この地において柳田は或る神秘的な体験をする。小川家の邸内に先々代の長命した女性を祀った祠があり、好奇心からその扉を空けて中に安置された小さな球を見た数日後、今度はその近辺で土を掘り返していたところ、中から寛永通宝があらわれる。そこから放たれる輝きに見とれていると急に夢見心地となり、しばし柳田は我を忘れた。その時、鵯《ひよどり》が鳴く声でようやく現実に引き戻された（「幻覚の実験」『全集』二〇巻、一九九

13歳の頃の柳田（国男）
（明治21年5月，布川にて）

九年、二九二～二九三頁）。冒頭でふれたように、もともと柳田の忘我の状態に陥りやすい気質は、辻川時代からすでに散見された。昼寝から目覚めた直後の母親との他愛のない会話から神戸に叔母さんがいることを信じて、家を出て相当な距離を歩き連れ戻された経験があり（前掲「故郷七十年」八八～八九頁）、「神隠し」譚の多い播州にあって、それらは常に身近なものとして知覚されていた。

ここで大切なことは、幻覚を見る資質があることと、それを自身の身上として表に出すこととは、必ずしも一致しない点である。後に折口信夫など、直観がそのまま仮説に繋がる才能に出会った柳田が、この種の直観を研究に結び付けることに対し強い反発を示した逸話は、布川での体験が示す通り、柳田にその資質が欠如していることから生まれたものでは決してない。むしろ、柳田にその資質が十分自覚されており、いたずらにそのことを口外することなく、絶えず日常への接近をはかろうとしたのが、柳田の特色である。ここにあるのは、安定した人間像、日常的な思考を中心に据える場合でも、そこには絶えずその裏側にある不可解な幻覚との葛藤が秘められているという抑制的な視座である。その視座に立ちながら描かれる日常は、おのずから、書かれざる世界への眼が入り込んでいる分、奥ゆきの深いものとなる。自身の文体を基礎付けることとなる平凡な暮らしとその中で間欠泉のように襲ってくる非日常的な体験――このふたつがせめぎ合うような中で柳田は布川での少年時代を送っていた。

やがてその生活にも、転機が訪れる。鼎の布川・布佐における医業が次第に軌道に乗り始めたことで、鼎・通泰の間で国男に東京で正規の教育を受ける機会を設けようと相談が行われる。柳田は当初、濫読の時間を夢見て余暇の多い船員を職業にすることを考え、商船学校への進学を考えたが、兄達によって就学への手筈が進められていくのを前に、次第にその考えも薄らいでいった。一八九〇年冬、柳田は通泰に伴われて上京して、翌年から開成中学校に編入し、再び近代の教育を受けることになった。

第二章　青年詩人

1　明治文壇の担い手との交流

東京での生活

一八九三年七月、柳田は第一高等中学校（翌年、第一高等学校となる）の英二級に合格し、九月に入学する。第一外国語はドイツ語、第二外国語は英語だった。当初編入した開成中学校のほか、いくつかの中学校を短期間のうちに転入・転校することで、柳田はそれまでの約五年間にわたる学業上のブランクを埋め、最終的には郁文館中学校から第一高等中学校を受験し合格する。同期には戦後、幣原《しではら》喜《き》重郎《じゅうろう》内閣で憲法改正担当の国務大臣をつとめた松本烝治《じょうじ》、民法学者で東京弁護士会会長をつとめた乾政彦がいた。おおむね、このあたりから大学に進学後、自身の進むべき道を農政学に見出すまで柳田は青年として多感な時期を過ごす。

変則的な学歴を送ってきた柳田にとって、第一高等学校に入学して寮生活をはじめた当初、まず他の生徒との違いを思い知ったのは、その知識の質が異なっていることだった。それまで三木家、小川家などで重ねてきた読書経験がもたらす雑学的な知見は当初、周囲から柳田を浮き上がらせ、柳田自身も「普通の書生」となるのに相当な苦労をした（前掲「乱読の癖」四九三〜四九四頁）。

柳田に限らず、明治後半地方から上京して学生生活を送った人物を見る際、見えない壁として立ちはだかるのが、地方と東京の習俗、言葉、時間感覚の落差であろう。柳田もまた、地方出身者として当初、都会生活が持つ時間の速さ、新しい文物に目を奪われたことは想像に難くない。恐らくは第一高等学校時代と思われるが、柳田は、学校近くにあった中央会堂のカナダ・メソジスト派の牧師・H・コーツのもとに通っている。これは短期間で終わったが、新しい環境における不安と、その中で生じた新しい思潮への傾斜という点で、同時代の青年らしいところを見せている。

一方で柳田の前には、いまや実質的な保護者となった次兄・井上通泰が開拓した短歌に関わる豊かな人脈が用意されていた。上京前の一八八九年一一月には早くも『しがらみ草紙』第二号（一八八九年一一月）に「詩歌数首」の欄に松岡國男の名前で歌が掲載されたのを皮切りに、その後も同誌には頻繁に柳田の和歌が誌面を飾った。

何より通泰の存在が大きかったのは、その紹介によって桂園派の歌人・松浦辰男（萩坪《しゅうへい》）に入門したことをはじめ、森鷗外ら明治文壇の中枢を担った人士の知遇を得たことである。特に歌人として他界（「かくり世」）から現世に対する眼差しを体感する松浦の示唆は、入門した一八九一年から萩坪が没する一七年にわたり、歌の作風を超えて「人生の観方」について柳田に教化を与えた（「萩坪翁追懐」初出『読売新聞』一九〇九年一二月一二日、『全集』二三巻、六六四頁）。柳田はこれら恵まれた環境の中で、短い間に都会人らしい垢ぬけた所作ふるまいを身につけた。

大正末以降、柳田は郷土史家をふくめ、自邸で多くの訪問客と会うこととなったが、初めて柳田に出会った人は、まず、その洗練された身のこなしが強く印象に残ったとしている。ずっとのちのことだが、一九三〇年代、事務手伝の面接を受けるべく成城の柳田邸を訪れた大藤ゆきは、初対面の柳田が書斎の椅子に腰かけるや、煙草を取り出してからマッチで火をつけ、一服するまでの動作が流れるように美しかったと回想している（一九九五年七月二〇日、筆者聞き取り）。

しかも柳田自身、それを場所に応じて効果的に使いこなす術を心得ていた。戦後のことになるが、一九五〇年、折口信夫、岡野弘彦とともに伊勢から奈良、京都、大阪を巡った旅行の中で、上ノ太子を訪れた柳田は、一行とともに知らぬ内に偶々立ち入りを禁ぜられた区域に足を踏み入れてしまい、先導役の折口が居丈高な衛士を前に詰問されているのを見るや、間髪を入れず両者の間に立つと杖に両手を重ねて上体をやや前に身をかがめて、逆に相応の標識をつけないまま、それを侵入と断ずることの非を穏やかな口調で説いた。その動作の端正さはそれだけをもって相手を黙らせるに足るものであり、見

松浦辰男（萩坪，明治18年）

る側にはしなやかさと剛直さを併せ持った明治人の姿として捉えられた（岡野弘彦『折口信夫の晩年』慶應義塾大学出版会、二〇一七年、一三一～一三三頁）。一方、こうした柳田の士大夫然とした姿を若い世代が見た時、それは「明治の数少ないインテリゲンチャの白眉」であると同時に、研究面においてその高踏的な気質が民衆生活の中にある卑俗なものから意識的に眼を逸らす傾向を生みだしたと映った（古野清人「柳田先生の学風」『定本』一〇巻、月報七、一九六二年）。

その他に、東京での生活が柳田にもたらしたものとして、海外の小説・詩集に眼を向けはじめたことが挙げられる。すでに布川時代、柳田はバイロン、シェリーの伝記にふれていたが、第一高等学校で課せられる厳格な語学の授業とは別個に、ここでもその読書形式はもっぱら濫読の形をとった。官僚時代から晩年に到るまで、柳田は文章表現で英語、独語、のちには仏語を的確な用語によって使い、対談・座談そして談話録においては強調すべき点、あるいは感情的に反応する対象について、しばしば要となる言葉を英語によって表現したが、その〝癖〟は青年期からのものだった。

青年文士として

一〇代後半にして柳田は明治文壇の担い手たちと交流する場に身を置いた。とりわけ大きな人脈として挙げることができるのが、「紅葉会」と雑誌『文学界』である。もともと松浦の門下にあった田山花袋《かたい》や土持綱安、太田玉茗《ぎょくめい》をはじめとする若手歌人たちによって、同世代によるサークル結成の機運があり、彼らによって「紅葉会」が形成されると、柳田も花袋らの勧誘を受けてこれに加わった。一八九二年一月の『しがらみ草紙』には彼らの歌が「桂園派」と記されたが、同年五月の同誌には「紅葉会」として掲載されることとなった。この延長でさらに一八九六年に柳田は花袋を通じて国木田独歩を訪れ、以後、頻繁に行き来するようになる。

もうひとつの『文学界』との関係は、柳田の遠縁（義理の又従兄弟）にあたる中川恭次郎に負う所が大きい。中川は通泰が兵庫県立姫路病院に在職して東京を留守にしていた間、東京では一八九五年からしばらく『文学界』の編集を担当していた。柳田は中川宅を訪ねるたびに『文学界』の同人と親しくなり、やがて客員としてこれに参画し、その中で、戸川秋骨《しゅうこつ》、島崎藤村らと知り合う。

無論、こうした文士間の付き合いには、時として深刻な文学上の対立を孕むことがあった。特に花袋、藤村と柳田の交遊は、それぞれ葛藤・不和の時代を抱えており、決して平坦なものではない。しかしながら花袋、藤村、あるいはこの前後に知り合った蒲原有明、泉鏡花をふくめ、彼等はいずれも大学出身者でない、むしろ近代高等教育の枠に収まらない個性の持ち主である。高等学校・大学時代の柳田がこうした群像と密に交流したことは注意すべきである。これは大学出身者だけで固まって交流をはかろうとする習慣が十分根付いていない世代に柳田が属していたことも大きいが、こうした人脈形成は学歴ではなく、あくまで才能によって人物を見る姿勢を柳田にもたらした。柳田の生涯を特徴づける多彩な人脈も、その一端はこうした柳田の鑑識眼、人への対し方にある。

さらに、これらの交友に先んじて、通泰によって鷗外の知遇を得たことは、大きな意味を持った。頻繁に自邸を訪れる柳田を鷗外は快く迎え、請われるままに外国文学、特にドイツ文学に関する読書指南の労をとった。戦後、柳田は中野重治に対し、自分は漱石の上に森先生を置くと言い、同時代の尾崎紅葉、幸田露伴よりもはるかに強い影響を鷗外から受けたとした（「文学・学問・政治」『展望』一九四七年一月号)。十代半ばという多感な時期に出会ったことも考慮されるべきであるが、後述するように、花袋らの自然主義文学が席巻した時、柳田はそこに胚胎される写実に名を借りた暴露的な筆調を嫌い、強くその潮流を批判した。その評価の在り方はヨーロッパの自然主義文学を直接味読し、その意味するところを知り得た鷗外の批評眼にも通じる所がある。

第一高等中学校時代の柳田

周知の通り鷗外は陸軍軍医総監、貴族院書記官長とそれぞれ明治の官僚制において一定の地歩を占めながら、その間、絶えず欧米思想との内的葛藤を秘めつつ、次第に近世日本の学問・学者社会への眼差しを深め、「渋江抽斎」その他の史伝を通じてその思想像が〈近代〉に対して決して価値を減じていないことを示した。その意味で鷗外はまぎれもなく柳田にとって一人の先行者として捉えられた。鷗外に対する柳田の敬意は死後も続いている。戦後、某新聞の懇親会の席で小堀杏奴《あんぬ》と同席した折、柳田は下座にいる小堀の所へやってきて挨拶し、鷗外を知る者として小堀が生まれる前の思い出を語っている(小堀安奴「『野草雑記』を読んで」『定本』二二巻、一九六二年、月報四)。

2　両親の死と自らの主題との邂逅

両親を喪う

明治の青年として、柳田もまた決して立身出世の志から外れていた訳ではない。それを一変させたのが、一八九六年の相次ぐ両親の死である。かねてから体調を崩していた母・たけが、まず六月に脳卒中で倒れ、布佐の鼎の許で療養中だったところ、七月に死去し、次いで九月には意気消沈していた父・操が死去した。かつて「人並にえらくなって両親を馬車に乗せて上げたいと」（前掲「故郷七十年」二〇三頁）夢想していた柳田にとって、それはそれまで密かに抱いてきた価値観、そして功名心を転換させた。

父が死去して間もない頃、柳田は一高の『校友会雑誌』（一八九六年一〇月号）に、「父の喪にこもりてあるほどある夜夢に見えたまひぬ」という詞書の記された短歌「はかなくもゆめなりけりと知るからにいとゝうつゝのこゝちこそせね」を掲載している（『全集』二三巻、九五頁）。喪に服しているある日、はからずも自分の夢枕に立った父親の姿を、夢と知りつつ、自分にとってはあたかもそれが現実のように感じられることを柳田は率直に記した。

さらに目を引くのは「故郷七十年」の中にある、一年祭の忌明けの時、柳田が父の魂を長く引きとめておこうとして、自分で祝詞を作ったとしているくだりである。この背後に父の姿を身近に感じた先の体験があったことは分かるが、もうひとつ、柳田はこれを作った動機として、神主が作る祝詞が往々にして神話からとった紋切型の浄めの言葉を連ねるばかりで、それが果たして聞いている側の喪失感に見合ったものなのか、という自分なりの疑問を挙げている（『全集』二一巻、二〇四～二〇六頁）。少なくとも個人に死が訪れた時、儀礼の中で発せられる言葉は、喪った家の人たちの感情を細やかに汲み取るものでなくてはならない、という判断がここにある。さらには近親者の死を前にしながら、死後その人の霊魂は何処へ行くのか、という柳田が生涯を通して考え続けた問題がここに据えられている。

多少踏み入って考えたいのは、祝詞とはここで柳田にとって自身の側で作用するひとつの修辞語になっている点である。この時点で柳田は誰に頼まれたのでもなく、まったく自発的に父の死に対する祝詞を読んでいる。この祝詞は、自分からほとばしる気持ちで作ったものであろう。多くの祝詞が多くの神社で読まれているように、外側からの要請によって作られるのに対し、柳田の祝詞は個人の動機から出発している点において柳田自身が父親に向かって、あるいは父祖の霊に向かって語りかける、さらには父親・父祖の霊と交感することを念頭に作られている。転じてそれは、相次いで両親を喪った事実を前にした自分で自分を説得する手段、と言い換えてもいい。「これも感情をあらわすのに、昔からのままのをとるよりほか仕方がないという考え方に反発した、いわば私の文章作業の一つだったのである」（前掲「故郷七十年」二〇六頁）というのが柳田の述懐である。死者との交感という回路を導き出そうとしている点で、この時、柳田は神秘主義すれすれの所にいる。ここから見ても、柳田は現実世界の背後に隠された合理的思考では解けない力を読み取ることができる人物だった。神秘主義との関連からいえば、後年、柳田が折口信夫の直観的な神観念に対して示した評価と警戒という複雑な対し方が思い浮かぶが、青年期の柳田はもともと、内側から折口を理解する筋道を持っていたといえる。ずっとのち、時局用語が強制される戦時下にあって柳田は日本語に生活から生まれる経験的論理を導き入れようとするが、この時、柳田が重視した言葉は、感情的に内面から生まれる所に比重が置かれるものだった。ただし、外部から不当に加えられる言葉の強制に対し、柳田は内から発せられる言葉を対置しようとしている点で、繋がる部分がある。

柳田をして祝詞という形式で表現するまでに駆り立てた要因として、家ないし郷土という枠組みから生まれる言葉を無視した同時代の政策を考慮する必要がある。そのひとつは、一八九〇年に発布された教育勅語であろう。いうまでもなく教育勅語の思想とは、一君万民の前提に立ち、あくまで外側からの修辞語によって国民として人を縛りつけようとするものである。戦前戦後を問わず、柳田は終始教育勅語に冷淡な態度をとり続けた。一九三五年には石巻市で行った講演「史学の自治」の中で、教育勅語には「郷土」の視点が欠落していることを説いて警察との間に一悶着起こしたこともあった。

明治に生まれた官僚出身の知識人の中で、これだけ教育勅語への忌避感をあらわにした例は珍しいが、一連の行動の基礎にあるのは、柳田が家、郷土などの場所から発露する修辞語の大切さを知っていたことが大きい。この時点で柳田は、まず肉親の死に際してこれを自分が納得することを考えて祝詞を作っているわけだが、この行為がやがて民衆一人ひとりに向けてその輪郭が敷衍されていけば、外部からの言葉の強制に対して民間習俗の側が内発的な言葉をもって対峙するという新しい意味を持つ。

新体詩人

第一高等学校時代とは、柳田が抒情詩人として瑞々しい感性を発揮した時期である。とりわけ清新な恋愛を詠いこむ詩人として自身の領分を持とうと思索し、そこから生まれた詩篇は、『文学界』を中心に高い評価を得た。当時の『文学界』の趨勢から、詩人としての柳田は浪漫主義の詩人と位置付けられることが多い。しかし、その浪漫主義的傾向の中に、それ以前から柳田の中に胚胎された問題、あるいはその後の民俗学へと継承される主題が伏在している所に文学史上の区分だけに終わらない独自の領分がある。

現在、判明する柳田による最初の新体詩は一八九五年一一月の『文学界』に「なにがし」の名前で発表された「夕ぐれに眠のさめたる時」である。ただしその一方で、すでに松浦門下として和歌の題詠を叩き込まれていた柳田にとって、「胸の中の燃えるやうなものをそのまま出すのが詩といふものだと考へてゐた」他の仲間たちによる詩作は、いささか調子のずれを感じさせるものだった（前掲「故郷七十年」二三七頁）。題詠という、あらかじめ与えられた課題に即した語句を基礎とし、即妙に作歌する既存の詩歌の形から柳田が敢えて意識的に抜けようとしなかったことは、均衡のとれた抒情性を柳田にもたらした。

詩人としての柳田の活動は一八九七年四月、民友社より刊行された『抒情詩』によってひとつの画期を迎える。この時、柳田は編集に携わった宮崎湖処子《こしょし》と知り合うが、宮崎、独歩、花袋、太田玉茗、矢崎嵯峨らと合同詩集の形で刊行された同書の中に柳田の「野辺のゆきゝ」が収録された。版元の民友社は徳富蘇峰によって運営され、同社発行の『国民之友』には井上通泰、森鷗外が頻繁に寄稿したほか、湖処子、独歩なども民友社に参画しており、柳田にとって近しい人脈によって構成されていた。

「野辺のゆき﹅」に収められた詩篇のほとんどは恋愛詩であるが、そこで強調されるのは、なによりもその「はかなさ」であり、それら成就することのない想いによって構成される歌い手の心象風景である。先に述べた冒頭を飾る「夕ぐれに眠のさめし時」は、「うたてこの世はをぐらきを／何しにわれはさめつらむ／いざ今いち度かへらばや／うつくしかりし夢の世に」（『全集』二三巻、一一二頁）

紅葉会同人

（前列左から太田玉茗，宮崎湖処子，国木田独歩，後列左から柳田（国男），田山花袋，明治30年夏）

と、これから展開される世界は日常の彼方にあることを述べる一方、「暁やみ」では、二人の疎隔と断絶を嘆きながら、「せめて夢にも入れよかし、／我はかくとも露知らぬ／君がしづけき夢の中に／いまの姿をさながらに／」（同前、一一二頁）と、せめてこの世とは異質の空間において自分の意志を伝えようとする悲恋が扱われる。あるいはそこに、現世と併行して存在する「かくり世」を説いた師・松浦辰男の影を認めることもできる。

『抒情詩』が新体詩の野心的試みとして明治文学史上に果たした役割は大きい。柳田の詩篇もまた、新体詩の珠玉として「紅葉会」『文学界』仲間で称揚された。しかしその一方で、「野辺のゆきゝ」の「序」において柳田のとった態度は、新体詩というものについて自分はその内実をよく理解しておらず、「その詩の形につきての説、其言葉の用ゐかたにつきての論なども、すべてまだ我がしらぬところ也」として、自分はあくまでそれまで習ってきた七五調に即して自分の思うことを綴ったにすぎない（同前、一一一頁）、という極めて自己抑制的なものだった。つきつめていえば、「はかなき恋」という新しい主題と感情が芽生えても、それによってかつて習った古い歌の形を手放さない、という態度である。同時代の文学潮流の最先端に位置しながら、定められたそれまでの形を受け止める姿勢は、こののち絶えず欧米の文学・学問を摂取する進取の気風を持ちながら、軽々にその影響に染まることのなかった柳田の姿を暗示している。

いくつもの「影」

「野辺のゆきゝ」に収録された新体詩の多くは、歌い手自身の感情から素直に綴ったものだった。これにやや遅れて、柳田の詩には個人の情緒から離れ、物語性を帯びた傾向の作品が多くなる。その延長線上にあるのが、無数の恋愛を交差的に描いたいくつかの詩篇である。「夢がたり」にまとめられた、ほとんど散文詩といってよいこれらの作品を特徴付けているのが、時間を隔てながら、異なった人物の間でお互い相知ることなく継承されていく感情の流れである。その典型のひとつが一八九七年一月に『文学界』に大峰古日の名前で発表された「菫摘みし里の子」である。

昔若き詩人死して、野辺に葬られしが、其墓の上に、色濃き菫の花咲き出でぬ。稚き里の子二人、来りて此花を摘みしかば、忽にして激しき恋を感じけり（『全集』二三巻、一〇一頁）。

やがてこの幼い男女は、その後成長して疎遠になりつつも、恋心を宿したまま、互いに離れて里に暮らしている。やがて青年の方が偶々ある夕暮れ、この恋愛譚の起点となった詩人の墓を訪れ、上に咲く菫の花に眼をやるが、両者の恋を媒介した菫の存在にはついに気付くことなく行き過ぎていく。この野原に飛来し一部始終を俯瞰し得る雲雀だけが一連の物語を知り、その哀れさを嘆く。この雲雀の視点は、恋愛の担い手となる人物の内面よりも、ひとつの恋愛譚の成り立ちを上から見渡そうとする詩人の眼差しと同じといってよい。

一八九七年一月、同じく大峰古日の名前で掲載された「影」になると、この主題はいっそう鮮明になっていく。

松繁き大倉谷の奥に、名も無き野のいと小さきがありき。月の明き夜に、此野に来て泣く人あれば、其人の影忽に主を離れて、此野に留りつゝ、いつまでも消ゆることなきを、里人すら多くは知らざりき。

ある若者に、女いと無情かりしかば、堪へかねて、人なき山陰をと求めつゝ、終に此野に来て泣きたりしに、いつの間にか夕月は空に上りて、若者の影は早この野の物となりしを、知らすして彼はかへりぬ。

年経て後、少女が別に深く恋ひたりし男、心更によからぬ人にて、漸く少女を疎まんとす。少女うち侘びて過ごせしが、人に言ふべき事にもあらねば、終に亦此野に来て、月夜を泣き明しき、奇しき縁なるかな、其影も亦此野辺に留りぬ。

幾千年の昔よりなれば、此処に来て泣きし人の影も数多きが、日中は物陰に隠れゐて見えず、夕になれば出て丶さまよひ歩くなり。若来て見る人もあらば、蜃気楼を見るが如き心地せしならむ。何時の夕暮よりか、かの男の影、此女の影を見そめて、之も亦深く恋をしき。されど互に其先の主の身の上は知らねば、心いとよく合ひて、此恋は全く成りぬ。

斯くして影なる二人は、手をとりかはして、名もなき小野を都とも思ひつゝ、夕暮毎に其恋を楽むことも、早幾十年かになりぬ。今より後の千年も、亦かくして過るならむ（『全集』二三巻、一〇二～一〇三頁）。

登場する男女はいずれも時間と場所を異にしており、互いの存在を相知ることなく行き過ぎていく。ただ、各々の背負っている「影」はそのまま野辺に漂い、それぞれの物語を誘因としながら出会い、折り重なることで互いの恋を成就させる。ここで構成される小野とは、もはや「菫摘みし里の子」でみられた一対の男女の恋愛を媒介するだけの場所ではない。「幾千年」の尺度でそこに行き来する無数の「影」が持ち寄る物語を集積させる力を秘めたひとつの磁場として描写される。しかもそこに去来する「影」の持ち主は、特定の歴史的な由来を背負って立つ存在ではなく、無名の群像である点で共通している。そこからみても、この小野で生まれる物語は決して「英雄譚」ではなく、まさに「民話」としての性格を色濃く漂わせている。柳田国男研究の中でこの詩篇をいち早く評価した橋川文三は、ここに描かれているのは日本の上代文芸ではなく、ヨーロッパの詩人たちによって取り上げられたメタファーとしての「影」であり、さらに歌の師でもあった松浦萩坪の神秘観の影響を読み取っている（「柳田国男」『橋川文三著作集』二、筑摩書房、一九八五年、二四八～二四九頁）。

一方でここには、抒情詩人として柳田が恋愛というそれまで対象としてきた素材とは別に、それを成り立たせている舞台として「小野」を置き、そこで数千年の時間の中で生成する恋愛譚を新たに「民話」として読み込むことで、自らの主題を持ち得た柳田の姿がある。無名人が抱えた個々の小さな話が堆積して行き、やがて元の持ち主の痕跡が消失した時、そこに民衆の物語、「民話」が成立する。ここにあるのは方法以前ともいうべき民俗への直観である。換言すれば、柳田はこの時、自身の詩の重要なモティーフとなっていた「影」を、より眼に見える生活の地平に置きなおし、そこに形作られる世界に対して自身の課題を据えたといえる。

ほとばしる感情の詩的形象から生活への洞察へという、この一見唐突な転換は、もともと、ロマン主義の一部に胚胎されているものでもあった。とりわけドイツのロマン主義文学において「詩人」とは、必ずしも韻文だけに限定されるものではなく、同時に優れた散文家であり、さらに転じて同時代の歴史的なうねりの中で、ロマン的な気概を持って生きた人物とより広い枠組みで解釈されることがある。次章でみるように、柳田は青年時代、くりかえしハインリヒ・ハイネの『諸神流竄記』（「流刑の神々」）を読み、そこに描かれるキリスト教以前の神々とその零落について言及している（「幽冥談」『全集』二三巻、三九四〜三九五頁）。

祖国ドイツにおいて戦闘的ジャーナリストとして果敢に旧体制批判の筆をとり、七月革命の報を聞くや、パリに亡命し、第一次インターナショナルにも参加した経験のあるハイネの生涯とは、まさに「詩人」の名にふさわしい。第一次インターナショナルの委員会を構成したカール・マルクスもまた、ハイネのような人物がそこに居れば、その存在を無視しなかったように、ヨーロッパにおける初期社会主義とロマン主義的な心情は一部において重なり合う要素を秘めていた。

「哲学」への距離

詩人・柳田国男を見る上で参照する必要があるのは、当時の高等学校・大学に在籍する青年が読書をする上で、何を関心対象にしていたかである。見逃せないのは、柳田が学生生活を送った一八九〇年代とは、青年が「哲学」によって煩悶するという構図が十分、根付いていなかった点である。

一九〇三年の藤村操《みさお》の自殺に象徴される一高の哲学熱は柳田の卒業後のことであり、大正期に入ってから旧制高校生の代名詞ともなる「煩悶せる青年像」は、いまだ一高に定着したとはいえなかった。これが柳田に数年遅れて入学した一高生、すなわち安倍能成、岩波茂雄らになると、様相は異なってくる。彼等に代表される「哲学青年」が陥ったテーマとは、何故自分はこの世に生まれてきたのか、あるいは自分の人生とは一体何なのか——この理屈に対して答えを見つけようとする点でおおむね一致している。一見して、この答えのない問題について考え、心身をすり減らしていくことが、青年の流行となったのがこの世代の特色だった。

この数年の落差は大学進学後も、柳田の取り巻く思想環境を特徴付けている。例えば、柳田が卒業した前後とは、井上哲次郎がドイツ留学から帰国し、彼の地におけるニーチェの圧倒的な影響力を紹介し、これ以降、次第に思想界におけるニーチェ熱が高まっていった時期である。さらに暗示的なのは、ちょうど柳田が大学を卒業した一九〇〇年一月、日本のニーチェ研究史上、画期をなす「文明批評家としての文学者」が高山樗牛《たかやまちょぎゅう》によって『太陽』、『文学評論』に発表されたことである。ここで樗牛は、『反時代的考察』を引きながら、歴史の中にあらゆる事象を均質・平準化してしまう「偽学者」（教養俗物）がいかに個性の自由な高揚を妨げてきたかを指摘し、「衆庶平等の利福」を超えた「模範的人物」、すなわち「超人」の出現をもって、これを「文明の王冠」と位置付けた。

世代的に見た時、柳田は彼らより少し早く生まれたため、この動きを回避しているといえる。その結果、柳田は学生時代、先に見たような哲学的な問題群にぶつかっていない。そして自身もまたこれら哲学的な問題の出し方について積極的な意味を見出していない。このことによって柳田は自分より数年後輩の人々が陥った思想上のファッションを眼下におさめる、という独自の立脚点を占めるに到る。この位置を保つことは、ヨーロッパの先端思想を追いかける近代日本の知識人の型に入ることを免れさせたという点で、思想史上柳田の立場をはっきりさせた。昭和に入って民俗学研究上、多くの弟子を指導することになった時、絶えず柳田は「天才論」を否定し続けたが（橋浦泰雄「柳田国男との出会い」『季刊柳田国男研究』二号、一九七三年）、その影にはドイツ哲学から波及した「天才論」への懐疑があったといえる。同じ浪漫主義の中でも、樗牛に代表される天才論が強い影響を誇っていた当時、柳田がそれに与《くみ》しなかった理由の一端も、そこにあったといえる。

ちなみに、ニーチェが席巻する以前の世代で、学生に影響力を持ったのは、スペンサーの「社会進化論」である。ちょうど柳田より一世代上に当たる新渡戸稲造がスペンサーに深く傾倒し、その著書を暗記するまでに読み込んだことを考えれば、柳田もまたこの流れに棹差しても不思議はなかった。ただし、少し後の記録となるが、二〇代後半の柳田の読書ノートにあたる「困蟻功程」、「困蟻労程」（『傳承文化』五号、一九六六年七月号）などから判明する二〇代中頃の柳田の読書対象には、スペンサーへの類縁を示す文献は見当たらない。ここから分かるのは、柳田は体系的な思想書を主たる読書の対象としていなかったことである。大正期の柳田は、「面倒な論法、ひねつた言ひ現はし方をせぬと、哲學では無いやうな馬鹿な考へ方」（『青年と学問』所収「旅行と歴史」『全集』四巻、一九九八年、四八頁）が生んだ学問上の弊害を指摘したが、その片鱗は、すでにこの頃からあった。

「歌のわかれ」

抒情詩人として周囲から高い評価を受けた柳田だが、大学進学後、次第に柳田の関心は抒情詩から遠のいていく。主たる掲載誌であった『文学界』が一八九八年一月をもって終刊となったこともあるが、一八九九年五月、『帝国文学』に「別離」「人に」の二篇を発表した後、柳田は詩作の筆を絶つ。相次ぐ父母の死、それを振り切るように初発の向学心、とりわけ故郷を襲った飢饉を源とする農村問題解明への意志が再燃したことが背景に求められるほか、二〇代前半、保養先の千葉県銚子で知り合った地元の魚屋兼仕出し屋「つるや」を営む伊勢家の娘・よね子が夭折したことを指摘する研究もある（岡谷公二『殺された詩人』新潮社、一九九六年）。

後年、田山花袋は『妻』（一九〇九年）の中で、西の名前で柳田と思しき人物を登場させ、「戀歌を作つたツて何になる！　その暇があるなら農政學を一頁でも讀む方が好い」（『田山花袋全集』一巻、文泉堂書店、一九七三年、二九三頁）と、激しい口調でそれまでの詩を「ディレッタンチズム」と切り捨て、詩人たる自分から決別する青年を描いた。この青年時代に自ら終わりを告げたともとれる描写は、これ以降、農政官僚として日本各地に足を運び、政策提言を含め農政に関わるいくつもの先駆的な論考を発表した柳田の足跡そのものとも照応し合っている。この唐突ともいえる柳田の「歌のわかれ」は、『抒情詩』に散見される農村への感傷の背後に日清戦争がもたらした農村の疲弊、そこから生まれる自作農の衰退という現実があったことが考慮される（亀井秀雄「抒情詩の成立」『文学』岩波書店、一九八六年一一月号）。加えて版元となった民友社が、日清戦争の時点において平民主義の立場から健全な資本主義経済の発展を企図して、農村経済の保護育成を急務とする運動を展開しており、そのことはおのずから柳田を詩の世界から農政学へと押し出す要因となった。

その後の柳田は詩人としての自分を極端なまでに封印した。最晩年、『定本柳田國男集』が筑摩書房より刊行された際、そこには青年時代の詩は含まれていなかったし、戦後、自邸を訪ねてきたアメリカ人社会学者マリオン・リーヴィに対しても自分は詩人としてはそれ程のものではない、と自嘲気味に語った。ただし、詩人たることを止めたとはいえ、柳田の場合、それはあくまで表現手段としての詩に限定されることを押さえておく必要がある。選び抜かれた語句を使うことによって得られる象徴性、これは抒情詩の持つ不可欠の要素であり、そこで使われる語句は人々の生活・文芸の中で何度も反復されたものである（加藤周一「梁塵秘抄」初出『古典を読む　梁塵秘抄』岩波書店、一九八六年、『加藤周一自選集』七巻、岩波書店、二〇一〇年、三一〇頁）。こうした詩的叙述は柳田の文章の一部を特徴付けた。例えば、柳田に私淑していた井伏鱒二は、随筆集「旅中小景」（『アサヒグラフ』一九二四年四月〜五月）について、試みにこれを句点によって切れ目を付けながら味読したところ、そこから或る感覚的な律に近いものが伝わってくる思いがしたと記している（井伏鱒二「旅行のこと」『定本』九巻、一九六二年、月報三）。

対象への詩的直観は、その後も柳田の仕事を特徴付けた。その最も早い例のひとつが、一八九八年八月から約一カ月、一時体調を崩した柳田が静養を兼ねて過ごした三河の伊良湖崎での体験である。滞在中、風の強かった日の翌朝、逗留先にほど近い浜辺で、椰子の実が打ち上げられているのを一度ならず眼にした柳田は、そこに日本の沿岸部にある一地域と南洋諸島との結びつきを想像し、帰京後このことを島崎藤村に語った（「海上の道」『全集』二一巻、三九三〜三九四頁）。周知のように、この話は詩人としての藤村を刺激し、その後この詩的モティーフは藤村によって「椰子の実」として大中寅二の作曲を得て現在に到るまで愛唱されることになる。藤村に譲る形で柳田はこの時の印象譚をもはや詩にすることはなかったが、こうした詩的想像力は柳田によってその後の民俗学においてくりかえし発揮されていく。

3　外に頼らず、日本人を問う

農政学へ

一八九七年九月、柳田は東京帝国大学法科大学政治学科に入学する。当初は農科大学へ進学して林学を専攻しようと考えたが、農科への進学は試験があり、数学が必須であると分かったため、最終的に農政を勉強できる法科大学へ進学した。指導教官となったのは統計学講座を担当していた松崎蔵之助であり、柳田は松崎の指導のもと、農政学を専攻することとなる。

法科大学にあって農政学といういささか地味な分野を志したことについて、柳田は農村の問題を討究しようという志と、「田舎に住んでもかまわない」という両親を亡くしたことによる厭世的ともいえる感情があったと回想している（前掲「故郷七十年」一八〇頁）。ただし、やはりそこには農政学を選ぶ積極的な動機が介在していたとみるべきである。

当時、東京帝国大学で主流を占めていたのはドイツ社会政策学派であり、指導教官の松崎も日本における同学派の代表的な学者の一人だった。これ以外にも、法科大学における外国人教師が担当する授業として、J・S・ミル『経済学原理』、ブルンチュリーの『一般国家学』、リカード『経済学原理』などの原書講読が行われていた（藤井隆至『柳田國男　経世済民の学——経済・倫理・教育』名古屋大

東京帝国大学法科大学政治学科入学の頃（明治30年頃）

学出版会、一九九五年、八〇頁）。貧困その他の労働問題・農村問題を国家が社会政策によって解決することを標榜するドイツ社会政策学派の視点を松崎も継承し、ちょうど法制化が進められていた産業組合について、これを細かく吟味しながら政策に繋げる道筋を検討していた。柳田もまた、松崎の研究を自分なりに咀嚼し、日本の協同組合を専攻する。卒業に際して取り組んだテーマは、江戸時代の協同組合にあたる三倉（義倉・社倉・常平倉）だった。その成果は一九〇三年に『三倉沿革』としてまとめられるが、外側からの理論に偏することなく、前近代における類似の組織に眼を向けようとする姿勢に、農政論者としての独自性がうかがえる。

学生として柳田は自らの目的意識に沿いつつ、熱心に農政学を学んだ。この姿から立ち現れるのは、大学という環境に対し勤勉な態度を崩すことのない明治の生真面目な学生気質である。この気質は、その後、青年という階層を見る際、柳田の価値意識となった。例えば、明治末から大正期の文壇で白樺派の文学が活発になった時、柳田はこれに対し、さほどの評価を与えていない。最大の理由は、自身がかつて勤勉さに基づいて刻苦勉励した経験から、志賀直哉を筆頭に学業を放擲して文学に興じる名家の才子たちに対して示した反発がある。或いは、白樺派に象徴される都市のブルジョワ層に対し、柳田が終始不信の念を持っていたことも挙げられる。

戦後、桑原武夫との対談中、内藤湖南《ないとうこなん》、狩野直喜《かのなおき》など、明治維新以前に生まれ、明治初期が就学期にあたった学者に共通する強靭な知性はいったい何に由来するのか、と尋ねられた柳田は、故郷の家で頼まれた仕事をして、そこから学資を捻出してくれる母親の像が常に眼の奥に焼き付いていたことを挙げ、それを「母の糸車」と形容したが（「学問を支えるもの」『桑原武夫全集』四巻、岩波書店、一九八〇年、二一七頁）、柳田もまた、後発の世代に属するものの、明らかにこの系譜に位置する一人だった。

「移動」の中の詩人像

一〇代の終わりから二〇代初めにかけて柳田を取り巻いた思想潮流を考える時、政教社の日本主義、民友社の国民主義に言及する必要がある。前者が条約改正をはじめとする対外問題について、列強に対する政府の追従、引いては欧化主義を批判した背景に、生糸・茶業など国内の地方産業の健全な発展が対置されていたことは知られている。少年期故郷で遭遇した飢饉の体験を持つ柳田にとって、こうした論調は自立した地域経済の実現を目標に農政学へ進む自身の志向と重なるものがあった。郁文館中学時代、柳田は政教社の同人でもあった棚橋一郎から教えを受けており、その思潮の一端に触れる機会を持っていた（前掲『柳田國男　経世済民の学――経済・倫理・教育』一一六～一一八頁）。

一方の民友社は、『国民之友』に国木田独歩、宮崎湖処子など、『文学界』、「紅葉会」で活動を共にした文士が寄稿しており、柳田にとってより身近な存在だった。加えて徳富蘇峰が同誌の主眼を政治、社会、経済に置き、欧化主義、国粋主義いずれにも偏らず、健全な資本主義の担い手とする中産階級の構築を雑誌の指標としたことは、明治維新を経て依然として逼迫している農村の姿を原体験として持つ柳田にとって、或る指針を与えるものとして受け止められたといえる。

ここで眼を転じて、これら密度の高い政治談議の中で「国民」、「国家」、「民族」など、それまで日本人が使い慣れていない、しかも抽象度の高い翻訳語が論壇で頻出することを考えると、その影響が時に民間まで及ぶ時、果たしてそこに明確な意志によって思考する主体を認めることができるか、という別の問題が生まれる。これは近代における日本人の自己同一性の問題とも関わってくる。

その際、ひとつの重要な事例を提供するのが、同じく『文学界』と縁が深かったものの、世代的な違いから直接、柳田と相知ることのなかった北村透谷である。日清戦争前夜の一八九三(明治二六)年『文学界』第一〇号に寄せた「漫罵」によって透谷は、外部からもたらされる物質文化によって、受け手たる側が自らの思考を欠いたまま流されてゆく世相を鋭く突いた(『北村透谷集 明治文学全集二九』筑摩書房、一九七六年、二三二頁)。ひるがえって考えるならば、急激な社会変動の中で、日本人の中に自己同一性というものが見当たらないという危機意識がこの論の背景にある。

明治以降になって「近代的自我」が根付いたとする視点からみれば、これは一見唐突に映るかもしれない。しかし、同時代の緊張した政治環境下で、「国家」としての日本、「民族」・「国民」としての日本人、といったいまだ輪郭が十分定まらない事柄に関する議論が頻繁に行われるようになると、確固とした自身の判断を行う機会が失われていき、自分でもそのことに気付いていないという状態が訪れる。

透谷の指摘はいち早くそのことに光を当てるものだった。後に民間習俗の中で使われる言葉にこだわりながら、そこに反映される論理を再構成しようとした柳田をみる時、彼の青年期とは、使い慣れない新しい言葉の中で、日本人の自己同一性がいま一度、問われる状況にあったことを明記してよい。

戦後、近代日本に根強く残った封建的要素がよく取り上げられた時期、戦中戦後と節操なく意見を変える知識人の多いことを指摘した桑原武夫がこの原因を共同体意識の悪弊に求めたのに対し、柳田は例えば、藩などの単位で節を変えなかった人への敬意という点で、前近代の日本にも自己同一性に相当するものはあったと発言している。そして羽倉外記、川路聖謨など、それらの人の伝記が多く書かれるようになったのは、前近代には当たり前だったことが近代以降、珍しくなったことのあらわれであるとした（「日本人の道徳意識」初出『講座現代倫理』六巻、筑摩書房、一九五八年、『柳田國男対談集』二二四〜二二五頁）。すなわち、小さな社会に降りていけば、藩や村単位で、よく意見を変える人については、あれは信頼できない人だ、という評定が下され、それがひとつの基準となり、村ないし藩の中でそうした人物への評価が経験的に蓄積された、ということであろう。かつて郷里でもめごとが起こった時、周囲からしばしば仲裁役を頼まれ、納得のいく裁定を行うことで信望が厚かった母親の姿を見ている柳田からすれば、それは身近な体験としてあった。

「漫罵」において透谷は、「詩人たらんとするものよ、汝等は不幸にして今の時代に生れたり、汝の雄大なる舌は、陋小なる箱庭の中にありて鳴らさゞるべからず」と、本来、時代・国民の精神を歌うべきところ、西洋の物質文化の激流に翻弄される当今の詩人の不幸を嘆いたが（同前、二二一頁）、それから数年後、狭義の詩人たることを捨てて農政学に打ち込む柳田は、歌うべき対象を農村に向け、そこに自立した農村経済という新しい課題を据えようとしていた。

第三章　官僚時代

1　法制局での濫読

官界へ入る

一九〇〇（明治三三）年七月、柳田は農商務省に入省が決定した。配属されたのは農務局農政課である。入省に当たっては、当時、法科大学で商法の講座を担当し、農商務省参事官を兼任していた岡野敬次郎の人脈によるところが大きかった。一一月には高等文官試験にも合格し、晴れて農商務省官僚となる。一方で引き続き大学院にも籍を置き、秋からは早稲田大学に出講して農政学の講義を担当したほか、一八九七年に設立された社会政策学会の活動にも積極的に参加した。

柳田が学生だった時分、農商務省は高等官が置かれておらず、局長のほかはすべて技師であり、事務官もいない「弱小官庁」だった。柳田もまた、二年間は属官として勤務した（柳田國男「私の歩んできた道〈対談〉」『伝記』一九四七年九月号、堀一郎との対談)。直属の上官は「サーベル農政」と揶揄されるまで小作人への強い指導による農業政策をもって知られた酒匂常明農政課長である。莫大な補助金を農家へ交付して農業技術を導入させ、米増産をはかることを目的とするその酒匂の強権的な農業政策は、日清戦争後の当時、「サーベル農政」と形容された。同時代の農政に影響力を持っていたのが、農業経済学者で帝国大学農科大学教授・横井時敬の「小農保護政策」である。ただし、それはあくまで産業資本の育成上、労働供給源としての農村を荒廃させないという意味での「小農保護」であり、農本主義に立脚しながらも、抜本的な改革を志向するものではなかった。農政官僚時代における柳田の著作の多くは、こうした上からの強い指導に基づく政策への批判として書かれた。

柳田が入省した一九〇〇年はちょうど産業組合法が制定された年でもある。それを受けて省内では産業組合の設立が懸案事項となっていた。加えて同年の農会令、前年成立した農会法によって各自治体に農業改良組織として農会の設立が認められ、それに伴い関連する法律に通じた人員の需要が高まっていた時期でもあった。ここから一九一九年一二月の貴族院書記官長辞任に到るまでが柳田の官僚時代となる。ただし、一九〇二年二月には早くも柳田は法制局参事官に移っている。転出の背景には農商務省に高等官が配置されず、キャリアを積んでいく上で支障が起こると周囲で懸念されたことがあり、入省時に助力のあった岡野敬次郎の人脈がここでも発揮された。したがって、自らの知見が政策に直結するという意味で柳田が官僚として活動したのは、政策官庁である農商務省に勤務したわずか二年に過ぎない。むしろ柳田の官歴の大部分はその後に続く一二年間にわたる法制局参事官の時期といってよい。法制局は内閣の下に設置されており、各省庁から提出される法律の原案に目を通し、必要な場合はこれに修正を加えて承認することを主たる業務としており、その過程を経て閣議に法案が提出される。柳田が担当したのは関係資料を読んで、この原案の審査に当たることだった。

柳田の法制局時代とは、ちょうど桂園時代に当たっており、とりわけ桂太郎内閣が議会と頻繁に衝突し、議会がしばしば解散したことから、いったん議会が解散すると、審議の対象となる法案も未了のまま宙に浮く形となり、業務もしばらく停止するため、余暇の多いポストだった。官僚時代の柳田が豊富な読書に支えられた農政論を書き継ぐかたわら、依然として花袋ら「紅葉会」、『文学界』時代の仲間と交流し、文学談義に明け暮れた背景には、こうした官僚機構上の「僥倖《ぎょうこう》」にあずかったことが大きい。そうでなくとも、柳田から見た当時の官僚世界とは、眼前の仕事に汲々としながら地位の安定と、昇進を願うことが恒常化しており、大きなことを考える時間がなく、さらに「余程心がけないと本が読めなかった」環境であった（前掲『私の哲学』二三一頁）。同僚の多くがこうした官僚体質に染まることで気がつかないうちに視野の狭窄に陥るのを尻目に、柳田は相変わらず読書に精を出した。

柳田にとって幸運だったのは、一九一〇年六月から一九一四年四月にかけて兼任の形で内閣書記官記録課長として内閣文庫の管理にあたり、図書カード作成にあたったことである（岩倉規夫「柳田先生と内閣文庫」『定本』一七巻、月報六）。内閣文庫は江戸幕府時代の「紅葉山文庫」を基礎に、これに加

柳田直平と琴

えて明治の出版法によって献本されたおびただしい新刊本が揃っており、四〇万冊に及ぶ蔵書を誇るものだった。この中には多くの稀覯本が含まれており、この環境下で柳田はもっぱら余暇を内閣文庫の蔵書を読むことに当てた。柳田が自身の研究にカードを用いる習慣は、この時からである。任にあたった最初の一九一〇年の夏などは休暇をとらず、「暗くなるまでへとへとになって虫ばんだ本をよみちらし」、読書三昧の日を送った（前掲「柳田國男自伝」『柳田國男全集』第三二巻、一九九一年、ちくま文庫、五九四頁）。辻川の三木家、布川の小川家に続き、この内閣文庫での日々を第三の濫読時代とみることもできる。

入省した翌一九〇一年、柳田は松浦萩坪入門への労をとった松波遊山の紹介によって大審院判事・柳田直平、琴《きん》の養子として入籍し、以後、柳田姓となる。柳田家は信州飯田藩士の出で、柳田はその四女・孝と婚約し、一九〇四年四月に結婚する。柳田家は長い間、嫡男に恵まれず、直平は同じ飯田藩士の安東家から養子に入った。直平の母・安東菊子もまた、萩坪の許で歌の指導を受けており、柳田の養子縁組みに際しては菊子の強い希望があったといわれる。戦後になって柳田は徳川夢声との対談の中で、養母の琴について「私の母親は洗礼をうけているんですよ」と発言し、しかも洗礼を受けてから一五年も経ているのに、相変わらずお盆には通例の魂送りの行事を行っていたと回想している（「一つ目小僧から記紀まで」『問答有用　徳川夢声対談集』ちくま文庫、二〇一〇年、一〇八～一〇九頁、一九五五年一一月二四日対談）。後に柳田がいくつもの宗教上の習合を認めながら、その中に一貫した先祖祭祀、氏神信仰という道筋を導き出したことを考えると、身近にこうした信仰上の態度を見ていたことは、重要な視座を提供したといえる。

伝承によれば柳田姓はもともと国府津から小田原に多く、そのうちのひとつである川村の柳田家が野州へ出て宇都宮家に仕えた。のち、しばらく帰農していたが、同地の堀家に出仕し、堀家が飯田へ国替になるに及んで、柳田家も飯田に移った。移住して後、四代目にあたる当主の里右衛門為美は御側御用人を務めていたが、素行の改まらない藩主に対して諫死した直言の士であった（前掲「故郷七十年」二一一～二一三頁）。また、直平の実弟・安東貞美は、陸軍大将として一九一〇年代後半、台湾総督（第六代）を務めた。柳田直平・琴の間には四人の娘が生まれ、長女・順は植物学者の矢田部良吉に嫁し、次女・貞は後の陸軍中将、第三次桂太郎、第一次山本権兵衛内閣で陸軍大臣を務めた木越安綱に嫁した（三女・操は夭折）。

柳田は孝との間に一男四女を設けたが、一九一五年に誕生した長男の為正（動物学者、お茶の水女子大学教授）は、久々に柳田家の当主が代々受け継いできた「為」の字を受けることとなった。結婚後の一九〇六年四月初め、柳田は柳田家の祖先を訪ねるべく、甥の矢田部雄吉を伴って栃木県真岡から喜連川に到る旅行を行い、この地域の沿革、民俗について見聞きしたことを記録し、「柳田採訪問」として残した。

「自然主義」とは何か

官僚となって以降も柳田は、農政学と文学、それぞれにおいて活動を続けている。しかもそれらは実務官僚としての仕事と併行していることに注意したい。

ここで柳田が官僚として出発した前後の時期について瞥見しておく。一八九五（明治二八）年とは高等文官試験に帝大卒業生が本格的に参加したという点で、同試験制度が軌道に乗った年であった。この年の東京帝大法科の卒業生には、小野塚喜平次、浜口雄幸、幣原喜重郎ら錚々たる面々が並んでいる。小野塚が卒業後そのまま大学に残り、政治学者として代表作『政治学大綱』（一九〇三年）によって政治学の専門性を基礎付けたのに対し、後の二人はそれぞれ高文、外交官試験に合格し、官僚から政治家へという道をたどった。ここにみる通り、この頃を境に大学卒業の時点で学者と官僚それぞれのコースが明確化され、学問と政治が厳然と分かたれた。逆にそれ以前の時代とは、この両者がいまだ渾然としていたといえる。例えば、植民地官僚として台湾で実務に従事した経験を持つ新渡戸稲造が、当時兼任していた東京帝国大学法科大学で、学生からその講義について専門性に乏しく、学問とは見做されなかったことは、こうした学問の潮流の変化を裏付けている（北岡伸一「新渡戸稲造における帝国主義と国際主義」『岩波講座近代日本と植民地四　統合と支配の論理』岩波書店、一九九三年、一九二〜一九三頁）。新渡戸の学問が植民地政策という農業から政治、経済、地理にまでまたがる総合的なものだったことが、逆に専門性の不在と判定されたのである。大学卒業前後の柳田は、この変動期の只中にいたといってよい。しかし、卒業後の柳田の活動範囲を見渡すと、柳田がこの制度改編がもたらした政治と学問の分離という影響を受けていないことが分かる。そして柳田の場合これにもうひとつ、文学という項目を付け加えてよい。

一見、迂遠かも知れないが、柳田の中に政治と学問・文学が融合していたことを示す上で、彼と自然主義との関わりを考えておく必要がある。ここでも、比較の素材を提供しているのは田山花袋である。前章で見た通り、両者は青年期の文学観という点で一時期、相互に影響を与えていた。

法制局参事官時代、柳田が担当した仕事のひとつが特赦である。予審調書を含むおびただしい資料の中から、再犯の恐れのないと判断される人物を挙げて、それらを特赦の対象として選別するのが主たる業務となった。その中である時、特に柳田の関心を引く二つの事件があった。ひとつは西美濃の山奥で貧しさのあまり、養っていた二人の子供を殺した五〇歳ばかりの男の話である。この男は事件後、一〇年ほど服役していたが、一九〇六年三月に特赦があった。いまひとつは、九州の山村で若い頃逐電した男女が生活苦に陥り、子供とともに再び戻った故郷で辛い仕打ちを受けた結果、三人ともども近くの滝に身を投げ、女性のみ助かったという話である。二つの話はいずれも後に『山の人生』の冒頭に置かれることとなる。

柳田はこの話を花袋ならば、心を動かしてくれると思い、早速そのあらましを伝えたが、花袋の反応は、「余りに奇抜すぎるし、事実が深刻なので、文学とか小説とかにできない」という素っ気ないものだった。柳田はこの体験を後に「田山の小説に現われた自然主義というものは、文学の歴史からみて深い意味のある主張ではあったが、右の二つの実例のような悲惨な内容の話に比べれば、まるで高の知れたものである」と記している（前掲「故郷七十年」一五四〜一五五頁）。ここには明らかに両者の自然主義に対する捉え方の違いがある。対象となる事柄の背後にある社会状況を射程におさめようとしている点で、柳田の考える自然主義は、花袋の考える自然主義よりも広い。青年時代の両者はゾラ、モーパッサン、ドーデなどを競って読みふけったが、柳田にとって例えば、ゾラの『ナナ』に見られる近代の社会変動を的確に捉えたスケールの大きい構成の小説こそ、自然主義と呼ぶにふさわしいものだった。その柳田から見て、花袋の自然主義はもっぱら素材となる対象を自らの体験に限定し、そこで起こった事柄を赤裸々に描くことに終始していると映った。その典型ともいうべき花袋の「蒲団」が発表されたのが一九〇七（明治四〇）年であるから、「二つの事件」をめぐる両者のすれ違いが起こったのは、その前後と見てよい。

ここで大切なのは、明らかに貧困がもたらした事件を前にして、そこに叙述するに足る価値を見出す点で、柳田の中で文学と政治が繫がっていたことである。しかも単に事件の顚末だけを述べるのではなく、これら悲惨な事件を生み出す環境というものを見据えながら、そこにひとつの問題を提出する点で、政治と文学、あるいは政治と学問が未分化の状態で把握されている。

柳田が自らの位相をこうした未分化の状態に置いたことは、文芸批評の側から見た時、柳田の文章が文学でもなく、論文でもないという、はなはだ曖昧な対象として映ったといえる。明治初期とは、江戸時代の庶民文学の流れが依然としてまだ途絶えていないことを無視してはなるまい。その意味で柳田が過ごした青年期とは、純文学と大衆文学の分離がいまだなされていない状態が続いていた。しかし明治の終わりに入ると、次第に両者の間には線が引かれ始める。そして文芸批評と言えば、それは前者を対象とするものとなった。花袋の亡くなった一九三〇年、柳田は発表当時の「蒲団」を回想して、「末にはその批評を読むのさえいやであった」(「花袋君の作と生き方」初出『東京朝日新聞』一九三〇年五月一九日、『全集』二八巻、二〇〇一年、二七六頁)と記しているが、花袋に代表される自然主義文学とは、まさに純文学の一典型だった。

加えて柳田が一〇代後半から官僚時代まで、『猟人日記』の抄訳などを通してトゥルゲネーフに傾倒していたことは少なからず彼の文学観を考える上で重要である。随所で描かれるロシア農村民俗の神秘的な形象に柳田が引き込まれたことは知られているが、他にトゥルゲネーフの特色として、ひとつの価値観で読者をねじふせることなく、常に選択の余地を残しておくところが挙げられる。ひとつのパラダイムを形成することなく、一定の留保・余裕の部分を認める点で、急進的な社会観に距離を取る柳田の視点に近いものがあったと推測される。花袋の自然主義文学観と袂を分かった柳田は、むしろ冷ややかな目線で周縁から同時代の文壇を眺める立場をとることとなった。

2　独立した自営農民社会を目指す

旅する官僚

文学と併行して、官僚としての柳田が他と大きく異なっていたのは、積極的に旅をしたことである。農商務省農政課勤務時代に柳田が担当していた業務の一つが、先に述べた産業組合の設立・育成だったが、法制局に転じて以降も柳田はすすんで地方を廻り、産業組合・農会に関わる講演を行っている。法制局では議会解散によって時間に余裕のある時、名目を設けて出張することを勧めることがあった。同僚の多くが、嘱託の身分で中国、東南アジア等へ出掛けたのに対し、柳田は「それだけはしたくない」と思い、むしろ「金をくれるなら國内を歩きたいと考え」、参事官時代、実に頻繁に旅行をした（前掲『私の哲学』二二七〜二二八頁）。

一九〇一（明治三四）年だけでも、二月初めから群馬県に土地の養蚕家の自発的な有力企業として甘楽、碓氷、下仁田の製糸会社を視察し、さらに一一月から一二月にかけて足利から長野へ入り、木曽を除く一市一六郡をすべて廻った。翌一九〇二年には八月に二週間の旅程で農業試験場視察のため、宇都宮から会津を経て山形へ抜け、次いで高湯を経て仙台から一ノ関へ到った。これから先も柳田は毎年、一カ月から三カ月の旅行を行い、各地の産業組合、農業試験場を廻った。これらの旅行で得られた知見は、「地方の産業組合に関する見聞」（『中央農事報』一九〇七年八月）などにまとめられる。やや時代が下って、日露戦争後の一九〇六年には八月下旬から約二カ月にわたって北海道から樺太に足を延ばし、北海漁業・開拓事業についての視察を行っている。

官僚としての柳田は政策に関わる学会活動にも積極的に参画している。大学在学中、すでに松崎蔵之助を通してドイツ社会政策学派にふれたこともあり、一九〇一年には社会政策学会へ入会したほか、農政に関わる細かな知識に通じていることを買われ、いくつかの政府外郭団体・半官半民の団体に関わっている。一九〇三年の全国農事会嘱託幹事への就任は、その一環である。

農政官僚としての柳田の最初の成果といってよいのが、農政課時代に書かれた『産業組合』（大日本実業学会）である。刊行されたのは遅くとも一九〇二年とみられる。同書は通信教育の教科書という体裁をとったが、柳田は概説書に止まらない自分なりの思い切った解釈を随所に見せている。まず柳田は、産業組合を生産者みずからが行う組織という前提に立ち、その対象範囲を直接生産労働に従事する末端の農業・工業従事者（「小農小工」）に限定して論をすすめる。同書で重視されるのは「同心自助」、すなわち組合員の対等、かつ協同と自助の心に当たる言葉である。

もともとこの言葉は産業組合法の中には登場せず、柳田自身が考える協同組合の論理から導き出されたものである。この言葉に裏打ちされる環境を柳田は「我国の如く数百年の間養成せられて而も漸々廃弛せんとする郷党の結合心を恢復し」（『全集』一巻、一九九九年、九六頁）と、近世の村落社会に求めた。この「結合心」はいずれも、日々の生活の中から経験的に蓄積されていくものであり、それが例えば融資を行う際、信頼するに足る人物かどうかを査定する基準ともなる。これを受けて柳田はいたずらに産業組合はその範囲を広域的にするのではなく、これら経験的な「同心自助」を行うことが可能な自治体を単位とすべきであるとした。一九〇六年に柳田が書いた「報徳社と信用組合」(『斯民』六月、九月)は、まさに近世末の遠州において二宮尊徳によって普及がはかられた農民による相互扶助を目的とする金融組織・報徳社の中に、柳田なりの「同心自助」を読み取り、それを近代的な信用組合として再編することを提案したものだった。柳田自身、報徳会の評議員をつとめ、機関紙『斯民』の編集にも関わっており、論戦することも含め、この提案に込めた期待は大きかったが、指導者・岡田良一郎による批評をはじめ、官製の団体として組織された報徳会からの反響は芳しいものではなく、柳田の側からみても、自分が「屈服すべき必要」(「時代ト農政　開白」『全集』二巻、一九九七年、二三八頁)はどこにもない、という形で収束した。

ここに見られる小農・小工業者が自身の経済圏で自立し、かつ健全な生活を送ることを提言する姿勢は、柳田が地方を旅することで得られた知識から、より細部にわたって実践される。一九〇七年頃の刊行とみられる『農業政策』は、「小農小工」の目線であるべき農業政策を論じたものである。問題の出発点として柳田は、生産者価格と消費者価格の格差が生まれる要因を、まず過剰に多い中間業者と鉄道に代表される輸送手段の「近代化」が、交通網から取り残される地域を生み、多くは村単位で自生する「小市場」を駆逐したと位置付けた。その上で、安定した価格による食糧供給と、農民の増収をはかる上で、「小市場」相互を連携する交通・流通網の必要性を訴え、「小市場」同士を繫ぎ、提携し合うことで生まれる「中市場」の創出を提言する(『全集』一巻、六五〇〜六六九頁)。

『産業組合』から『農業政策』に到る柳田の視点は、村・町にはそれぞれの適性というものがあり、施策を行う側もまずはそれを見極めてから動くことによって活性化が成り立つ、という確信に支えられている。それらはまさに、旅の中で眼にした地域の特性に根ざしている。

「中農」の創出

柳田の論理展開には、柳田が地方で見た「小農」「小市場」の窮状と同時に、それらが経済的に自立するならば、国家レベルでの経済も健全な運営がなされるという視点がある。一九〇四（明治三七）年、農政官僚としての柳田の包括的な提言ともいえる「中農養成策」が『中央農事報』に連載される。この中で柳田は、折からの日露戦争によってとりわけ米輸入をめぐって揺れる農業事情に対し、国内農業が国際的な価格競争に耐え得るために、まずは堅実な独立した自営農家、すなわち「中農」を養成することを説いた（『全集』二三巻、二八九頁）。ここで提案される「中農」とは、農業だけでは生活できず安価な労働力の供給源とならざるをえない「小農」に対置される。「中農」については『産業組合』とほぼ同時期にまとめられた『農政学』（早稲田大学講義録）の中ですでに概説されていたが、「中農養成策」では具体的に、「小農」の二倍に当たる二町歩（約二ヘクタール）の土地を持つことが条件とされ、長期的な方針として耕地面積の拡大が不可欠であると提起された。一方、『農政学』の中で柳田は、地域によって耕地に限りがあることを考慮して、必要に応じ「小農」が村の環境に即した工業者へ転業することを奨励しており（『全集』一巻、二七二頁）、村内における工業の興隆が都市への人口流出を防ぐと考えた。

別途の論文「小作料米納の慣行」（一九〇七年）の中で柳田は、従来、現物で支払われていた小作料を小作がまず、現物を売却して得た代金を小作料として払う、すなわち金納化することによって、独

明治39年頃の柳田

立した経営体としての意識を農民に持たせることを施策として掲げた。「中農」とはその意味で資本主義の中で一個の経営体として存続可能な単位と捉えられていた。これらはいずれも、酒匂の強権的な農政によっては解決されることのない、ひとつひとつの農家に対する行き届いた眼差しに基づく政策提言である。この背後には日露戦争前後から政府によってとられていた、安価な労働力確保という意味での「小農保護政策」に対する強い批判が込められていたことはつとに知られているが、戦後一九六一年の農業基本法が据える農家の自立経営を先取りしているといってよい。しかし、示唆に富んだこれら政策提言は、石黒忠篤、有馬頼寧ら少数の後輩農政官僚によって評価されるものの、ほとんど影響を残すことなく終わる。

では、社会政策を講じる柳田はどのような価値尺度を持っていたのか。『農政学』の中には、「近世の社会主義の論文又は土地公有論の如き……必ずしも一部の学者が驚駭するが如き、無謀の破壊論なりと速断すること能はざるなり」という記述があり（『全集』一巻、二二三頁）、私有財産制度を絶対的なものと捉えず、これを歴史的に把握する視座があったことが判明しているほか、「国民全体の幸福」という言葉が散見されるように、学生時代、授業を通じて受けたJ・S・ミルからの影響が認められる。戦後、柳田は官僚となって間もない頃を回顧して、「あの時分よく流行った多数の人間の最大の幸福という議論の影響をうけていたものだから、成るべく突っかかるところだけ避けながら進んで行くというやり方に反対しておりました」と発言しており（前掲「村の信仰」『私の歩んできた道』四九頁）、社会批判を行う上でひとつの参照点になったことを認めている。むしろこまめに地方を廻り、その土地の農慣を視察する柳田にとって、少なくとも社会主義とは、論文や思想書を通してのみ摂取するものではないと把握されたとみてよい。いま少し広げるならば、それは文献だけによって物事を判断してはいけない、そして文献を読む力は文献の中だけから生まれてこない、という態度がこの頃、柳田の中で確立されていたといえる。

いまひとつ、柳田を特徴付けるのは、同じ本を繰り返し読むことである。その一例がアナトール・フランスへの傾倒である。主著の一つ『白き石の上で』（一九〇五年）は日露戦争に従軍した花袋から紹介されたものと推定されているが（岩本由輝『もう一つの遠野物語』刀水書房、一九八三年、一七〇頁）、その後も柳田は原典および英訳本でも読み、一九二一年、国際連盟委任統治委員として渡欧する際にもこれを携行した。アナトール・フランスの社会主義に対する親近性は、『白き石の上で』にも反映されており、そこで語られる理想社会の在り方、すなわち労働によって社会全体を支えることが人間の基本であるとする思想は、同書の基調にもなっている。土地の事情に合わせた労力の合理的な配置・配分を自らの課題とした柳田にとって、同時代の黄禍論に対する批判も込められている同書は繰り返し参照すべき素材たり得た。また、ハイネもアナトール・フランスも、キリスト教や西欧文明を絶対的なものと捉えていないことは柳田が両者に魅せられる要因となった（同前『もう一つの遠野物語』

一七〇～一七一頁、黄禍論はロナルド・A・モース『近代化への挑戦――柳田国男の遺産』日本放送出版協会、一九七七年、二三四頁)。

柳田は『農政学』において、帝国憲法下での土地私有制による自営農民を想定する視点に立って、ヘンリー・ジョージ、ウォーレスなどの土地社会主義者の説を一部批判的に援用しながら、自身の立場を補強していったことが知られているほか、フェビアン社会主義からの影響も指摘されている（前掲『柳田國男　経世済民の学』一八八～一九〇頁)。実際、前章でみた農政官僚初期の柳田の読書ノート「困蟻功程」、「困蟻労程」にはシドニー・ウェッブ「イギリスにおける社会主義」やハロルド・コックス「土地国有論」など、フェビアン社会主義に連なる思想家の書籍が散見される。フェビアン協会の母体となった新生活協会（"Fellowship for New life"）が階級闘争に訴えることのない漸進的な生活改革を標榜したことにみるように、柳田もまた自ら「中農」という独立した自営農民社会を指標に据えるという意味で、この時、「新しい生活」を模索していたといってよい。

ただし、産業組合の基礎となる「同心自助」の人的関係を近世村落社会に求めたように、柳田の考える「新しさ」は、最初からすべての制度を作ろうとするものではない。可能な限り過去に類似する事例を求め、その中から現在の実現可能な出発点を見渡そうとする点で、あくまで保守的な基盤の上に成り立つ「新しさ」である。近世に起源を持つ互助組織を、自身の考える近代的な協同組合へと再編する発想は、戦後、花田清輝によって、「否定的媒介」の実践として評価されるが（「柳田国男について」初出『近代の超克』未來社、一九五九年、前掲『柳田国男研究』一六〇頁)、むしろここにあるのは、ひとつの社会を維持するためには、在来の習慣を引き継いでいかなくてはならないとして、フランス革命に象徴される旧制度の否定から始まる急激な変革に対して強い警戒を表明したE・バークの保守主義に近い。「（国家とは、）いきている人々だけのあいだの合同作業ではなく、いきている人々と、しんだ人々と、うまれてくる人々とのあいだの、合同作業である」（『フランス革命の諸考察』水田洋訳『世界大思想全集』（第二期第一一）河出書房、一九五七年、九九頁）というバークの位置付けは、先祖と子孫の両面から自分たちの存在を規定する柳田の固有信仰の世界と重なるところが大きい。日本におけるバークの紹介者の一人である新渡戸稲造と柳田の交友は、次章で述べるように、新渡戸の「地方学」に対する評価を抜きに語ることはできないが、両者の思想的な結節点に、バークの保守主義に対する親和力があったことは指摘されてよい。

柳田の農政論において描き出されているのは、「中農」をひとつの基準単位として、なおかつ在地の商工業の活性化を重視し、農業と商工業の均衡に配慮しながら、村と町を繋ぐ「中市場」を媒介に、健全な経済的往還が可能な社会構造である（藤井隆至『評伝　柳田国男――日本の経済思想』日本評論社、二〇〇八年、一五七～一五八頁）。ここで目指されているのは、安定したひとつの循環構造であり、それを可能とする組織として産業組合の育成が在来の習慣を一部に生かした形で求められているのである。

3　『遠野物語』への道程

竜土会とイプセン会

一九〇〇年代における柳田の文学への関わりを見る上で特筆すべきは、竜土会とイプセン会である。もともと柳田は入籍後、牛込区市ヶ谷加賀町にあった柳田邸で独歩、花袋らを主客としながら、ヨーロッパ文学・文壇の話題を中心とする小さな集まりを持っていたが、これを一九〇二（明治三五）年一月一三日、会場を柳田邸から洋食店快楽亭に移して開催した。第二回は牛込赤城下の清風亭で開催され、新たに川上眉山、水野葉舟らが加わった。その後会を追うごとに参加者が増えていき、場所を変えながら最終的に麻布新竜土町にある洋食店竜土軒に落ち着き、ここを会場として定例化した。

会の名称はそのまま竜土会となり、蒲原有明ら既知の友人に加え、窪田空穂、正宗白鳥、徳田秋江など、会を追うごとに多くの人士を引きつけた。六年にわたる小諸での教師生活を切り上げ上京した藤村も、会の常連となった。演劇の小山内薫、のちにダダイストとなる武林磐雄（無想庵）などが加わったことに見る通り、文壇における主義や形式にかたよることのない談論風発の空間だった。のちに柳田が小山内薫の自由劇場に顧問として名を連ねたのも、竜土会の持つ空気を反映したものといえる。竜土会における柳田は、刻々変わるヨーロッパ文学談義に対して敏速に反応し、話題となっている作品・作家・文学潮流を的確に概説することのできる人物として描かれている（田山花袋『東京の三

十年』岩波文庫、一九八一年、一九八頁）。

しかしながら参加者が拡大するに伴い、竜土会が次第に求心力を失いはじめたことから、柳田、岩《いわ》野《の》泡鳴《ほうめい》の提案に基づき、竜土会とは別個に起こされたのがイプセン会だった。開催されたのは一九〇七年二月から約一年間で、およそ八回の例会が記録されている。メンバーは竜土会からの流れてきた者もあったが、イプセンそのものの作品に特化した内容であったことから、必ずしも重なっていたわけではない。柳田のイプセンに対する傾倒は、一九〇二年の読書ノート「困蟻功程」の中ですでに英訳で『幽霊』『人形の家』をはじめとする社会劇、写実劇の代表作『ジョン、ガブリエル、ボルクマン』から、遺作となった『私たち死んだ者が目覚めたら』まで、ほとんどの作品を読んでいることが判明している。同時代の読書傾向に染まらずにきた柳田にとって、これは珍しいことだった。

イプセン会が行われていた時期は、一八九八年の家父長に大幅な権限を認める明治民法制定に伴って家制度が日常を縛りつつあった社会を背景に、それに対する批判として、日本の文壇・演劇界でイプセン熱が高まった時期でもあった。一九〇六年五月のイプセンの死去から間もない同年七月、柳田もまた、「イブセン雑感」を『早稲田文学』（イプセン特集号）に寄稿し、特に『ジョン、ガブリエル、ボルクマン』をはじめとする後期の作品に触れながら、台詞から状況説明を排して臨場性を高める演劇上の技法に高い評価を送った（『全集』二三巻、四三四〜四三六頁）。

多くの参加者がイプセンの作品に道徳・社会規範が与える桎梏と、そこからの脱却を求めたのに対し、柳田はいささか異なる読みを示していた。例えば、イプセンといえば、もっぱら社会劇が偏重された中にあって、柳田は歴史劇「ヘルゲランドのヴァイキング」(文中では「ギキング」)を取り上げ、北欧の土着信仰が次第にキリスト教に駆逐されていく時の苦闘の跡が克明に描かれていることを称賛した(同前、四三七頁)。前章で見たハイネ「諸神流竄記」と並んで、柳田はイプセンの中からもキリスト教以前の宗教を知る素材を見出している。あるいは「困蟻功程」にも挙がった最晩年の作品『私たち死んだ者が目覚めたら』も、それまでのイプセンとは肌合いを異にしている点で、流行目線だけでは扱いにくい作品である。そもそもこの作品には、生きた人間の〝私〟という発想が希薄である。イプセン自身、晩年に到って今までの自分の文学では処理できないものがある、と考え始めたことがこの作品の書かれた背景にあったと考えられる。近代的な〝私〟というものは、最早ここでは解体しているのである。柳田がこの作品に引かれたことは、〝近代的自我〟に固執する日本の近代文学に対する批判を内にふくむだけでなく、のちに民間伝承を足場に柳田の中で生じる近代そのものへの懐疑を示している。

ヴィジョンとイリュージョン　イプセンを通して柳田の文学観がよくあらわれたのが、一九〇八年一一月一日に行われたイプセン会の第八回例会である。この時の出席者は柳田、岩野泡鳴、長谷川天渓《はせがわてんけい》、正宗白鳥であるが、この日の山場は、イプセンの作風をめぐって、柳田と岩野・長谷川の意見が真っ向から対立した箇所だった。

柳田氏　何遍も言ふ様だけれども、イプセンは斯様に破壊しておいて奈何する積りだらう？　New

World はないのであらうか？
岩野氏　ただ破壊だ？　空な形式なんか建てない方がいいと思ふ。
柳田氏　破壊したら破壊したでやはり何等かの形式が残らなくちゃならんと思ふ。［中略］
長谷川氏　理想なぞといっても一種の illusion だ。その illusion がなくなる頃は人間夢醒めて唯死だ。
正宗氏　西洋でもいつか他の illusion が設けられてイプセンなども捨てられる時が来る。
柳田氏　しかし現在に於ては少くとも illusion が真面目なものでなければならぬ。

（『季刊柳田国男研究』一号、一九七三年）

談話を記録した秋田雨雀は、このやりとりを柳田の「穏健な建設主義」と泡鳴の「刹那主義的破壊説」の衝突と解説しているが（『新思潮』一九〇九年九月号）、要となるのはやはり“illusion”（幻影・幻像）の解釈である。ここで柳田が問おうとしている“illusion”（幻影・幻像）とは、眼に映じても泡沫のように消えてしまうような、脆いものではない。その上で、それらを体感し視る主体、あるいはそれらを成り立たせている環境をも射程に含ませながら、そこに一定の様式があることを柳田は力説している。

イプセン会の他のメンバーとは異なり、柳田にとってイリュージョンとは、自分がしっかりしたものと捉え、しかも信じることのできるものとして把握されていた。昭和に入って組織的な民俗調査に乗り出す際、柳田が特に村社会における幻聴・幻視を重視したことにみるように、柳田はイリュージョンを迷信として一擲せず、実際の生活を背後から規定する要素としてこれを重視した。さらにその中に一定の法則性を見出すことができれば、そこに生活を営む上で生じる問題への処方箋を引き出す素地を作ることができるという将来への道筋——すなわち、ヴィジョンすら見出せるのである。その意味で柳田にとってイリュージョンとは、ヴィジョンと表裏一体の関係にある。ヴィジョンを未来に向けて放たれる新しい価値を含んだ眼差しとすれば、農政官僚として柳田が著した論考もまた、ヴィジョンに満ちている。さきの「中農養成策」にしても、「中農」という新しい堅実な農民層を置くことでひとつのヴィジョンを示し、柳田は安定した農民の生活世界を創ろうしている。

一方のイリュージョンについて見れば、近代日本のアカデミズムはまさにこのイリュージョンというものを切り捨てる方向へ進んでいった。しかし、柳田はそれらを率先して記録し、その中に近代科学によって押し切られない価値があることを認めている。

イリュージョンに独自の価値を見出すという点で、これに先行して発表されたもうひとつの重要な文章が、一九〇五年の「幽冥談」(『新古文林』九月)である。ここで柳田はこの世には、「現世」(うつし世)と「幽冥」(かくり世)が存在し、後者から前者は見通すことが出来るが、その逆は起こりえず、むしろ「かくり世」から懲罰を受けることすらあるとする。ふたつの世界が交錯するところに生まれるのが「天狗」に代表される不可思議な事象である。この信仰を柳田は「幽冥教」と呼び、民間の感情によって継承されるものと位置付けた(『全集』二三巻、三九三~三九六頁)。

「幽冥談」は柳田が心意伝承の研究に足を踏み入れた文章として知られる一方、「かくり世」の力を常に身近に体感していた歌の師・松浦萩坪、さらに平田国学の幽冥論など、そこに到るまでに柳田が受けた影響、体験、関心事が凝縮している。加えてキリスト教によって圧迫され僅かに山で存続している神々を描いたハインリヒ・ハイネ『諸神流竄記』からの引用が示すように、柳田はこれら「幽冥」に関わる事象について、「どこの国の国民でも皆な銘々の特別の不可思議を持つて」おり、その特色を研究することは必ずや、「一面に国々の国民の歴史」に資するものとして捉えている（同前、三九三頁）。発表当時、ちょうど日露戦争が最終局面を迎え、講和条約の行方が注視されていることを考えれば、高まる国民意識を反映しながら、そこにひとつ歴史の素材を提供する点で、イリュージョンからヴィジョンへという回路がここでも示されている。

これよりやや遅れて一九〇九年三月、『珍世界』に発表された「天狗の話」は、日本において古来、不可思議な事象を伝える物語に深く「天狗」が関わっていること、それら伝承の背景に山中に日本人とは系統を異にする人種が想定されることが、日本各地に散在する大人塚や、巨人をかたどった人形が登場する民俗行事、山男、山童、山女が登場する伝説などの事例とともに述べられる。その流れの中で、古代の九州地方において、これら「異人種」の割拠する地域との間に設けられた城を形容するにあたり、柳田は「隘勇線《あいゆうせん》」という言葉を用いている。総督府下の台湾において原住民からの襲撃に備えて防衛上設けられた柵を意味するこの言葉は、当時の柳田がこれら山に隠れ住む少数者を「異人種」と捉え、なおかつ類比可能な対象を求めてその射程を帝国主義下の植民地にまで延ばしていたことを匂わせる。この背景には遠野出身で、かつて台湾総督府下で人類学調査に従事し、山岳少数民族を含む基礎的な資料を大部にわたって編纂した伊能嘉矩《いのうかのり》との交流が影を落としていたとされる（石井正己『遠野物語の誕生』ちくま学芸文庫、二〇〇五年、一二八〜一二九頁）。

「天狗の話」で眼を引くのは、こうした山の奇談に登場する人々は、明治の現在に到っても、まだ命脈を保っているのではないか、という推定とともに、自分はこうした事例を収集したいので同種の話がないか、掲載誌の読者にも助力を乞うことで結ばれていることである。自身と問題意識を同じくする購読者に向けて、民俗上の事例報告を願うことは、大正期以降の柳田が自ら手掛けた雑誌編集の中で繰り返し行うことだが、寄稿誌であるとはいえ、これはその最初期に属するものであろう。山に住む「異人種」への傾倒は翌年の「怪談の研究」（『中学世界』三月号）、「山人の研究」（『新潮』四月号）において、「幽冥」「天狗」などに含まれていた怪異、神秘にまつわる要素が切り捨てられ、考究すべき対象としての「山人」が明確に据えられることとなる。

椎葉村にて

深まっていく「山人」への関心と並行して、一九〇八（明治四一）年にはじまる数年間は、柳田にとって旅をめぐる体験がそのまま自身の農政論、文学の双方に直結していった点で、密度の高い時期である。まず、一九〇八年五月下旬から八月下旬にかけて柳田は内務省嘱託の肩書で南九州を中心に長期の旅行を行う。旅程は熊本を経て鹿児島県下を講演・視察で廻ったのち、七月一五日には宮崎県東臼杵郡椎葉村に入った。事前に県庁から電報で来意は告げてあったが、山間の僻村といって差し支えなかった椎葉村に直接、参事官が訪れることは未曾有の出来事であり、村長の中瀬淳が羽織袴で出迎えた。

　日露戦争後の地方改良運動の中で、当時、各町村に対して各自治体の沿革・概要・振興をまとめた町村是の作成が求められていた。多くの町村が作成に関する技術的な蓄積を持たなかったことから外部に請負い仕事として作成を依頼した結果、画一的な町村是がおびただしく上梓されることとなった。

　その中にあって椎葉村は中瀬村長以下、地元の住民を中心とする委員によって統計その他の資料が集められ、柳田が来訪する前年の一九〇七年に町村是を刊行していた。柳田は事前にその『宮崎県西臼杵郡椎葉村是』を読んでいたとみられる（前掲『評伝　柳田国男――日本の経済思想』一一九～一二〇頁）。この椎葉村滞在中、柳田は狩猟と焼畑を中心とする同村に伝わる伝承を聞き、その豊富な習俗事例とその背後に控える生活世界に引き付けられた。それまで農村の生活世界を念頭に旅を重ねてきた柳田にとって、これらはいずれも未知の領域であり、かつ刺激的なものだった。

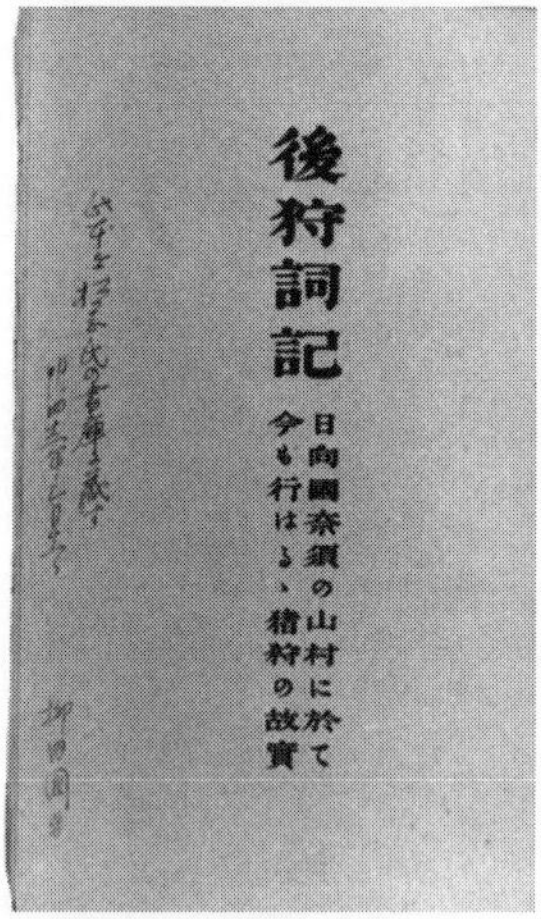

『後狩詞記』の扉（長兄の鼎に贈ったもの）

　帰京後、柳田はこの時の聞き書きを元に、中瀬からの資料的援助を加えて翌年、『後狩詞《のちのかりことば》記《き》』と題する本を自費出版する。五〇部の限定版で、最初から広範な読者を期待したものではない（「法制局時代の上山氏」『全集』三〇巻、四九二頁）。題名は、室町時代に成立した武家の狩に関する作法・用語について記した解説書『狩詞記』を意識したもので、柳田のペダンティックな一面があらわれている。

『後狩詞記』は狩の作法及びそれにまつわる習俗語彙を直截に記した部分が主要部を成す。注意すべきは、「序」に「其中に列記する猪狩の慣習が正に現実に当代に行はれて居ること」(『全集』一巻、四三四頁)とあるように、柳田がこれらをいずれも旧慣として扱っていない点である。同書に事細かに記述してある狩における分業、獲物の解体と分配、これらはいずれも農政官僚として柳田が考え続けていた協同組合がひとつの集落の慣習として現実に機能している姿でもあった。しかも狩猟から獲物の分配に到る際に要所々々で行われる呪文、変死した者へ柴を折って捧げる「シバトコ」の習慣などを余すことなく柳田が記したことは、柳田がこれらを一連の協同作業に欠かすことのできない行為と見做していたことが背景にある。踏査した地域とそこに伝わる習俗への驚きという点で、椎葉行はその後の民俗学を基礎付ける重要な位置を占める。

『遠野物語』の世界

椎葉から帰って間もない一九〇八年一一月四日、柳田は水野葉舟から岩手県西閉伊郡栃内村出身の文学青年・佐々木鏡石《きょうせき》(喜善《きぜん》)を紹介される。きっかけは、柳田の椎葉での見聞に接した水野がかねてから自分と懇意にしている遠野出身の青年のことを話題にしたところ、柳田が是非会いたいといったことだった。

泉鏡花に心酔した佐々木は、文学によって身を立てるべく私立岩手医学校を中退して上京し、哲学館大学(現・東洋大学)、早稲田大学を転々としながら、文壇への進出を窺っており、その途上で水野の知遇を得た。柳田と出会った時は、すでに幻想的な作風の小説をもって三木露風、上田敏などから評価を得ていた。この日、佐々木は「お化け話」をして帰ったと日記に記録している（前掲『柳田国男伝』二五五～二五六頁）。

怪異譚に並々ならぬ興味を示し、語りながらその内容を怖がったとされる佐々木にとって、この時の話はまさに「お化け話」と意識された。しかし、柳田はそこに「お化け話」以上の世界を感じ取った。そして以後、定期的に喜善を自邸に呼び、遠野にまつわる話を書き止めた。この一連の作業は翌年八月、柳田自身の遠野旅行によって補強される。椎葉において山に生きるとはどういうことか、その一端を習俗とともに直視した柳田にとって、佐々木によって語られる遠野の民譚は、さらに山を生活圏とする人々への眼差しを深いものとした。

『遠野物語』
（右より初稿本全２冊，再稿本全１冊，印本）

一九一〇年五月、柳田は『石神問答』を上梓する。同書は好事家の談話会である集古会で知己となった旧幕臣でメソジスト派の牧師・山中共古《きょうこ》をはじめ、白鳥庫吉《くらきち》、喜田貞吉ら史学者たちと柳田との往復書簡によって石神（〝シャグジ〟）信仰に関する事例・意見を集めたものであるが、書簡をやりとりする中で柳田は、〝シャグジ〟とは石神を音読したものという従来の説を吟味しなおし、むしろ道祖神に類した「塞の神」（〝サエノカミ〟）に近いことを検証している。書簡の中には遠野出身の二人の人物、佐々木と伊能嘉矩からのものも含まれており、その一部は『遠野物語』にも反映されている（前掲『遠野物語の誕生』一七〇～一七六頁）。

同年六月、いよいよ『遠野物語』が刊行される。三五〇部という数が示す通り、当初から流通させることは目的とされておらず、佐々木を始めとする知己に配布することを念頭に置いたものだった。『石神問答』が山中共古をはじめとする同時代の複数の考証家・好事家らの意見を併記したものであるのに対して、『遠野物語』は話し手と記録者、さらにその両者を包み込む伝承の回路・遠野というより複雑な構造を持つ。とりわけ目に付くのは同書が柳田にとって懸案だったヴィジョンとイリュージョンの問題を鋭く反映していることである。『遠野物語』には怪異譚だけではなく、そこに生活する人々による幻聴・幻視その他おびただしいイリュージョンが登場する。同書でも引かれることの多い、佐々木喜善の実家の通夜で、棺に納めたはずの曾祖母が裏口から家に入り、座敷へと向かっていく姿を家人が見た話（「二二」）、さらには妹の嫁ぎ先で平素嫁と折り合いの悪かった姑が夫に殺されたその時刻、遙か離れた山奥に茸採りをしていた兄が姑と思しき人の叫びを聞いた話（「一〇」「一一」）。これらはいずれも、幻聴・幻視が大事な主題になっており、しかも、それらのひとつひとつが生活の中から立ち現れてくる点で、イプセン会において柳田が考えた「真面目なもの」だった。

これらの幻聴・幻視に近接しながら、明らかに実在を示唆する話もひとつの括りとして『遠野物語』を構成している。これも有名な、狩猟で山に入った時、遠方の岩上にいた山女を撃ち、帰ってからの証拠にと思い女の髪を切り懐に入れ下山中、ふいに睡魔に襲われ夢うつつの中を山男にくだんの髪を取られた話（「三」）、天狗が住むとされ、みだりに近づく者のない雞頭山に賭けをして登った男が、岩の上で恐ろしい形相をした三人の大男が金銀を数えているのに遭遇した話（「二九」）、栗拾いに山へ入ったきり消息不明となった若い娘が二、三年後、狩猟で山に入った同じ村の者に発見され、目の色の異なる「恐ろしき人」にさらわれ強制的に妻とされていたことが本人から語られた話（「七」）などである。特に最後の話など、そこに登場する男は、遠野で開かれる市と市の間に一、二度、同じような風体の男たちと話し合う機会を持つという記述があるように、現実感を伴った描写であるところに特色がある。

『遠野物語』が刊行された時期、論壇では「アイヌ・コロポックル論争」にみられる先住民族の存否に関わる論議が行われていた。同書の冒頭は遠野及びその周辺の地名がアイヌ語起源であることを紹介する文言が置かれていることから見て、柳田もこうした同時代の動向に関心がなかった訳ではない。『遠野物語』に、これら先住民族と思しき人々が描き込まれているのも、一部に同時代の論壇への意識があったといえる。同年に発表した「山人の研究」において柳田は「山人」を「我々社会以外の住民、即ち、吾々と異つた生活をして居る民族」（『全集』二三巻、六九二頁）としていることからみても、柳田の「山人」像はいよいよ強まりつつあった。

民譚の担い手

表層には見えないが、『遠野物語』を構成する民譚は、無数の担い手によって成立している。イリュージョンを含め素材となる話に直接関わった人物、その話を伝承していく人物などがこれに当たる。民譚を担う無名の群像に焦点を合わせてみると、そこには直情径行の人柄、温和な人柄など様々な感情のあることを考慮しなくてはならない。それらを経験的な視点から見れば、開かれた気質の人、反動的な気質の持ち主など、互いに異なる個性が『遠野物語』という民譚集の地平に併存することが認められる。同書にはその後、桑原武夫、中野重治、三島由紀夫と、実に多様な政治思想、日本人観を持つ人物によって賛辞を寄せられるが、この一見奇妙な現象が起こる最たる理由は、それら読者がもともと異なる気質・感情の担い手を媒介として複合的に構成された『遠野物語』を読み、そこに込められた意味を現在の自分の文脈に合わせて独自に読み取ろうとしたことにある。この脈絡に沿うならば、『遠野物語』にはモザイク状に複数の気質が散りばめられており、読み手は自分に内在する思想・問題意識を手許にテキストを読み、それに照応する物語中の一片のモザイクに吸い寄せられる構造を持っている。

柳田の文学観には人間の内面を描くことへの強い忌避感があったことは、彼の自然主義文学分析を通してすでに指摘されているが（大塚英志『怪談前後　柳田民俗学と自然主義』角川選書、二〇〇七年、八一〜八四頁）、ここで考えておくべきは、内面を描くということはヨーロッパ近代文学の特色でもあった点である。そして日本の近代文学とは、その部分を模倣することに多くを費やした。柳田が竜土会やイプセン会においてヨーロッパの小説・詩について最新の知識を伝えることのできる人物だったこ

遠野郷六日町（明治５年頃）

とを考えれば、柳田はまぎれもなく明治の一時期、日本近代文学の先端に居た。しかし、その作られ方に不満を懐きはじめ、これから遠ざかろうとする矢先、まさに〝遠野〟に出会ったといえる。その意味で修飾語を排し、人の内面を描かず、それでいて鮮烈な印象をもって迫ってくる『遠野物語』の叙述には、文学者として柳田が試みた意図を読み取ることができる。青年時代、詩篇「影」において民話の生まれる場「小野」は、悲恋を主題として感傷的に綴られたが、『遠野物語』において柳田は、余分な形容を一切排することで、民話の集積する場を設定し直したのである。

一方で人間観察、社会への洞察を目指す柳田にとって、それを文学に託すとすれば、そこにどのような方法がとられたのか。ひとつ想定されるのが、広義の意味での寓話を採用することである。寓話とは原義に従うならば、イソップ物語のように周囲の自然から動物なり昆虫なりを登場させ、そこに人間の行動様式をかぶせることによって人間そのものを風刺し、教訓とする形式の物語であろう。これを敷衍するなら、人間という存在から人間の心をいったん引き離して、それを自然の中に置きなおし、そこから人間そのものを突き放して見るという様式こそ、寓意の特色であるといえる。その際、対象となる登場者の内面は受け取り手たる読者の側に託される。『遠野物語』は柳田が「内面」の問題についていかに取り組んだのか、その試みの跡を示す書でもある。

刊行直後、『遠野物語』への反響は大きいものではなかった。もともと限定版だったため、感想を寄せる人士もまた限られていたこともあるが、同書に秘められた価値に気付きこれを評価したものは、少なかったといってよい。例えば藤村は、著者たる柳田を「霊異の採集者としてよりも、観察の豊富な旅人として見たい」とする見地から、「私は『遠野物語』を君が土産話の第一として、更に君から旅の観察を聞きたい。私は第二第三の『遠野物語』が種々な形で出て来ることを希望する」と記し（「『遠野物語』」初出『中学世界』一九一〇年七月、『柳田国男研究資料集成』一巻、日本図書センター、一九八六年、八九〜九〇頁）、柳田が『遠野物語』そのものに込めた意図については格別の関心を示さなかった。実際、その後柳田は『遠野物語』でとった方法をそのまま場所を変えて同系統の作品を書くことはなかった。その背後に、この書の成立が多くを偶然に負うものであると柳田自身がわきまえていたこと、さらにこの作品が自然主義文学に対する自分なりの応えという重い課題の上に成り立っていたことを読み取ることができる。

『遠野物語』について、率直な評価を送ったのは泉鏡花だった。繰り返しこの書を読んだ鏡花にとって『遠野物語』の魅力は、登場するあやかしや伝奇的な記述だけではない。「其の土地の光景、風俗、草木の色などを不言の間に聞き得る」ことだった（「遠野の奇聞」『新小説』一九一〇年九月、一一月）。研ぎ澄まされた感性によって鏡花はこの物語を生んだ空間に降り立ち、そこに描き込まれた微細な事象のひとつひとつを捉えた。「実際鏡花に導かれて行くと、こんな現代にもまだ詩があるかと心付く」(「這箇鏡花観」初出『新小説』一九二五年五月、『全集』二六巻、二〇〇〇年、三五九頁)と記したように柳田の鏡花に対する敬意はその後も続き、一九二七年八月、『文藝春秋』が企画した鏡花に話を訊く座談会にも率先して参加した。鏡花の側も一九二九年、「山海評判記」の中で柳田と思しき「邦村柳郷」の屋敷の「お白様」は活発で悪戯っ気があることで知られ、故郷八戸で多くの「お白様」が神意を問われ、東京行を断わる中で、一番若いその神だけが「参るよ」と言って邦村邸に安置された創作を著わした(『鏡花小説・戯曲選』四巻、岩波書店、一九八二年、二二六～二二八頁)。

「感じたるまゝ」

柳田は佐々木喜善の話を聞き、それを「一字一句をも加減せず感じたるまゝ」(『全集』二巻、九頁)に書いた。すでに述べたようにそこには、花袋ら自然主義文学への批判が込められていた。しかし、同じ花袋の作品でも「重右衛門の最後」(一九〇二年)の持つリアリズムには高い評価を送った(前掲「花袋君の作と生き方」二七六頁)。このように、柳田にとって日本の自然主義文学は彼岸の彼方に置かれていたわけではない。それはちょうど柳田が椎葉を旅している間に病没したもう一人の自然主義の作家・国木田独歩と対照させると、新しい相貌を帯び始める。

独歩の自然主義文学に対する態度をみると、そこに強い執着の影がないのが特色である。晩年の「余と自然主義」(一九〇七年)では、自分は一度も自然主義を意識してものを書いたことはないとことわった上で、もし読者から自分が納得のいく自然主義文学の説明を受け、自分がそこに位置付けられると分かったならば、そこではじめて「成程そういふ次第なるか」と判定するとした（『筑摩現代文学大系六』筑摩書房、一九七八年、一八六頁）。こうした独歩の自己評価は、かつて新体詩集『抒情詩』を上梓した折、「野辺のゆき丶」の「序」において自分は新体詩の何たるかを十分心得ていない、とことわった柳田に連なるものがある。

その独歩は「自然を写す文章」（一九〇六年）において自然を書く際に心がけるべきことを明快に論じている。ひとつの出発点になるのは、「自然といふものは決して精細に、写せるものでは」ない、という気持ちである。そう思い切った上で、「或る主要なる一部分を取つて、それを描写すればたりる、あとは読む人の聯想にまかせる」ことが大切であると独歩は説く。さらに自分の試みた例として、「感じた事をそのま丶直叙した」『武蔵野』や、「たゞ自然の感じた、真に心のそこへ自然が沁み渡つた中心点」を描いた『空知川の岸辺』（一九〇二年）を挙げ、自身の方法の確かさを確認する（同前、一七八頁）。『空知川の岸辺』の白眉は、主人公が森林の中で自然への捉え方を思索する場面である。「怒濤、暴風、疾雷、閃雷は自然の虚喝である。彼の威力の最も人に迫るのは、彼の最も静かなる時である。高遠なる蒼天の、何の聲もなく唯だ默して下界を視下す時、曾て人跡を許さゞりし深林の奥深き處、一片の木の葉の朽ちて風なきに落つる時、自然は欠伸して曰く『あ丶我一日も暮れんとす』と」（『国木田独歩集』一九七四年、筑摩書房、一七四頁）。

「感じたるま丶」と柳田がいう時、見逃せないのはそこに文学のみならず、学問・思想そのものの表現手段も射程に含んでいる点である。というのも、一九〇〇年代当時の柳田は、明らかに論文を書く文体について思いをめぐらしていたことが分かっている。一九〇七年三月に柳田は『文章世界』に寄せた一文で、既存の形式に煩わされて思うことを表現できなかった因習を、『ホトトギス』一派が写生文によって打破したことを評価した上で、「写生文を論文に応用したらどうかと思ふ。従来、写生文といへば、記事文にのみ限られてゐたが、同じ方法で、論文もまた作られると思ふ。即ち記事文が外界のことを有りの儘に写生する如く、論文は頭の中の思想を有りの儘に写生するのである」（前掲「写生と論文」『柳田國男　私の歩んできた道』一九四頁）とした。

後述するように、子規の起こした俳句の改革運動に対する柳田の評は厳しいものだったが、この確信を秘めた文章は、文体に対する態度という点で、そこには『遠野物語』のような叙述も含まれてくる。それはまた、専門分化した学問編成の中で、定められた学術用語と表現手段に縛られた文体の両面から近代の学問に対して向けられた柳田の異議申し立てといえる。

4　学問の輪郭

分岐点としての一九一〇年

『遠野物語』が刊行された一九一〇年、八月に「韓国併合に関する条約」が締結され、「日韓併合」が行われた。これに先立つ五月末には「大逆事件」の発端となる「天皇暗殺」計画が露見し、六月には幸徳秋水が逮捕され、社会主義者・無政府主義者の検挙が相次いだ。このうち、「韓国併合に関する条約」の作成については、法制局参事官として柳田が一部これに関わり、その功によって勲五等瑞宝章を授与されたことは知られている。生涯にわたり、民俗全般を論じる際でも朝鮮への言及が極端に少ないこと、東アジアを領域とした民俗比較が可能視された戦時下にあって朝鮮との比較に終始慎重だったことと照らし合わせると、「日韓併合」に関わる自身の事跡はその後の柳田に影を落とした。

実際、この事実を重視して後に柳田が日本の固有崇拝の祖型を沖縄に求めたことについて、そこに或るイデオロギッシュな要素の介在が長らく指摘されてきた（村井紀『南島イデオロギーの発生　柳田国男と植民地主義』福武書店、一九九二年）。加えて『時代ト農政』の「開白」末尾に記された「朝鮮併合後三日」という言葉、或いは「もゝとせの後の人こそゆかしけれ今の此世を何とみるらん」との歌が、すこぶる暗示に富んでいたことから、柳田と植民地をめぐって多くの憶測が生まれることとなった。この記述からその後の沖縄に対する柳田の打ち込みへと直結させるには、資料的な問題がいまだ立ちはだかっているが、その後も柳田は、同時代の政治を含め、朝鮮について言及することはほとんどなかった。

もうひとつの大逆事件についても、柳田は沈黙を守っている。柳田の周囲でみると、青少年期を通じて感化を与えた鷗外は、いまだ大審院で第一回公判が行われる以前の一九一〇年一一月、小説「沈黙の塔」を発表し、婉曲ながら言葉と思想がひたすら逼塞した情景を象徴的に描き、社会がこの先どこに向かうかを案じている。これに対し、戦後の回想においても柳田はこの事件について明確な言葉を残していない。

一方、生活の中のイリュージョンという柳田の内部で温められていた問題から考えた時、この年から翌年にかけて起こった所謂「千里眼事件」は、別の角度から同種の問題について光を当てている。よく知られるように、心理学者・東京帝国大学助教授福来友吉の主導により、物理学者・山川健次郎らが立ち会いの下で御船千鶴子、長尾郁子など、透視や念写という特異な能力を持った人物を被験者として行われた透視実験は、新聞の過剰な報道を誘因としながら連日、好奇の眼に晒された。実験の手続に問題があったことを一因として、これらの透視は一部に曖昧さを残しながら「虚偽」に近いものと判定されたが、事件そのものの概要を見ると、いずれもイリュージョンが果たして正確な像を捉えるか、という問題について突出した能力を持つ（とされる）人物が扇情的なメディアの取材に翻弄され、近代科学によって懐疑的な扱いを受け、悲劇的な最期を迎えるという形式を踏んでいる点で共通している。この顚末を追ってみると、柳田が取り組んでいた問題と一部重なりながら、途中から異なる領域へと分岐していることが分かる。

千里眼事件

先にみたように、『遠野物語』を構成している話の多くは、数世代にわたって同じ空間に暮らしてきた人々による濃密な関係によって成り立っている。したがって、そこで登場する幻影や幻聴はいずれも普通の生活者によって行われたものであり、その人物の育った遠野という環境と不可分に結び付いている。ここで展開される能力とは、近代のメディアによって喧伝されるような超絶したものではない。むしろ、日々の生活の中で急に何か異変が起こった時、土地の心意伝承の中から予兆を読み取るという点で、そして個性はあくまで共同体の中に埋没する点で、常に無名性を帯びている。

ちょうどこの年、志賀直哉の「剃刀」が『白樺』の六月号に発表される。鋭敏な感覚を持つ理髪師がその日、折からの体調不良と気鬱に苛まれながら、不安な予感とともに店を開け、操業していく中で、手許が狂って客の顔を傷つけてしまい、衝動的に客の喉を切ってしまうという、微細な心理描写をもって知られる一篇である。登場するのは無名の職人であるが、個人の内面にいつ噴出するかわからない衝動を抱えながら、それに対して誰も気付くことはなく、自身も周囲に伝える術を持たず、その中で不安な兆しが徐々に自覚されて行き、凄惨な結末を迎える。無名の個人が予感、予兆を感じながら、そこに周囲と意思疎通の回路がないという構造は、まさに近代的な不安の縮図であり、その意味で予言的な要素を含んだ作品である。

同種の主題を素材としながら、柳田はそれをあくまで「家」「村」という、群の中で知覚される幻影・予兆という視点からこの問題を捉えた。群から知覚されることを前提とするならば、それは「千里眼事件」における突出した能力や、「剃刀」のように個人の内面に鬱積するものではなく、共に同じ場所に暮らす生活者を担い手とし、幻視される事象もまた、同じ場所に住み続ける人々と共有されるものでなくてはならない。一九一〇年、民間におけるイリュージョンの問題は、柳田から離れて見た時、その後の時代に繰り返される型を提出していた。その中にあって柳田は、それまで自分が取り組んでいた民譚の中に独自の価値を見出そうとする、それまでの姿勢を崩さなかった。

固定されないジャンル

同じ年の一二月、柳田にとって農政論としてまとまったものでは最後の著書となる『時代ト農政』（聚楽堂）が刊行される。政府による農業保護政策に寄りかからず、自律した農業経営を農民が行うことの大切さが同書の基調であり、その実現をはかる上で、農民の「同心自助」に基礎を置いた協同組合の育成が強調される。この提言は法制局参事官として行った地方視察で得た知見と、時に農学史や日本の村の沿革を駆使しながら、実現可能な領域を定めて行われており、まさに学問と政治を統合した視点から書かれている。

同書の特色は、農村に協同組合を設立する上で、依拠すべき歴史上の事例を近代ヨーロッパにのみに求めないことである。それに対して柳田は、封建的な保護服従の関係が緩むとともに、近世においてすでに商工業や村落社会に組合に類する組織が発達していたことを指摘する（「日本に於ける産業組合の思想」第二回産業組合講習会での講演、一九〇七年五月『全集』二巻、三一五〜三一七頁）。これに加えて強調されるのは、南宋時代、朱熹《しゅき》が提唱した社倉が村落の名望家によって管理され、貸付を主たる業務としたことはひとつの画期であり（同前、三二一〜三二三頁）、江戸時代に朱子学が重んじられたことによって、その伝統が日本にも継承されたことである（同前、三二〇〜三二三頁）。近世末の互助組織である報徳社の中に近代的な信用組合の可能性を読み取ったように、在来の組織・慣習の中に新しいものへと生まれ変わらせる要素を認める点で、柳田の保守主義をよく伝えている。

同書のもうひとつの特色は、柳田が自分の学問の輪郭について意識し始めていることである。「開白」で柳田はまず、現在の言論状況をみると、朝野から様々な希望や注文は出るものの、帝国議会創設以降、政府に対して「議論献策」を行う者がとみに減ったことを掲げている。これは問題を把握してそれを自分なりに考え、処方箋を探るという姿勢が少なくなっていることであろう。それに対して柳田は、「維新前後のやうな気風」に戻って意見することを提案する（『全集』二巻、二三六〜二三七頁）。これに従うならば、以下に続く論考はいずれも、その延長に立つものと読むことができる。

冒頭を飾る「農業経済と村是」（第一回地方改良事業講習会、一九〇九年七月）は、農政の中央集権批判である。「農業経済の学問などは最も中央集権には適しておりませぬ」とあるように、柳田は中央がどれだけ個々の地域の気候・地形、或いはその土地の農時暦に応じたきめ細かな施策をしているかを問い、それが行われていないことを指摘する（同前、二四四頁）。その典型として本業である農業経営の立場から兼業が選択されておらず、一例として、時期的に春蚕は麦刈苗代と重複し、夏蚕は田植から草取水の世話と重なり、ここから生まれる種々の弊害が本業たる農業を妨げているとした。

一方、柳田の眼は農村にも向けられる。中央の施策に対して自ら思案せず、中央からの断片的な情報・知識に左右され、本業たる稲作とは別に、養蚕、植林など、地域によっては両立できない事柄であっても、外からの働きかけがあればこれを実施する傾向があることを柳田は見抜く。さらにこの傾向は、中央政府の研究が「専門分立」していることから起こるのであり、蚕、植林、牛馬など、同じ土地利用に関する事柄でありながら、いずれもそれらが分散的な知識、技術として伝えられることに問題の根深さがあるとした（同前、二四八頁）。この中で待望されるのは、いくつもの施策案を各地域が自らの実情に合わせて選択し、調和させることであるが、農業者は思ったほど保守的ではなく、技術、組織の運用など、農事の改良に対して巧みに反応する力を持っているというのが柳田の理解である（同前、二四八、二五二頁）。

重層的な分析から問われるのは、農業を副業的なものも含めて総合的に把握する視点であり、それは同時に、学問と政策が相互に関連し合った領域でもある。同じ文章の中で柳田は、「私が学問々々とえらそうに申しますのは横には国の全部、縦には過去と未来とを包含した総括的の研究を云ふのであります」（同前、二四一頁）としたが、それはまさに、個々の専門領域に埋没しない学問の在り方である。

ここまでは、それまでの柳田の読書、あるいは地方を廻って見聞した事実から理を尽くした叙述であるが、農政を越えて担い手となる家そのものを論じる時、『時代ト農政』には、「願い」ともとれる感情的な言葉が入り込んでくる。「田舎対都会」（一九〇六年九月、大日本農会第一〇四回小集会での講演）において柳田は、田舎から他所、とりわけ都市への人口流出を扱った際、経済上、生活趣味上、或いは多くの刺激を求めて都会へ出ることは、決して責められるものではない、とことわりながら、一方でそこに「家の永続と云ふ問題」があることを説く。都会に住むことは自ずから個人の意思が優先され、「祖先子孫といふ思想」が微弱になり、やがて絶えると柳田は考える。その上で、この思想上の欠落は将来の子孫を殺すという点で、自殺ではなく他殺行為であるとして、これを「ドミシード即ち家を殺すこと」であると位置付け、都会に移住を計画している人物に、この一点をまず考えてほしいと訴えた（同前、二六七〜二六八頁）。

このくだりで柳田は、資料を博捜しながら論をすすめてきたそれまでの記述を一変させ、経世家としての憂慮、文学的な直観を露わにしている。その意味で、文学と学問、そして政治の領域が連関しあった、柳田の立脚点というものをよく示している。「農業経済と村是」の基礎となった講演「農業経済談」が行われたのは一九〇九年七月であり、翌月柳田は遠野を訪れた。同じ年に発表した「天狗の話」が、日本各地の民譚から「山男」「山人」の跡を辿ろうとし、また当時すすめられていた『遠野物語』の草稿に多くのイリュージョンが登場していたことを考えれば、柳田の言う「総括的の研究」とは、それらを包含したものであったはずである。

ここで、柳田はいつから自分の学問というものを意識しはじめたのか、という問いが生まれてくる。この中で問われるのは、クロス・オーバーの問題、すなわちジャンルとは固定できるものなのか、という問題である。日本に限らず、近代の学問とはジャンルの固定に身を委ねている。少なくとも現代において学問とは、文学ないし政治と区別されるし、その区分は柳田が官僚として過ごした時期、すでに築かれつつあった。仮にひとつのジャンルからもうひとつのジャンルへと飛び越える場合、そこには強い動機と、リスクが伴う。柳田はまさに、それらの壁を経世済民という強い動機と、詩人としての直観によって飛び越えようとしていた。先回りしていうならば、後の民俗学が湛えていた力とは、まさに柳田の内にあった、ジャンルに固定されない意識によるところが大きい。

その先見性にもかかわらず、『時代ト農政』に収められた柳田の農政論が同時代に対して影響力をほとんど持たなかったことは事実である。しかしやがて民俗学という形で収斂していく自身の学問についてその輪郭が定まるのは、同時代にあって周囲では固定されつつあるジャンルを横断する対象に取り組み始めたこの時期であるといっていい。

第四章　模索の時代

1　民俗の世界へ

一九一〇年代とは、柳田が問題意識の軸足を民俗の世界へと移し、活動領域を広げていった時代である。その過程で柳田の射程は、「山人」から漂泊民、さらに被差別部落に関わる内容にも及んでいく。これらの仕事は現在にあっても、多くの示唆に富み、参照すべき点が多い。

奇抜さについて

被差別部落に関わる文章のうち、柳田の関心と重なったものに一九〇八年三月一五日、報徳会の月例講話会で起こった喜田貞吉との応酬がある。この日、喜田の演目は「特殊部落の改善」だった。終了後、報徳会評議員で当日幹事として臨席していた柳田は、自分はこの題目をかつて研究したので敢えて発言するとして、喜田の唱える被差別部落民に人種的な特色はないとする所論に対し、その区別はあるとしてこれを批判した（『斯民』一九〇八年四月号、藤井隆至編『柳田国男　農政論集』法政大学出版局、一九七五年所収「解説」三七七頁）。民俗に通暁した後年の碩学を思えば、この時の柳田は経験よりも直観の方が先走っている。これに限らず、当時の柳田には、この種の「勇み足」がしばしばみられる。民俗学史上取り上げられることの多い南方熊楠との「山人論争」にも、それは一部影を落としている。山と平野を媒介とする民譚に注目しながら、そこに「異人種」存在の可能性を探ろうとする視

南方熊楠

点は、一九〇九年の「天狗の話」によってすでに温められていたが、大正に入ってこの構想はより具体例を求めて展開されていく。「山人論争」は、まさにその途上で起こった。

「山人」を国津神の子孫とみなし、これを先住民の末裔と捉える構想は、一九一〇年代の柳田を特徴付けるものであるが、これとほぼ並行する形で一九一一年三月から柳田は南方熊楠と五年にわたる書簡のやりとりを行い、比較民俗上の知見を交換し合う。初期の段階から南方は、柳田の民俗語彙に偏重した方法に疑問を持ち、「声韻」など多角的な視点からこの問題を扱うべきであるとした（一九一一年一〇月一〇日付書簡、飯倉照平編『柳田国男・南方熊楠往復書簡集』上、平凡社ライブラリー、一九九四年、二〇二〜二〇四頁）。さらに晩期にあたる一九一六年末、柳田は南方によってそれまで想定してき

た「山男」「山女」とは、最終的に何かの事情によって山に棲み、時勢から隔てられた人々に過ぎず、典拠を欠いた仮説がいかに危ういものであるかを指摘される（一九一六年一二月二三日付書簡、飯倉照平編『柳田国男・南方熊楠往復書簡集』下、平凡社ライブラリー、一九九四年、三四五〜三四九頁）。ここに到るまでの数年間、南方の博覧強記と広範な傍証の力を目の当たりにしているだけに、これより柳田は自身の「山人」観を撤退させていく。

一方でこの時期の柳田は、頻繁に行う地方への旅行はもとより、複数の農政関係団体への参画、後述する『郷土研究』の編集・執筆など、多方面にわたる活動を行っている。加えて官僚としては法制の細かな用例に知悉した能吏と評価を受けていた。

ここにみるように、柳田にはもともと奇抜に生きる、という発想が希薄である。これは柳田の生涯を特徴付けるものといっていい。同じ民俗学者として南方熊楠、折口信夫が自分の生き方を平凡の中に組み入れることが出来ないことと対照させると、このことはいっそうはっきりする。奇談や怪異な伝承、山中の「異人種」に関心を抱きながら、柳田の目線は奇抜の対岸にある日常、そして暮らしぶりの側にあり、むしろその中にこそ、重大な主題があると考え始めていた。

その柳田が例外的に自らの決断によって世俗的な軌道から外れたのが、一九一九年末の貴族院書記官長辞任である。それまで積み重ねてきた官僚としてのキャリアを捨てたことは、学問と文学、そして政治を横断的に捉えていた柳田にとって、やはり大きな節目といえた。その地点から逆算すれば、一九一〇年代の終わりとは、こうした柳田の私的、公的の両面にわたって両立していたそれまでの活動が或る限界点に達した時期といえる。いまだ手さぐりの状態にあった柳田の民俗学を考える上でも多くの素材を提供しているのがこの時期なのである。

「塚と森の話」

『時代ト農政』以降、柳田は農政論から民譚、民間習俗、郷土誌などに仕事の比重を移すようになる。この変容は日露戦争後の農村問題に対し農政官僚として優れた提言を行いながら、その実現を阻まれてきた結果とみることもできるが、より広い視野から日本の民衆像を把握することへ向かった点で、むしろ深化としての側面が強い。この間、柳田は貴族院書記官長に栄転し、職掌という点ではますます農政から遠ざかっていく。しかしそれまでと同様、役所仕事に埋没することなく、引き続き地方への旅行を行ったほか、全国農事会（のち帝国農会）との関係も依然として続いていた。

その中で目立つのは、次第に柳田が自身の関心を持つ領域について、同好の士からまとまりを持った情報を集めようと考えはじめていることである。「山神とオコゼ」（『学生文芸』一九一〇年一〇月、『人類学雑誌』一九一一年四月）で取り上げられた、山神が何故、オコゼを好むのかという問題について南方熊楠に書面を以て問い合わせたことが、長期にわたる文通のきっかけとなったように（一九一一年三月一九日付『柳田國男・南方熊楠往復書簡集』上、一五頁）、それまでの文学談義と並行しながら、柳田は民俗事象に関する優れた提供者・解説者との交流を模索していた。

一方、柳田が農政官僚として抱いた課題はその後、どのように引き継がれたのか。手がかりのひとつとなるのが、一九一二年発表の「塚と森の話」である。中央報徳会の機関誌『斯民』に同年一月から五月にかけて発表されていることから、それまでの農政への提言を意識した文章とみることもできるが、内容はむしろ塚と森を民間習俗と宗教の側から捉え直し、その意味と機能を詳述したものであり、柳田の眼がどこに向かおうとしていたのかがよく示されている。

冒頭で柳田は表立って名称こそ挙げないが、地方改良運動の中で作成された村誌、町誌の多くがその土地の資料によって書かれていないことを批判する。同様に、農村に生きる人材をつくる上で、現行の初等教育が、地理では日本の概要、歴史では記紀から教え始めることを挙げ、それよりもむしろ自分の村の歴史を知ることが重要であると説く。ついで柳田は祖先が残した生活の跡を子孫が継ぎ、その土地への愛着が続く農村そのものが、優れた資料の供給源たり得るとし、その素材として先祖祭祀を行う場となる塚と森、そこで展開される信仰を取り上げる。「森」は社殿が設けられる以前の神祭を行う場であると同時に、村落の精神的な拠り所として位置付けられる。そこで営まれる日常は、「冥々の中に、祖先は自ら神となって、家の末裔を守るのみならず、一部落一民衆としての尊き神がさらにその上に大威力をもって保護しているため」、村は災厄から免れ、そのことを信頼して春秋の収穫の折に祭礼が行われるとした（『全集』二四巻、一〇〇頁）。すなわち、日本人の生活の中心となるものは、家に対する永続の願いであることが説かれているのである。

都市への定住が祖先・子孫という思想を薄れさせ、「家永続の願い」が絶たれるという、『時代ト農政』の中で危機意識をもって描かれた対象が、ここでひとつの信仰の形として位置付けられている。後年に論じられる「家」における祖霊信仰と、氏神信仰との「森」を媒介とした統合は主張されていないものの、その後の柳田による日本人の信仰像は、ほぼこの形に沿ってすすめられていく。同じ文章の末尾で、塚と森の信仰を求めて柳田は琉球の「オガン」（祈禱所）に同じ機能を見出し、これを内地のものと比較することが今後、重要になるとしている。この把握は一九二一年の沖縄紀行で確認されるが、それに先立ち、予兆はすでに柳田の中で胚胎されていた。

これら郷土に残された祖先の足跡を通じ、在地人の手による郷土誌編纂が行われることを強調して、柳田はこの文章をしめくくる。かつて自身が最も深刻な農村問題として据えた「家殺し」であり、その要因が都会への人口流出であったことを考えれば、柳田が期待しているのは、編纂事業を通じて郷土意識が改まっていくことであろう。関心対象を民間習俗へと推移させていく中にあって、柳田は依然として自身の課題を考え続けていた。

複数の「郷土」像

広がっていく対象、そして同好の士との交流を見る上で重要なものに、一九一〇年末から一九一八年まで続いた「郷土会」がある。すでに一九〇八年以降、柳田は自宅で「郷土研究会」と称する小さな会合を定期的に開いていたが、やがて「郷土会」へと拡充発展する。実質的なパトロンに新渡戸稲造を戴いたこの談話会は、石黒忠篤、有馬頼寧ら少壮の農務官僚、農政学者・那須皓、地理学者・小田内通敏、牧口常三郎、農業経済史家・小野武夫など多彩な人士が加わり、郷土をめぐる自由かつ学際的な討論が行われたことで知られる。その中には、ロシアからの留学生ニコライ・ネフスキー、農村史家のロバートソン・スコットなど、外国人研究者の姿もあった。毎回の例会では当番となる報告者が自身の専攻から熱のこもった発表を行った。一九一〇年一二月、同会の結成に伴い、柳田は、「郷土会」の幹事役をつとめることとなる。

参画したメンバーにひとつの共通項があるとすれば、同時代の政府による地方改良運動に対して、批判的な見解を抱いていた点である。とりわけそれは、メンバーの中でも農政を専門とする人物に強かったといえる。一九〇八年の戊申詔書を節目として全国に展開された地方改良運動は、日露戦争後の地方財政の立て直しをはかるべく、町村有の土地や山林などの整理に乗り出したほか、数次にわたって全国的に地方事業改良講習会を開き、勤倹貯蓄、風紀の矯正など、地方への統制を強めていた。また、一九〇六年に布告された神社合祀令によって、国家による宗教管理も加速していた。一九一〇年、前年より『牟婁新報』紙上で神社合祀反対の論陣を張っていた南方熊楠が地元教育会主催の講習会に酩酊した姿で乱入し、検束されたのもこうした国家による郷土の浸食という事態を目の当たりにしてのことだった。この時、柳田は南方が植物学者松村任三《まつむらじんぞう》に宛てた書簡二通をまとめた小冊子『南方二書』を刊行し、識者に配布するなど、側面から神社合祀反対運動に対して便宜をはかった。

各々が強い個性を持った「郷土会」メンバーを横から緩やかに繋いだのが、パトロンの新渡戸が幅広い関心対象を持っていたこと、そして新渡戸によって提唱された「地方学《ぢかた》」である。一九〇七年二月、柳田も来聴した第二回報徳会例会で新渡戸は「地方の研究」と題して、小さな村落のことを緻密にかつ総合的に調べることは、国家の概要を知る上で独自の意味を持っていることを示す講演を行っているが（『新渡戸稲造全集』五巻、教文館、一九七〇年、一八五頁）、この発想は専門を異にする「郷土会」メンバーの間で共有されていたとみられる。

例えば石黒は一九一三年に熊本、大分両県の県境を踏査し、付近にある湯秤村が両県によって分断されたことが、これも県境にある入会地問題を生む原因になっているとした報告を行い、その淵源に二年前改正された町村制が多くの村有地を解体した点を指摘した（柳田国男編『郷土会記録』大岡山書店、一九二五年、四二〜四六頁）。ここで批判の対象となっているのは、現地の習慣が生業と深く結び付いていることを無視した行政側の地方観である。農政官僚として柳田の後輩に当たり、早くから柳田の論考の持つ独創性を認めていた石黒にとって、聴衆の一人に柳田が居ることを強く意識して行った報告でもあった。また、一九一四年一二月九日に報告「代々木村の今昔」を担当した那須皓は、元々茶の栽培地として知られていた東京府下の代々木村が、茶の需要の減少に伴って蔬菜の供給地となり、さらに郊外への宅地化の波によって交通網の整備がすすむことで代々木村よりもさらに周縁に位置する地域が蔬菜を作るに及び、次第に同地で純農家が減少する中で各戸は家作を扱うようになって、村民の生活は豊かになる一方、かつての共同体感覚は失われていったことを濃密なモノグラフとして描き込んだ（同前、一二五〜一三二頁）。

石黒、那須の報告に限らず、「郷土会」で前提とされていたのは、「郷土」像をひとつの型に落とし込まないことである。地方改良運動に対する潜在的な批判がメンバーの結節点であるほかは、そこに描かれる郷土像は複線的なものであり、各々の抱く郷土像は独立した個性を持ち得た。例えば一九一三年以降、小学校校長として東京市内の小学校で児童の理解を深める学習方法を模索していた牧口常三郎は、物事を分かりやすくする場として児童が慣れ親しんだ環境、すなわち郷土の活用を提言した。

日頃から身近に接しているからこそ、郷土は児童にとり自然、社会、人間関係など多くの教材が提供される場になるというのが牧口の描いた見取図だった（「教授の統合中心としての郷土科研究」『牧口常三郎全集』三巻、第三文明社、一九八一年、四二～四五頁）。

新しい郷土誌

では、柳田は「郷土会」において、どのような郷土像を示していたのか。『郷土会記録』で確認できる柳田の報告は四回であるが、「美濃、越前見聞談」（一九一一年八月一〇日）、「村誌」に関する報告（一九一二年三月二四日）、「『俚言集』を読む」（一九一五年三月）、「長野県東筑摩郡誌編纂事業」（一九一八年四月一四日）と、題目のみ掲げられており、詳細は不明である。目を引くのはそのうちの二回分が、いずれも郷土誌編纂に関わる内容だったことである。前章でみたように日露戦争後の地方改良運動で進められた町村是の作成を経て、明治末から一九二〇年代初頭とは、各地で郡誌・町村誌の編纂が精力的に行われた時期でもある。とりわけ大正天皇の即位と、その後の行幸は各地における編纂熱を高めた。多くは地元の教育会が音頭をとって行われたこれら編纂事業は、官製主導の運動を反映した地方顕彰に終始したものがほとんどであった。

すでにみたように、「塚と森の話」（一九一二年）の中で柳田は、国の歴史とともに、自分の郷土の歴史を知ることの重要性を指摘し、その役割を果たすものとして郷土誌を位置付けていた。一九一四年発表の「郷土誌編纂者の用意」（『郷土研究』九月号）は、それを引き継ぐ性格の文章で、当時、各地で陸続と刊行され始めている郷土誌を通覧して、そこに氾濫する、外向けの宣伝に終始した名所旧跡の紹介、裏付けのない「愛郷の精神」の強調、風雅を気取った紋切り型の文体を挙げ、自立した郷土誌が書かれていないことを指摘する。その傾向に陥らざるを得ない事情として柳田は、もともと日本に「平民」の歴史が書かれる環境が不十分だったことを説き、その轍を踏まないためにも、郷土の沿革、特色に立脚し、未来に向けての幸福を指標とした郷土誌が書かれるべきであるとした。その上で具体的な方法として、「年代の数字に大きな苦労をせぬこと」「固有名詞の詮議に重きを置かぬこと」「材料採択の主たる方面を違えること」「比較研究に最も大なる力を用いること」を掲げた（『全集』三巻、一一五〜一一七、一一九〜一二二頁）。この提言につづき、柳田は「郷土の年代記と英雄」（『郷土研究』一九一四年一〇月）、「村を観んとする人のために」（『都会と農村』一九一八年一一月〜一九年二月まで連載）と、郷土史編纂を意識した論考を矢継ぎ早に発表する。

新しい郷土誌に対する柳田の意気込みは、数年後、長野県東筑摩郡において実践の機会をもつ。「郷土会」が行われていた当時、柳田は同郡をひとつの拠点としながら、在地の郷土史家と連携をとりつつ、郷土誌編纂の指導を行っていた。地元からこれに深く関わった一人が、松本で銀行員として勤務するかたわら、『東筑摩郡誌』の編纂顧問を務めていた胡桃沢勘内《くるみざわかんない》である。アララギ派の歌人でもあり、早くから柳田に私淑し後述する『郷土研究』の熱心な投稿者だった胡桃沢は一九一六年六月、長野県諏訪郡視学・岡村千馬太の依頼で柳田が同郡の郡誌編纂に助力すべく上諏訪に講演に訪れた際、面会を求め、是非松本へ足を延ばして同地の郷土史家と交歓の場を作ってほしいと申し出た。これが機縁となり柳田は同月末、東筑摩の地を訪れ、教育者を中心に地元の知識人と座談を行い、親交を温めた。翌年七月にも柳田は同地で講演するが、この時の来訪が切掛けとなり二カ月後、『東筑摩郡誌別篇』の編纂が計画される（『柳田国男伝』四五五〜四五八頁）。柳田は折に触れて胡桃沢に書簡を出し、こまめに調査上の指導を行っている（一九一七年一〇月一一日、胡桃沢勘内宛柳田国男書簡『定本』別巻第四、一九六四年、五〇〇頁）。

計画の実施背景には、胡桃沢が正編に当たる『東筑摩郡誌』に対して抱いた不満があったとされる（前掲『柳田国男伝』四五八頁）。すでに柳田の著作に接し、郷土誌の自立性、民間習俗の価値を知る胡桃沢から見た時、故郷の郷土誌は、同時代の多くの郡誌をなぞったものとして受け止められた。『東筑摩郡誌別篇』は、今一度、郷土の側から自らの歴史を捉え直すという心算から開始された事業であり、柳田はその方法上の指導を仰ぐべき人物として想定された。「郷土会」で郷土誌について語る柳田は、郷土誌こそこれまで書かれる機会に恵まれなかった「平民」の歴史が記述される場であるという手ごたえをもとに、それを可能にする方法上の態度を示した上で、現在進行中の郷土誌編纂事業を紹介し、そこに見られる新しさとは何かをメンバーに投げかけたといえる。

『郷土研究』の創刊

一九一三年三月、柳田は「郷土会」のメンバーでもあった神話学者・高木敏雄を共同編集人として『郷土研究』を創刊する。高木は当時、東京高等師範学校に勤務しており、計画段階から足繁く柳田の許を訪れ討議を重ねた。発行元となったのは柳田の親戚筋に当たる岡村千秋（松岡鼎の次女・茂子の夫であり、岡村千馬太の実弟）が経営する郷土研究社だった。誌名は柳田の発意による（「民俗学の過去と将来（上）」『民間伝承』一九四九年一月）。一九一二年、坪井正五郎、石橋臥波《がは》らによって設立された日本民俗学会が翌年、機関誌『民俗』を発刊していたことを考

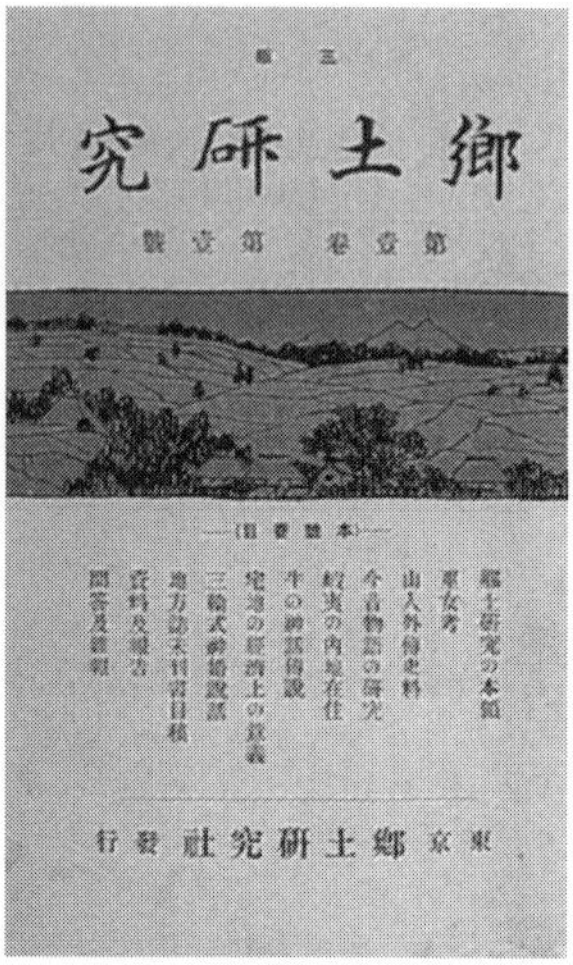

『郷土研究』
（第１巻第１号，大正２年３月）

慮する必要があるが、この時点で柳田は「民俗」を誌名に掲げることについて慎重だった。資金面については当初から難航し、創刊から一年目で月々一五円から二〇円の赤字となったが、高木が編集業務を引き受け、柳田が最初の一年分に必要な刊行経費七〇〇円を負担することでひとまず、決着をみた（一九一四年四月一六日柳田から南方熊楠宛書簡『柳田国男・南方熊楠往復書簡集』下、二二四頁）。

『郷土研究』は柳田が自ら長期にわたって編集に携わった最初の雑誌といえる。この背景には創刊と同じ一九一三年、柳田がイギリスの民俗学者ゴムのEthnology in Folkloreに接し、同書を通してかつては好古趣味と看做されていたフォークロアが、彼地でひとつの学問領域として熟しつつあることを知ったことが大きいとされる。ゴムによって強調される世代を超えた習慣・信仰の継承、文明化された国民の底流としてある伝承の価値について、柳田は自身の学問との親和性を見出していた（高原隆「ジョージ・ローレンス・ゴム民俗学の柳田国男への影響について」『日本民俗学』二一七号、一九九九年）。

『郷土研究』について柳田がこだわったのは、寄稿者・購読者の交流を想定した誌面構成だった。いまだ計画段階にあった時、柳田は雑誌の特色について書簡を通して南方熊楠に意見を求め、南方からイギリスの"Notes & Queries"を紹介され、同誌の特色でもある「文学、考古学、里俗学の範囲において、各人の随筆と問と答を精選して出すこと」を中心に据えたらどうか、と提案があったことも柳田を後押しした（一九一一年六月一二日付書簡『柳田国男・南方熊楠往復書簡集』上、七六頁）。柳田が同誌で論文以外に「資料及報告」と「紙上問答」を重視し、後者については自ら問・答双方にわたってこまめに投稿し続けた理由の一端もここにある。読者同士、或いは編集者と読者相互を巻き込む新しい雑誌を創ろうとする点で、柳田はひとつの運動を模索していた。

雑誌の在り方をめぐっては、南方との間で深刻な論争が行われた。南方の批判は、『郷土研究』が創刊当初、「地方経済学」の雑誌であることを掲げていながら、一年を経ていまだにそれに類する論文を見ないこと、それにともなって神社合祀のような事柄も地方政治の問題として浮上してくるため、然るべき方向へ編集の軸を定める必要があるところにあった（「『郷土研究』の記者に与ふる書」『郷土研究』一九一四年七月）。柳田はこれに対して翌月の『郷土研究』で反論し、かつて自分が説明した「ルーラルエコノミー」を南方は「地方経済」ないし「地方制度」と訳しているが、適当な訳語としては「農村生活誌」がこれに近いとして、本誌の主眼はそこに置かれているとした（「記者申す」『全集』第二四巻、四六四〜四六五頁）。南方の要望に沿った場合、誌面内容が地方経済の問題から、神社合祀に象徴される同時代の政治に直接関わる可能性が生まれる。雑誌の基調を「農村生活誌」とすることによって、柳田は雑誌が政治的な問題に関わることを避けようとした側面がある。

こうした編集方針は、高木との間に溝を生むこととなる。当初、『郷土研究』の裏表紙にドイツ語による目次を付けたことにみられるように、高木の構想は同誌を学術雑誌として位置付けようとするものだった。すでに在地の郷土史家による郷土誌編纂を見据えていた柳田にとって、読者像をめぐる高木との隔たりは早い段階から浮き彫りとなり、創刊から一年を経た一九一四年四月、高木は『郷土研究』から離れ、以後、同誌は柳田が単独で編集にあたることとなる。

編集と並行して柳田は同誌に十指に余る筆名を使って毎号、山人、漂泊民、そして先述した郷土誌編纂を主題とした先端的な論考を寄稿する。『郷土研究』創刊号には柳田による「巫女考」（筆名・川村杳樹）のほか、「山人外伝資料」（筆名・久米長目）が掲載される。一九一〇年一〇月二六日付の佐々木喜善宛書簡で柳田は、「此頃非常に事件多けれども少閑を以て「山人」の話を集めをり候　御話の中に此種あらば一日も早くきゝ度ものに候　三百に達せば又出版するつもりに候」（『定本』別巻四、一九六四年、四三三～四三四頁）としており、『遠野物語』の基礎となる話を佐々木から聞き出す前後から、すでに相当数の「山人」に関わる資料が手元に蓄積されていた。これらは単行本として刊行こそされなかったが、最終的に「山人外伝資料」として活字化される。

先行した『民俗』が一九一五年、五号を以て終刊を迎えたことを考えれば、柳田の編集する『郷土研究』が月刊誌として一九一七年三月まで刊行されたことは、むしろ評価に値する。終刊号となった一九一七年三月号の巻末には、「寄稿者及通信者」の一覧が掲載されているが、台湾と朝鮮のほかその分布は日本全国を網羅しており、確実に運動としての広がりが認められる。そこに地方の研究者を想定した誌面構成を心がけた柳田の編集方針の確かさを読み取ることができる。

新しい才能を前に

単独編集への移行によって、柳田はいよいよ編集者としての力量を試される場へと押し出される。これまでも柳田は「竜土会」「イプセン会」、或いは単発の書評などを通して批評の機会を持っていたが、各地の読者から投稿を募り、それを編集するということれまでになかった役割を担うこととなった。『郷土研究』には、柳田以外にも高木や中山太郎など「郷土会」のメンバー、金田一京助、南方熊楠など、すでに独創的な業績を持つ、個性の強い執筆者が多数寄稿した。一九一三年、『神代史の新しい研究』によって古代史研究に新風を吹き込んだ津田左右吉も、翌年五・六月号に正続の「文献に現はれてゐる上代の神」を寄せ、神代史において民間信仰から受けた影響はあるという視点から、自然神が人文的な神へと変容していく過程を論じている。こうした確固たる業績を控えた寄稿者とは別に、柳田は『郷土研究』を通して、自身の眼で新しい人材の開拓に乗り出す。

編集する側の視点に立つ場合、『郷土研究』に限らず、広く運動としてひとつの雑誌を刊行する際、眼目となるのは、自分より若い才能を見つけることである。これは運動の舵取りを行う編集者のつとめでもある。その際、見誤ってはならないことは、才能とは時代としての新しさとは別にある、という点である。仮にその才能がその時々の潮流に沿って発揮されることしか出来ないものであるとすれば、それは単に時代に順応しているだけと看做さざるを得ない。

では、編集者として柳田は『郷土研究』に、どんな判断基準を持ち込んだのか。柳田が重視した「資料及報告」、「紙上問答」を見て判明するのは、投稿者がいかに郷土の習俗を直截に文章化して報告しているかに強い力点が置かれていることである。二つの欄に寄せられた投稿をみると、直截であることによって、それが「呼び水」となり、その報告に対する他の読者の率直な質問、類似の事例、反証となる事例の紹介など、次号以降の新しい投稿につながっていることが分かる。この方針は、『民族』、『民間伝承』などその後柳田が関わった雑誌の中で、より鮮明に打ち出されていくが、その判断基準が作られたのはこの頃といえる。

こうした編集のもとで柳田によって才能を認められた群像に、先述した長野県の胡桃沢勘内、奈良県の田村吉永などの若い郷土史家がいる。後に郷里・奥三河に伝わる祭礼に関する精密なモノグラフ『花祭』（一九三〇年）で知られる早川孝太郎も、当初画家を志して上京し松岡映丘に師事したことから柳田を知り、一九一五年二月の『郷土研究』に郷里の年中行事を綴った「三州長篠より」を寄せている。福島県の篤農家・高木誠一は、柳田と一九〇七年八月に行われた報徳会講習会以来の付き合いであったが（『別冊　柳田国男伝　年譜・書誌・索引』三一書房、一九八八年、一五頁）、頻繁に『郷土研究』へ郷里の習俗に関する報告を書き送った。

これらの投稿者の多くは、青年時代から郷土の民俗に関心を持ち、すすんでその記録に参画したこと、郷土に止まった場合、そこを拠点に郷土研究を通して自身の人脈を作った点で共通している。加えて大学アカデミズムから離れた所で独学を続けた人物が目立つ。一九一七年、柳田は『東京日日新聞』を通じて大学生有志に地方の伝説収集を依嘱していたが、集まってきた伝説が、「不幸にして學生諸君がそれ〴〵非凡な文才をもつてをられた爲に、大正年代の文藝を以て傳説に念入りの装飾」がなされてしまい、全体として甘たるい文章となり、民俗資料としては扱えないものになってしまったと嘆いている（「一目小僧」『全集』七巻、四二七頁）。反転していえば柳田は、同時代の文芸潮流に寄りかかった言い回しや、学術用語に引きずられない地方の好学者に価値を置き、『郷土研究』の編集方針の基礎に据えた。

2 官界のはざまで

折口信夫の登場

一方で、こうした方針に沿って発掘される「新しい才能」とは、柳田の構想する郷土研究に資するような、民俗事象を発掘し直截に報告する才能であることが前提となる。したがって、仮に投稿者がその前提を壊すほどの独創性を発揮する時、柳田の判断基準は「新しい才能」を抑止するという負の側面を持ち始める。後に民俗学の世界で、柳田をおびやかす存在となる折口信夫との出会いは、出発点からその問題を孕んだものだった。

折口の名前を柳田が知ったのは、一九一三年一二月の『郷土研究』に寄せられた「三郷巷談」によってである。この一文には、折口の故郷大阪府平野周辺に伝わる習俗が簡潔に記されており、柳田の編集方針に適う見事な報告だった。しかしそれから二年後、折口が投稿した「髯籠《ひげこ》の話」になると、柳田の対応は変わってくる。「髯籠の話」は一九一五年の『郷土研究』四月・五月、そして翌年の一二月と分載されたが、そこには柳田の置かれた複雑な心境が垣間見える。この論考で折口は、少年時代葛城山方面を友人と旅行中、道に迷い彷徨した先で偶々みかけた曳捨てられた「だんじり」に据えられた「髯籠」の記憶から、神々が依り付く目印をめぐる由来を詳細に論じているが、降臨する神々の側、受け手となる人の側と、双方向からこの事象を捉え、各々を「依代《よりしろ》」「招代《おぎしろ》」と、自身の着想に基づく言葉をもって説明した（『折口信夫全集』二巻、中公文庫、一九九三年、一八二〜一八四頁）。

折口信夫

自らの直観によって独自に言葉を作り、そこに自らが想定している意味を持たせることは、後に折口の民俗学を構成する大事な要素であるが、「髯籠の話」にはすでにその形が出来ている。一方で折口は、冒頭で「尾芝氏の柱松考《はしらまつこう》（郷土研究、三の一）もどうやら此に關聯した題目であるらしい」（同前、一八二頁）と、柳田の筆名である尾芝古樟を掲げ、民間行事の中でこの問題を考えた先達として言及している。「柱松考」は神々の降臨する標として立てられる松柱をめぐる行事について論じたもので、『郷土研究』への掲載は、「髯籠の話」が最初に掲載された一号前の一九一五年三月である。「髯籠の話」が初めて掲載された同年四月の編集後記には、「折口君の原稿は優美な書簡体の文章であつたが、雑誌の調子を保持する為に不本意ながら書改めた。感想に亘る十数句を削つたのは相済まぬ。但し論旨には些少の異動を及ぼして居らぬ」（『全集』二四巻、五二七頁）と柳田のことわりがあり、この論考が修正されたことを示している。後年、折口は「柱松考」を先に読んでいたならば、「髯籠の話」を書くことはなかったと述懐しているが、柳田の「柱松考」が一号早く掲載されることで、購読者は柳田の示唆によって「髯籠の話」が書かれたと受け取りかねない読書空間が生まれることとなった（福田アジオ『日本の民俗学――「野」の学問の二〇〇年』吉川弘文館、二〇〇九年、八〇～八二頁）。＊

＊　同書は池田彌三郎『折口信夫――まれびと論　日本民俗文化体系』2（講談社、一九七八年）における談話で、当初全編を候文にして投稿した論考であったものを書き直した柳田の労苦を折口が率直に認めていることを紹介している（八二頁）。

貴族院書記官長

一九一四（大正三）年四月一三日、柳田は貴族院書記官長に就任する。宮内省との関係は、一九〇八年に宮内書記官を兼任した時分からすでにあったが、前任者で農商務省農務局長を務めた経験のある太田峰三郎が在職中のまま、四月七日に急逝したことが大きな要因となった（「柳田国男先生座談筆記　内閣文庫の思い出」『北の丸』一五号、一九八三年）。

大正政変を経て、元老を頂点とする藩閥勢力はすでに衆議院に確固とした基盤を築いている政友会と政治的妥協を図り、一九一三年二月、山本権兵衛内閣（第一次）を誕生させ、影響力の維持を画策する。そして翌年二月、同内閣がシーメンス事件によって倒れるや、藩閥勢力は元老・山縣有朋などを中心に、かねてから政友会嫌いで通っていた大隈重信を担いで内閣を作り、政友会に対して攻勢に転じる。大隈に組閣の大命が下ったのは、ちょうど柳田の書記官長就任と同じ日だった。このタイミングを含めて柳田の書記官長就任は、兄・井上通泰を通して出来ていた山縣の介在を想像させるが、柳田が法制局参事官時代から一貫して地方改良運動、小農保護政策への強い批判者だったこと、神社合祀を含むそれらの政策を推進したのが、いずれも山縣の懐刀であった第二次桂太郎内閣の内相・平田東助であることからみて、むしろ関わり方は薄いとみてよい。

表向きは確かにこの人事は栄転といえた。しかし職掌から考える時、果たして柳田にとって適任といえたかどうか、すこぶる疑わしい。貴族院書記官長の職掌とは、貴族院議長の指揮下にあって書記官の事務を監督して作成書類の責任を負い、職員が行う事務を統轄することにあった。必要に応じて政府からの委員を務めることもあり、政治家や官野を問わずやってくる陳情団、記者関係もふくめ、メディアへの対応もこなさなければならなかった（岡谷公二『貴族院書記官長柳田国男』筑摩書房、一九八五年、一〇〜一二頁）。官僚として頻繁に地方への旅行を行い、幅広い読書によって産業組合、特赦、小作料金納化や中農の創出など種々の政策提言と、自身の課題とする対象を突き詰めてきた柳田にとって、限定された空間の中で接待役を務めることは、苦痛だったといえる。加えて柳田にとって不運だったのは、貴族院議長・徳川家達が柳田の仕事に理解がなかったことである。家達は書記官長を家令扱いして、柳田との間に心理的な軋轢が醸成されていった。このことは後に柳田の辞職に到る伏線となる。

さらに生活改善を基調に強い政治的なヴィジョンを持つ柳田にとって、民間の動向に疎く、もとより改革志向の希薄な議員が多数を占める貴族院そのものが索漠なものと映ったに違いない。在任中の柳田が行った業績としては、貴族院速記練習所の創設（一九一八年）、貴族院規則の全面的改正に関わる草案作成（一九一八年）などが挙げられるが、下野して後、柳田は朝日新聞論説委員としてしばしば、貴族院の改革について論じており、在任当時から貴族院に対する不満と批判がわだかまっていたことが分かる。その柳田から見れば、就任して間もない四月一六日付で南方熊楠に宛てた書簡で「政界多事、耳目刺衝多く、静かに学問上の御話を申し上ぐべき余裕乏しく候。近々閑職に就き、半日は政道の書をよみ、半日は『郷土研究』のための学問をなし、今後六、七年の雌伏をつづけ候覚悟に候」（『柳田国男・南方熊楠往復書簡集』下、二二六頁）と自嘲気味に書き送ったのが、むしろ当時の心情に則したものだった。就任に伴い、柳田は養家のあった牛込区加賀町から内幸町の官舎へ家族と共に移り、以後、五年八カ月にわたり、ここを棲家とした。

書記官長就任後の柳田は職務に精励する以外に、官界の外に活動の場を求めるそれまでの行動様式を変えようとはしなかった。仕事の合間をぬって一九一七年の台湾旅行を含む、地方視察を行ったほか、官舎を拠点に『郷土研究』の編集・発行業務を行い、「郷土会」の幹事として例会には欠かさず出席して報告の概要を同誌に掲載した。さらに宮内省での人脈から知り合った西園寺八郎から一部援助を受けて出版事業も手掛け（前掲「予が出版事業」二三八頁）、一九一四年三月から約一年間、郷土研究社より「甲寅叢書」を刊行し、金田一京助『北蝦夷古謡遺篇』をはじめ、計六冊を出した。この時の台湾旅行は、当時台湾総督府で民政長官を務めていた旧友・下村宏の招きによるもので、柳田の想定する「山人」像に、台湾紀行で「隘勇線」をはさんで実見した山岳少数民族の印象があることが指摘されている（大塚英志『怪談前後　柳田民俗学と自然主義』角川選書、二〇〇七年、一五三～一五四頁）。また、この旅行に際して、山林をめぐる利権について兄秀雄のために口添えを依頼した藤村との間に溝ができることとなった（前掲「故郷七十年」三三九～三四〇頁）。

「山島民譚集（一）」

貴族院書記官長となって間もない一九一四年七月、柳田は「甲寅叢書」の一冊として『山島民譚集（一）』を上梓する。刊行されたのは就任後のことであるが、参照した資料の多くは内閣文庫で閲覧した地誌、奇譚集の類が基礎になっていることから、構想は法制局時代に温められていたといってよい。同書は近世末の日本各地を廻った紀行文で知られる菅江真澄に柳田が初めて関心を示したものとして知られる。近世の地誌・奇譚集を参照して馬を河童が水辺へと引き込もうとした伝説に着目し、河童がかつて水神として信仰対象となっていた事跡を示唆した所収論文「河童駒引」は、妖怪とは水神の零落した姿である、と後に折口信夫が位置付けた河童像にも多くの示唆を与えた。そもそも柳田にとって河童は身近な伝承として故郷・辻川に残っており、少年時代、毎夏子供仲間で水死者が出ると、河童に悪戯をされて「尻をぬかれ」たと話が伝わることがあった（前掲「故郷七十年」二五八頁）。

注目されるのは同書を記すにあたり、柳田が文体に対する強いこだわりを見せたことである。一九四二年に刊行された同書の「再版序」において、柳田はこの中で依拠した資料の多くは、内閣文庫を管理していた時の読書の賜物であるとことわった上で、「あの頃はいわゆる御役所の文章が衰頽を極めていた」として、型にはまった官僚的文体の世界に身を置きながら、自分は可能な限り「毎日の気持ちに近い」意見書や復命書を書いてきたことを強調する。そして残念ながら、その文体を同書が扱う民譚において十分生かすことができなかったと回想している（「山島民譚集（一）」『全集』二巻、五二三～五二四頁）。すなわち、柳田は自分が官僚として書く書類の文体と、一学者として民譚集を編む際に使う文体を日常の言葉という同じ様式で記述できないか、という構想を立てているのである。

『山島民譚集（一）』本文の中で、柳田が採用したのは、カタカナと漢字による簡潔な叙述である。初期の随筆的な文章と農政論を除けば、カタカナ漢字混じりの文体として残っているものは大正初期に書かれた『山島民譚集（一）』、「所謂特殊部落ノ種類」（『国家学雑誌』一九一三年五月号）、「大嘗祭ニ関スル所感」（未定稿、一九一四年と推定）の三篇であることに注目し、こうした「読みやすいとは言いがたい文体」が選ばれた背後に、天皇制と被差別部落というそれぞれ厳しい禁忌が課せられた対象を扱う上での緊張とそれに対する戦略の跡を読み取ることができる（赤坂憲雄『漂泊の精神史――柳田国男の発生』小学館、一九九四年、一〇八～一〇九頁）。その緊張をふくめて、ここにある通り、この文体はむしろ柳田にとって実験的な叙述の方式といえた。感情を一切混入させない点で、「官僚的」と断じても、あながち外れていない。しかし、徹底した記述的態度で対象に臨む文体は、そのまま、感情の抑制された口調で語られる民譚の力ともなっている。

しかも、分析する視点は人間の側ばかりにある訳ではない。例えば、河童の伝える薬法の事例として紹介される話はその最たるものである。切られた手を取り返すかわりに河童に伝わる妙薬の製法を人間に教える際、わざと肝心な工程を省いたため、万能薬にならなかったという話を受けて、これを別の河童が我々「化物ノ心ハ只一筋ニ行クモノニテ」手を取り返すまでの間は人を欺く余裕はなく、虚偽を行うことはむしろ人間の特徴であると抗弁する（同前『全集』二巻、四〇三頁）。人と周囲の自然との関係を考える上で、後者を優越させる視点は『遠野物語』でもすでに確認できるが、人間の側の情報を過信することのない叙述がここに成立している。

さらに同書の冒頭に置かれた「小序」は、かつて新体詩と決別した柳田を考える上で重要な素材を提供している。

横ヤマノ　峰ノタヲリニ
フル里ノ　野辺トホ白ク　行ク方モ　遙々見ユル
ヨコ山ノ　ミチノ阪戸ニ
一坪ノ　清キ芝生ヲ　行人ハ　串サシ行キヌ
永キ代ニ　コゝニ塚アレ
イニシヘノ神　ヨリマシ　里ビトノ　ユキゝノ栞
トコナメノ絶ユル勿レト　カツ祈リ　占メテ往キツル
此ノフミハ　ソノ塚ドコロ　我ハソノ　旅ノ山伏
ネモゴロニ我勧進ス

旅ビトヨ　石積ミソヘヨ　コレノ石塚（同前、三九五頁）

読者の前に据えられているのは、無数の人々が旅を行く途中に、何時とも知れない頃から、山の中腹にひっそりと祭られた小さな塚である。旅人はこの里がこれからも安らかであることを念じ、また道中の無事を祈りつつ、恐らくは勧進柴を積み、またそれぞれの旅路を急ぐ。この石塚には古くから土地の神々が依りまし、また、里人が行き交うたびに祈る場所でもある。編者とおぼしき旅の山伏にとって、この民譚集とはその塚に例えられる。そして、これから後も、旅人によってこの石である民譚がゆっくり堆積していくことが祈念される。

新体詩人として一八九七年に発表した「影」の中で、柳田はそれぞれが抱える物語を背負った無名の人物から影が離れ、「小野」をさまよいながら、長い時間を経た後、別の「影」と出逢うことで、そこに民話が形成されていく過程を描写した。『山島民譚集（一）』でも民譚が生みだされるのは、人知れず長い時間の中でそこに物語が積み重ねられていく石塚という場である。かつて詩人として創出された小さな空間が、ここでより鮮明に造形されている。

いまひとつ注意すべきは、『山島民譚集（一）』には目立たない所から積み上げられていく民譚の姿を見守り、その堆積が途切れることのないよう念じ続ける山伏の姿が描き込まれている点であろう。青年時代、詩人として描いた民話生成の世界から十有余年を経て柳田はそこに冷徹な一人の観察者を登場させることによって、これに取り組む自身を投影させているのである。

もとより、民譚が堆積していくことは、柳田にとってそれが成長していくことも意味していた。これは同一の素材を持った民譚が時代を経るにしたがい、修飾や強調される部分が増え、物語として洗練されていくこと、そして異なる地域の民俗との比較という視点が含まれる。そのことに関して柳田は、『遠野物語』刊行後の一九一一年四月二二日付で佐々木喜善に宛てた書簡においてジェームズ・フレーザーの『金枝篇』に言及している。柳田がフレーザーに接した経緯については、一九一一年四月二六日付南方熊楠宛書簡の中に「御教示によりフレエザーの『黄金の枝』第三版を買い入れ、このごろ夜分少しずつよみ始め候」とあり、法制局参事官時代だったと推定される(『柳田國男・南方熊楠往復書簡集』上、七八頁)。柳田は同書が版を変える毎に大幅な増補改訂を経ていることを挙げ、「我々が日本ばかりと思ふ習俗伝説をギリシャにもシリアにもエジプトにもあること多くもとは単に一小篇の遠野物語も十年二十年の中には如何に成長するかも知れず」(『定本』別巻第四、四三九頁)とし、遠野という小さな場所からひとつの民譚がゆっくりと外延を広げていき、やがて異なる地域の民譚へと連なっていく姿を想定している。

民譚が堆積していく時間とは、それを観察する側の時間よりも、はるかにゆっくりとしたものである。自ら編んだ民譚集の冒頭に観察者としての自分を置く時、柳田は自分がどこまで民譚の成長に付き合い、それを綜合できるか、という新しい問題と向き合いはじめることになった。

3　記憶、体験を堆積させる

漂泊者たち

『郷土研究』の時期を中心に眺めた時、柳田の論考は日本人を変遷の中で複合的に捉え、その変遷の中で生まれた差別・被差別の関係に強い関心を抱いていることが分かる。一九一一年から翌年にかけて『人類学雑誌』に掲載された「「イタカ」及び「サンカ」」は、柳田が巫女を論じた最初ものと位置付けられるが、そこで対象となるのは定まった集落を持たず各地を漂泊する民間の宗教者である。「イタカ」と呼ばれるこの群像は、「イタコ」と類比される役割を持っており、神意を仲介する「口寄せ」を行っていたことが明らかにされる。柳田はさらに、その中から宗教的行為に従事しながら同時に差別を受ける状況を抽出し、〈聖〉と〈賤〉が入り組んだ環境を描き出す。また、集団を形成して山間部を中心に独自の伝承を持つ「サンカ」ないし「クグツ」と呼ばれ、竹による日用雑器の製作、「祈禱」「売笑」「人形舞わし」を生業とする人々の姿をこれも歴史的な変遷とともに抽出する（『全集』二四巻、七〇頁）。

一九一三年五月の『国家学雑誌』に掲載された「所謂特殊部落ノ種類」は、同年一月、学士会の経済学研究会で行われた発表「特殊部落の話」を基にする。「特殊部落」とは、日露戦争後、内務省主導で行われた部落改善事業の中で使われた言葉であり、一八七一年の「身分解放令」以降使われ始めた「新平民」が差別的な言辞として認識されるに及び、それに代わる用語として作られたものである。

しかし論文の冒頭で柳田がふれている通り、これも差別感情を含んだ使われ方をしたため、さらに代って「細民部落」が当てられるようになった。

柳田はまず、「要スルニ彼等ガ部落ヲ特殊ナリトスル一般ノ思想」(同前、二五一頁)が問題であり、「特殊ナル階級ヲ普通ナルモノト変ズルヨリ他ニヨキ手段ナシ」(同前、二五二頁)として、そのためにはまず、「特殊部落」とされるものの歴史的な由来を明らかにすることを説いて、検証に入る。そして特に「穢多」とされる人々の集落が、先行する定着農耕民よりも遅れて、周辺の劣悪な環境に定住した形跡を辿り、その要因のひとつを、足利時代の末、各地の小領主が武器製作の原料として「皮革角爪ノ類」を供給する必要が生じ、皮革加工を生業とする人々を土着させたことに求める(同前、二五六頁)。さらに柳田はその射程を「穢多」とされる人々以外にも広げていき、舞や唱え事をもって祈禱を行い、各地を漂泊する宗教的な芸能集団の姿を追い、定住者の側で次第に彼らへの意識が変化し、「偶然新移住者ヲ警戒シ虐遇スル時節トナリ、主トシテ外部ノ原因ノ為ニ著ク社会上ノ地位ヲ低下セルモノ」と分析する(同前、二六三頁)。この一文にみるように、柳田は漂泊とともにある職業集団が元々差別される対象だったと捉えない。むしろそれらが新参者として定住するに際し、先住者との間に生まれる関係の中で、後者による前者の賤視が進んだと捉え、差別被差別の関係は、明らかに変遷の過程で生じたものと位置付ける。そしてこれらの時代的要因を理解すれば、「簡単ニ之ヲ常人階級ニ迎エ入ルル望アリ」(同前、二六四頁)とした。

「巫女考」と「毛坊主考」

「所謂特殊部落ノ種類」とほぼ同じ頃、柳田は『郷土研究』に「巫女考」を連載する（一九一三年三月～一四年二月）。『郷土研究』が構想段階にあった前年六月一二日、南方熊楠に宛てて「いよいよ出刊ときまり候わば、小生は巫女に関する研究を逐次に掲げ申すべし。これはぜひ本にするまでには大斧鑿を加えたく候につき、精しく御批評下されたく候」（『柳田国男・南方熊楠往復書簡集』下、九七頁）と書き送ったほど、「巫女考」は周到に準備されたものだった。

「巫女考」で目を引くのは冒頭、故郷の記憶から始まることである。「自分の生国播磨などでは、ミコと称する二種類の婦人がある」として、神社近くに居住し年中行事に従事する「神社巫女」、そして遠方からやってきて主に死霊・生霊の言葉を介する「口寄せ巫女」の二種のあったことを紹介する。この二種はいずれも同じ所に根を持っており、とりわけ後者について細かく地域、時代に即して分析が進められ、この集団が時に芸能者、遊女に近い形態をとりながら、各地に足跡を残したことが検証されていく。

この姿勢は同じく『郷土研究』に連載された「毛坊主考」（一九一三年三月～一四年二月）にも通底する。同論考は僧形をとらない半分は俗界に生きる念仏者（毛坊主）たちが各地に存在したことを基点に、彼らが村落社会における農耕民よりも蔑まれる階層を形成していたことを取り上げたものである。彼らはかつて「ヒジリ」と呼ばれる祈禱・占いを行う漂泊民にまで淵源を辿ることができ、その後次第に落魄していく中で当初の宗教性も減退させていく（『全集』二四巻、四一〇頁）。その変遷を描く中で柳田は鉦打、鉢叩など多くの芸能民も描き込み、いずれもそこに毛坊主と繋がる宗教的な零落者の姿を認める。そしてやはり叙述の導入部は、飛騨を地方視察で訪れた折、たまたま白川村のたもとで有髪の僧と思しき姿を見かけ、「ははあ、これが例の毛坊主だな」という自身の見聞譚における印象から始まる（同前、四一九〜四二〇頁）。

「毛坊主考」は周辺の類似する事象とその由来にも逐一言及しており、柳田の文体の特色でもある「蛇行」（赤坂憲雄）が著しい。その際、気付かされるのは、近代日本の学問が概念構成を厳密に行い、それを足場に対象を分析することを前提としたのに対し、柳田はほとんどそれを行わないことである。仮に行う場合であっても、柳田は厳密な定義をせず、その設定は伸縮性に富んでいることである。「毛坊主」そのものは『本朝俗諺志』『笈埃随筆』に登場する言葉であるが、柳田はこれらの典拠に縛られず、先に述べた多くの芸能民もこの中に含めて論をすすめる。

一定の時間軸を置いて柳田の仕事を見た時、同じ言葉の定義がかつて使われた時とずれることもまた、しばしば生じる。後に柳田の民俗学の鍵言葉となる「常民」が初めて登場するのは、この頃の「「イタカ」及び「サンカ」」においてであるが、「サンカ」の統率・結合力の強さを説明するくだりで、「もちろん常民のこの仲間に混入したる者は少なからざらんも」（『全集』二四巻、六七頁）として、彼らは「サンカ」の中にあっては勢力を築くまでには到らないと説明される。いまだ稲作、氏神信仰を媒介にした視座を確立していないため、その具体像は明らかではないが、漂泊民との対比が念頭に置かれている点で、定着農耕を行う集団が暗示されている。厳密な概念構成を行うことに代わるものとして柳田が対置するのは、もっぱら自分が読み、見聞きした中で自らが重要と判断する膨大な事例である。個々の事例に対する眼の注ぎ方にこそ、概念構成によっては置きかえられない、確固とした方法があるというのが柳田の隠れた主張であろう。

大礼使事務官として

貴族院書記官長に就任した翌一九一五年一〇月三一日から翌月末にかけて、柳田は京都にて大正天皇の御大礼にて大礼使事務官（典儀部勤務）を務めた。大礼自体はもともと前年の一一月に予定されていたが、四月に昭憲皇太后の崩御を受け、諒闇の明けるのを待って翌年に延期となった。当初の予定段階で柳田はまだ法制局参事官の職にあり、当時兼任していた宮内書記官として大礼使事務官の辞令を受けていたが、今回改めての辞令となった。重責であることに加え、長期の京都滞在が重なるため、次号は休刊せざるを得ない旨が一一月の『郷土研究』末尾に記された。

すでに柳田は、明治天皇の大喪儀が行われた折（一九一二年九月）、これに奉仕しているが、今回は近代日本における国民統合という課題に向けて天皇の即位儀礼が新しい意味を持ち始めた点で、柳田は式典に参画しながら同時にその在り方を考えるという場に立つこととなった。いまだ大礼使事務官に任命される前の七月、『郷土研究』七月号で柳田は、来る大嘗祭は、「中世数千百年間の変改と省略」を経ていること、ならびに「今日の国柄及政治と調和」させるため、むしろ「大正の新儀式」として後代の模範となるものと解するべきであるとし、来るべき儀礼の形を述べた（「徐福纜を解く」『全集』二四巻、五五八頁）。

柳田が参列したのは、一一月九日の大嘗祭予行にはじまり、一三日の「鎮魂の儀」、一四日の「大嘗宮の儀」、一六日の「即位礼及大嘗祭後大饗第一日の儀」、そして一七日の「大饗夜宴の儀」である。特に大嘗宮の儀では、警固役として弓矢を捧持する「威儀の本位」を務めたほか、一一月四日には同僚とともに、報道関係者に式典を控えた春興殿、紫宸殿、大嘗宮を案内する役目もこなした。その柳田が目にしたのは、「大嘗祭ノ前一夜京都ノ市民ハ電燈昼ノ如ク種々ノ仮装ヲ為シテ市街ヲ練行ク者アリ処々ノ酒楼ハ絃歌ノ声ヲ絶タズ」（「大嘗祭ニ関スル所感」『全集』三四巻、二〇一四年、二五二頁）という、御大礼の期間中それまでになかった新しい現象が散見されたことである。『郷土研究』一九一六年九月に発表した「掛け踊」の中で柳田は、この時の仮装した群衆の中に、近世末の「御蔭参り」につながる心理を読み取っているが、こうした事態は柳田にとって儀礼の厳粛さに水を差すものとして受け止められた。

柳田の眼は群衆だけではなく、参列者の側にも向けられる。一一月一四日の『大阪毎日新聞』には、「不謹慎な参列者　柳田大礼使事務官の憤慨」と題する談話が掲載され、「其資格あるに任せて興味半で神聖崇厳な御祭式に参列してゐるもの、ある事である」として、その反省をうながした（『全集』二四巻、五九六頁）。また、謹厳かつ神秘的であることを旨とする大嘗祭が「敬虔な心持に統一した神域の清浄を保つ為めには八百人の参列者は少し多過ぎたかも知れない」（「神秘の大嘗祭」初出『日本勧業銀行月報』第一三〇号一二月一五日、『全集』二四巻、六〇八頁）と、祭礼の性格とそれを運営・設計する側にある齟齬を指摘した。

一方で、柳田は様式に忠実な復古主義者ではない。大嘗祭で悠紀殿のある白川砂利をアークライトが照らし、そこに松の影が映し出されているのを見て、「神心自《おのづか》ら澄むを覚え」たとしているように（「神代《かみよ》ながらの霊域＝柳田大礼使事務官談＝」初出『万朝報』一一月一五日、『全集』二四巻、五九九頁）、近代技術による演出が加わることを排除しない。これは参列者への対応についても同様で、「大嘗宮にアーク灯もつけねばならぬ。幄舎にスチイムもとほさねばならぬ」と、今後に向けて改良の必要を認める（「大嘗祭より大饗まで」初出『新日本』一二月一日、『全集』二四巻、六〇五頁）。その上で柳田は、即位礼はできるだけ開放的に、外国使節、植民地も含む国民代表者は自由に参列できるようにし、大嘗祭は「あくまで純国家的の祭祀」として、「原始の形の式を追って、簡朴はあくまで簡朴に、神秘はあくまで神秘に執り行はれんことを望んでゐる」（同前、六〇四頁）と、それぞれの性格に則して二つの祭礼を分かつことを考える。

大嘗祭奉仕の時の柳田（大正４年12月）

その具体的な構想は、ほどなく「大嘗祭ニ関スル所感」として草稿化され、宮中に影響力のある人物への提案が予定されるが、結局、柳田はこれを筐底に秘したため、ついに時宜を得ることはなかった。当初の段階で「大嘗祭ニ関スル所感」は元老山縣有朋に提出することが検討されていたが、法制局時代の先輩にあたる上山満之進に説得され、思いとどまったとされる（佐伯有清『柳田国男と古代史』吉川弘文館、一九八八年、一二〇頁）。この中で柳田は、盛大かつ華麗で公開性の高い即位礼を行った直後、同じ京都で今度は秘儀として厳粛かつ閉鎖的な環境で大嘗祭を行うことは不適当であるとし、双方を同じ京都で挙行する場合は大嘗祭と即位礼の順序を逆にする（または順序を変えず民心の落ち着くのを待ってから同じ京都で大嘗祭を挙行する）、或いは順序はそのままとし、まず京都ないし東京で即位礼を行った後、時期をあけて大嘗祭は即位礼を行わなかった方で行うという明快な案を示している。この提案は、即位礼が中古に外国からの文物が輸入されたことで成立した儀礼であるという位置付けと絡んでおり、歴史上不変なものを想定するよりも、変遷を重視する柳田の視点の上に成り立っている点で、史観と結び付いた説得力を持つ。

大礼を終えて

身近に供奉した者として柳田は、皇室と民間の祭が似ているという思いを強くする。『郷土研究』一九一六年一月に寄稿した「大礼の後」において、「我々が居村に於ける秋の祭は、其趣意に於ても形に於ても、この新穀の御祭と著しい類似を持つて居り、唯大小のえらい差等があるばかりであつた」（『全集』二五巻、二〇〇〇年、二六〜二七頁）と印象を綴る。この直観はその後、事例を重ねながら練られてゆき、昭和の大礼に合わせて書かれた「大嘗宮の御儀」（『東京朝日新聞』一九二八年一一月一四日）では、「豊かなる秋の収穫を終つて後、直に新穀を取つて酒を醸し飯を炊ぎ神に感謝の祭を申すことは、今も村々の常の行事であつて、殊に直会の古例を存する土地においては、畏多いことではあるが、規模の絶大と微笑の一点の差を除いては、至尊御親ら執行はせたまふところと、略々その様式を一にして居るのである」（『全集』三四巻、八八頁）と記されるに到る。この筆調はさらに『日本の祭』（一九四〇年）、さらに戦後『新嘗の研究』に収録される論考へと連なっていくが、いずれもその基礎にあったのは、この時の原体験ともいうべき奉仕の記憶だった。

大礼が始まる前の一一月七日、柳田はもうひとつ記憶に残る光景を目にする。この日は天皇が乗った車駕が京都に到着し、朝からの晴天で御所周辺の主要な道路は早朝より群衆に埋め尽くされていたが、柳田が御所から東南の方角に当たる若王子の山並みを遠望していると、その中腹で、細く一筋か二筋の煙が立っているのが分かった。これを見て柳田は、「はゝあサンカが話をして居るなと思ふやうであつた。勿論彼等はわざとさうするのでは無かつた」と、一九二五年になって書き記す（「山の人生」『全集』三巻、一九九七年、四九〇頁）。

この記述はその場の印象を綴ったものではない。すでに、「「イタカ」及び「サンカ」」の中で柳田は、「サンカ」の居住形態にふれながら、「人里に近くしてしかも人の視察を避くるの手段最も周到なり」として、「たとえば京都にては東山にこの者住することを知れども、その場所を突き留むること難し」と例を挙げている（『全集』二四巻、四九〇頁）。いまだ自分が大礼の列に連なることを知らない四年前の記述は、そのまま記憶の中で生き続け、いよいよ自分がその場所を遠望する地に立つことで、こうしたひとつの感慨をもたらした。

「山の人生」を書いた時点で、すでに柳田は「山人」、ならびに「漂泊民」から遠ざかっている。しかしこの時、眼に映じた山からのぼる煙の光景は、一〇年を経て依然、柳田の頭に残影として刻まれていた。さらにその淵源は、明治末、資料の中で焦点を結んだひとつの事例にまでさかのぼることができる。すなわち、ここには三つの時間が重層的に配置されており、民俗事象を自身の記憶、体験と結び付けて堆積させていく柳田の方法の一端がみえる。この時立った煙が実際にサンカのものであるか、柳田は速断しない。むしろ重要なのは、御大典が挙行されようとしている時、そこから少し離れた場所にこの行事とは異なる時間があること、それを直観する自身の姿がここに描かれていることである。この風景はさらに、国民と天皇とを繋ぐ式典から外れた領域が、この時、いまだ残っていることを示していた。

4 官界から在野へ

内郷村調査

一九一六年一月一二日、新渡戸邸で行われた「郷土会」第三七回例会は、報告予定者に差し支えがあったため、当夜参加したメンバーが各々の興味について話を行ったところ、思いがけない活況を呈した。持ち寄った話を楽しむという談話会が持つ趣旨に照らせば、成功といえた。しかしその中にあって柳田は、「郷土研究に総論の必要になつて来たこと、ヂレツタントの集合が専門家の代用になりにくいことなど、此會号の爲に痛切に感ぜられたのも、亦一箇の副産物と見ることが出来る」と『郷土研究』一九一六年二月号の「郷土會記事」に記した（『郷土会記録』一七〇頁）。

「総論」は柳田が好んで使った言葉であり、個別の民俗事象が互いに有機的に連関し合いながら生活全般を形作っていることが念頭に置かれている。直接後進を育成するようになってからも、柳田はしばしば「総論」を書くように勧めた。複数の郷土像が併存することを良しとする談話会とは別に、柳田は具体的な郷土の全体像を捉える方途を模索しつつあった。

柳田の焦慮は二年後、現実味を帯び始める。決定的だったのは、一九一八年八月一五日から一〇日間にわたり、「郷土会」が中心となって実施した神奈川県内郷村（現・相模原市緑区寸沢嵐）の調査が、柳田から見て不本意な結果を迎えたことである。かねてから郷土会では、メンバーを通じて組織的な学術調査を特定の村落に対して行うことが検討されており、柳田もまた、小野武夫と同地を下見に訪れるなど、並々ならぬ意気込みを持ってこの調査に臨んだ。内郷村調査の調査者は他に石黒、牧口、小田内ほか一〇名近い人員で構成され、いずれも強い目的意識を持っての参加だった。全体の役割分担については、柳田（沿革）、石黒・小平権一（農業その他の生業）、草野俊助・正木助次郎（天然と土地）、小田内通敏（衣食住）、小野武夫（社会生活）、中山太郎（俗伝）、田中信良（蚕室）、牧口・中桐確太郎（教化衛生）という配置となった。このほか、一九一七年柳田も設立に加わった民家の保存・調査を目的とする研究団体・白茅会から今和次郎が加わった。

メンバーはあらかじめ各自の専門に合わせて担当する項目を設定しており、滞在中は村内の正覚寺に寝泊まりして、必要に応じて互いの調査内容を伝え合った。しかしもともと分散的である「郷土会」のメンバーにとって、あらかじめ調査方法を統一しておくこと自体がむつかしく、全体を総合する視点から見て、まとまりを欠くこととなった。この点については、柳田自身によって同年一一月

『郷土研究』所収「村を観んとする人の爲に」の中で、「問題が多岐に失して順序と統一が無かつたこと、學び得るものは何でも學ばうとした其態度が悪かつた」(『全集』二五巻、二〇〇〇年、一五〇頁)と総括された。

調査そのものをめぐる評価は個人によって分かれるところがあった。メンバーの一人小田内通敏は旧名主から貴重な古記録・地図を見せてもらうなど、村民の理解が得られたことを挙げて、この調査をむしろ評価していた(『聚落と地理』古今書院、一九二七年、一五六頁)。しかしながら、「総論」を念頭に置き始めていた柳田にとって、個々の調査結果が連関していない報告は、村の総体を把握する上で成果とは看做しがたいものと映った。九月二一日に新渡戸邸で行われた「郷土会」例会では、夜一一時過ぎまで参加者が調査について討論した。調査結果の刊行についても、検討された模様であるが、柳田から見て「報告は依然として雑話なり　少しも學問的に非らざりし、これをまとめて置かうとの説が出た、誰がよむのか」(「大正七年日記」『全集』三四巻、一七二頁)と慨嘆させるものだった。

同じ「大正七年日記」の一〇月、一一月の記述をみると、石黒をはじめとする主要な会員が柳田を訪れ「郷土会」の今後について話し合っている。恐らくは会休止についての協議であろう。理由は会のパトロンだった新渡戸が東京女子大学学長就任などに伴って、多忙となったことであったが、内郷村の調査を経て、互いに抱く郷土像、調査方法の相違が明確になったことがあったとみてよい。

「鏡」としての郷土誌

柳田が内郷村調査を失敗と断じたのは、調査体験だけが理由ではない。これに先行して自身が提唱する自立した「郷土」の記述を実現させるべく、その実践に意を注いでいたことも起因している。当時、東筑摩郡では先述した『東筑摩郡誌別篇』の編纂が進行中であり、内郷村調査が行われる一九一八年一月には胡桃沢勘内が柳田に教示を求めに上京している。さらに五月中旬、柳田は長野県東筑摩郡を訪れ、編纂に関わる調査委員会で講演を行っている。講演の中で柳田は「鏡」という比喩を用いて、自分は果たしてどんな姿をしているか、という意識を持つことが郷土誌を編纂する上で要になるとし、その上で一人の人物によって観察される村とは、それ以外の人間が群として扱われる可能性が高く、誇張のない叙述を心がけるためにも、編纂事業は個人の観察より多数の共同作業で行うべきであると説いた（「郡誌調査会に於て」初出『信濃教育』三八一号、一九一八年七月『全集』二五巻、二九七、三〇一頁）。

同じ講演の中で柳田は、「此國の統治」を補助する文脈で、参政権の問題と絡めながら、再び「鏡」の比喩を用いる。そして「此人々が果してどんな顔をして鏡の裡に出て来るかは、是から先の政治に大關係がある」（同前、二九八頁）として、選挙民としての自覚を説いている。「鏡」を通してここで問われているのは、在地の有志が自らの郷土を調べることで、どれだけ自分（達）を内省し、公民として位置付けることが出来るか、という問題である。その際柳田は、郷土誌編纂を通した郷土人としての自覚という内発性の上に立つ公民像を期待した。しかもその編纂方針が資料として土地の習俗や民譚の収集を重視している点で、前近代的の伝承を一部に引き継ごうとする。

これだけ郷土誌編纂に託した課題と願望が重いと、果たしてどれだけ同時代の郷土史家に柳田の理想が浸透していたかについては、検討を要する。柳田の意気込みとは別に、依然として地方の側は「地方特権階級の政治史」を中心にした町村誌作成が主流であって、民俗資料はいまだ好事家の「片手間仕事」とみなされる域にとどまっており、柳田の意気込みもいまだ限られたものだったとみられる（宮田登「地方史研究と民俗学」初出『史潮』一九六七年一〇月、神島二郎編『柳田國男研究』筑摩書房、一九七三年、三六三頁）。

しかしながら、都市への農村人口流出を抑える上で、在地人の郷土誌編纂による郷土意識の形成にひとつの処方箋を見出そうとするのが『時代ト農政』から「塚と森の話」に到る柳田の思索だったことを思えば、郷土誌編纂とは「家永続」から政治主体としての公民育成までを射程に含んでいる点で、眼前の政治と直結していた。

変容する民俗観

一九一七年三月の『郷土研究』は「社告」の中で、次号をもって「一時休刊」とすることを伝えている。止むなきに到った理由として、執筆する「學者方」を開拓できなかったこと、雑誌そのものが単調になり、このままでは新しい問題に手を延ばす時間がないことなどが挙げられているが、郷土研究社はそのまま存続するとし、今後の展望として、「日本の農村生活のあらゆる部面に亙つた題目を列ねて、所謂興味ある雑誌を再造して見たいと思ふ」（『全集』二五巻、二三三～二三四頁）と柳田の抱負が述べられる。

高木敏雄との確執も含め、人間関係上の問題も介在していたことは考慮せねばならないが、柳田の側にも、同誌を舞台に展開した「山人」、漂泊民に関する仕事にひとつの節目を意識していたのではないか。そのことを暗示するように、同号には南方熊楠の「諸君の所謂山男」が掲載されて、偶々山で生活している人物に過大な想定を行っているという視点から柳田の「山人」観が批判されており、少なくとも公開という場において数年来続いていた「山人論争」にひとまず幕が下ろされる。柳田もまた、同年の一一月、日本歴史地理学会大会で講演を行い、自身が想定する「山人」について、「現在の我々日本国民が、数多の種族の混成だということは、実はまだ完全には立証せられたわけでもないようでありますが、私の研究はそれをすでに動かぬ通説となったものとして、すなわちこれを発足点と致します」とことわった上で、山人絶滅の道筋として、同化、討死、自然の断絶、併合、混淆、そして退化しつつも今なお山中を漂泊しているものの六筋があるとした（「山人考」『全集』三巻、五九五、六〇四〜六〇五頁）。膨大な事例を挙げながら民俗事象の変遷を述べてきた柳田を思うと、この集約の仕方はやや駆け足の観もあるが、多岐にわたって論じてきた「山人」論を整理して、ひとつの結論に近いものを出しておこうという考えが柳田の中で高まりつつあったといえる。

実際、一九一〇年代の終わりに入ると、一九二五年連載の「山の人生」を例外とすれば、柳田の「山人」に対する言及は減じていく。これにほぼ併行して、漂泊民に関わる論考も次第に少なくなり、未完に終わった一九二一年の「俗聖沿革史」以降、稲作農耕を基調とする「常民」の前に、漂泊民は後景へと退いていく。このことは研究史上、多くの憶測を生んだ。戦後、仏教民俗学者の五来重から漂泊民の研究から離れた理由を聞かれた柳田は、このことは本願寺問題に触れざるを得なかったことを挙げている（後藤総一郎編『人と思想　柳田国男』三一書房、一九七二年、一三頁）。この発言は、「毛坊主考」における毛坊主の居場所は東本願寺の末寺とされる寺院が多いとする記述なども関わってくるが（『全集』二四巻、三三八頁）、連載当時の文脈に即せば、むしろ本願寺と皇室が深い関わりを持っていることが真相に近いことが指摘される。貞明皇后の姉に当たる九条籌子《かずこ》は一八九九年、浄土真宗本願寺派第二二世法主・大谷光瑞の許へ嫁しており、本願寺は天皇家と姻戚関係にあった。このことは、皇室に対する敬慎の念を持ち、天皇制について慎重な態度を崩さなかった柳田にとって、深入りは憚られると判断された（前掲『漂泊の精神史――柳田国男の発生』二巻、一九九七年、一二五頁）。

ただし、この回想は柳田自身の言であるだけに、一部、皮相に止まるところがある。この点については、後年の仕事と照合した時、柳田の民俗観は当時、端境期ともいうべき所に差しかかっていたことが有泉貞夫によって指摘されている。すなわち、大正の終わりに行った沖縄紀行によって、祖先崇拝を日本人の生活事象の基礎に据えることができる確信を得たことは、均質的な日本人像を描くにあたり、稲作農耕という形で土地に縛られない漂泊民を周辺へと押しやることとなった（「柳田國男考――祖先崇拝と差別」初出『展望』一九七二年六月、前掲『柳田國男研究』三八六〜三九〇頁）。柳田が「巫女考」「毛坊主考」に代表される漂泊民から遠ざかったことは、差別・被差別という当初、経世家として抱いていた重大な主題からの撤退を意味する。包括的な日本像を描くという大きな課題に向けて、柳田は自身が手がけたもうひとつの重要な主題を封印する。

官界を去る

「大正七年日記」には一九一八年一〇月二日、下僚の貴族院書記官・河井弥八から「議長の機嫌を今少し考えるやうにといふ話」があり、「永々と生きてはたらくつもりにて無理不自然なる言行をするのも考へものである」という記述がある（前掲「大正七年日記」一七五頁）。徳川家達との不和は新聞でも取り沙汰されるところであり、近侍している者たちにとっても見過ごせない状態に陥っていた。とりわけ地方への旅行で頻繁に東京を不在にしたことは、周囲と微妙な疎隔を作った。一九一八年三月に柳田は妻の叔父に当たる安東貞美が総督を務め、総務長官には友人の下村宏が在任中の台湾から招待を受け、台湾へ渡った。ちょうど台北へ来ていた安東の女婿で当時広東在広州日本総領事を務める太田喜平から広東行きを勧められ、中国本土へ渡り、厦門《あもい》、広東、上海、南京を経て北上し、北京、大連、奉天をまわって朝鮮経由で六月初めに帰るという長期の旅行を行った。この時、貴族院議長と十分な相談をせずに出発したことが、両者の関係をさらに気まずくした（牧田茂『柳田國男』中公新書、一九七二年、九〇～九一頁）。加えて、一九一九年五月、たまたま貴族院の官舎の一部が火災に遭った時、折悪しく柳田は九州に旅行中であり、議長からの許可を得ていない旅行だったこともあって、職責上の風当たりが強くなった。

柳田と徳川家達との軋轢については、「原敬日記」に関連する記述が散見されており、これまで幾度となく引用されてきた。そこで焦点となっているのは、この状況を重く見た徳川家が原、西園寺公望へ相談を持ちかけるなど、水面下で事態収拾をはかろうとする動きがあったことである。この件が「原敬日記」に初めて登場するのは、一九一九年一〇月一〇日、来訪した徳川家達によって、「内話に貴族院書記官長には甚だ困却すとて彼の反抗的行為を物語り相當の配慮を望む」とされ、すでに何度か聞いていた両者の不和に関する噂が事実であることを知るくだりである（『原敬日記』五巻、福村出版社、一九六五年、一五二頁）。一一月二〇日には、「徳川家の舊臣岡野行政裁判所長官も来談あり。余は単純の事と思ひたるに随分込入りたる事にて迷惑の至りなれども徳川一族も気の毒に付何とかなさゞるべからずと思ふ」（同前、一七三頁）と、徳川家の意向を受けて収束に動く記述がある。「岡野」とは当時、貴族院議員を務めていた商法学者・岡野敬次郎であり、すでに述べた通り大学時代の柳田の恩師でもある。

その後、新たに大正末から昭和初年にかけて枢密院議長を務めた倉富勇三郎の日記に柳田の貴族院書記官長辞任に関わる記録が残されていることが分かり、新しい角度から分析が加えられている。*柳田の岳父・直平と倉富は同じ頃に司法省に入省し、同世代の司法官僚として緊密な交流を続けた間柄だった。それによれば、さかのぼって六月一〇日の時点で倉富は、宮内省調度頭の小原駩吉《おはらせんきち》から、最近柳田より聞いた話として、岡野敬次郎の仲介で宮内大臣波多野敬直により柳田の同省図書頭への転任が持ち上がっていることを聞く。小原はさらに、この転任話は柳田の意向を聞かずにすすめられており、図書頭は森林太郎（鷗外）が兼務していることもあるので、柳田は動くつもりはないようである、と説明した（倉富勇三郎日記研究会編『倉富勇三郎日記』一巻、国書刊行会、二〇一〇年、二〇七～二〇八頁）。この人事は宮内省の管轄下にあり、柳田が官僚として宮内省とも縁があったことからすれば、穏便な決着を望む側としては妥当なものだったといえる。しかし柳田からすれば、転任話の中で示される対応とは、あくまで「政治的決着」に近いものと映った。

七月七日の倉富の日記には、岳父の指示により倉富を訪問した柳田が、自身の心境を話した旨が綴られている。それによると、柳田は昨年、新聞記者から自分を排斥するために貴族院議長が転任話をすすめようとしていると聞いたので、徳川家の旧臣で家事に関係している山内長人を介して家達本人にその真偽を確かめたところ、「絶対に右様の事を為したることなし」という返事が帰ってきた。自分はこの返答を「虚言」と考え、以後、事務的なこと以外は一切面倒を見ない方針をとることにした。自分としては辞職を決めているが、「此際議長を懲らし置く必要ありと思ひ、辞表を出さざるなり」というものだった（同前、二六二頁）。したがって、一〇月一〇日の「原敬日記」の記述は、「居直り」を続ける柳田に手を焼いた徳川家達の側が速やかな柳田の辞職を求めて原に相談したと推察できる。

一〇月一五日、柳田は再び倉富を訪問し、倉富が仲介役にたのんだ石渡敏一（貴族院議員、波多野司法大臣の下で次官を務めた）を経て自分の意思を伝えようとしたが、その後石渡からの返答がないので、岡野敬次郎に書簡を送り、問題の解決を促したことを報告した（同前、三七六頁）。「故郷七十年」の中にある、「大正八年までいるのに非常に骨が折れた」（『全集』二一巻、一九四頁）という回想は、こうした緊張関係の上に成り立っていた。

最終的に柳田の貴族院書記官長辞任問題は、原が動いて法制局長官横田千之助を通し、辞意を固めさせることで決着を迎える（『原敬日記』五巻、一八二、一九二頁）。辞表提出は一二月二一日であるが、前日の『東京日日新聞』には「柳田翰長の談」が掲載され、かねてから出回っている議長との不和という「流言」が、議員との関係に齟齬を生じかねないことを挙げ、辞職を決意するに到った旨が紹介された。その上で柳田は、束縛の多かった官僚生活から解き放たれ、これから覚束ないけれども、「小鳥見たやうに次の枝を考へて見たことは曾て無いのである」と、自身の向かうべき道筋を示した（『全集』二五巻、四一四頁）。

＊　永井和「柳田国男、官界を去る」（『立命館文学』第五七八号、二〇〇三年）。同論考では、柳田の貴族院書記官長辞職が取り沙汰されていた当時、貴族院内での親政友会派が研究会内部での主導権を確立するため、徳川家達の擁立を考えていたことから、貴族院における政友会支持基盤の実現をはかる原にとって、柳田問題は早めに解決すべき課題だったと位置付けられる（二一四頁）。したがって周縁とはいいながら、柳田の辞任は政争の犠牲として捉えられる側面がある。

二つの官僚像

柳田を通して一連の貴族院書記官長辞任劇を見ていくと、そこに二つの「官僚」像というものが浮かび上がってくる。前者は行政の実務を担いながら民間の実情を把握し、その時々の問題に有効な政策を考える存在である。十数年にわたって未来の生活改善を志向しながら農政論を書き続け、民譚集を編む時も「簡潔さ」を指標に官僚の文体と文学の統合を試みた柳田にとって、有るべき官僚とは、こちらの方であった。これに対して後者は、縦割りの機構の中で与えられたポストで職務に従事し、様式や慣例にとらわれる文字通り役所仕事の中に埋没する人物像である。しかも、後者の「官僚」像が人間関係の中に組み込まれると、そこに貴族院書記官長辞任に向けて岡野がとった態度が示すように、「政治的解決」をはかろうとして、当人の意を汲むことなく転出させようとする事態が生まれる。もともと農政官僚として行った種々の提言が正当に評価される場に恵まれなかった点で、柳田は後者の官僚像がもたらす弊害に悩まされ続けていたといえる。

一九一八年六月の『帝国農会報告』に掲載された「将来の農政問題」は、かつて農政官僚として政策論をまとめた自分に立ち返り、広く現時点での世界情勢を見渡しながら日本の農政を論じたものであり、本来の官僚として力量を示した文章である。同年二月に発表された「神道私見（完結）」（『丁酉倫理会倫理講演集』第一八六輯）が、明治政府による宗教政策の一環である「神道非宗教論」に対する包括的な批判であることを考えれば、両者は対になって捉えることができる。

この中で柳田は、いまだ戦時下にあるヨーロッパにおいて、すでに「戦後問題」についての討究が行われていることを紹介し、中でも激減した農業人口を背景に一部の国、特に小農国で新たに取り組まれている農業経営法に注目する。そして日本の農村、とりわけ青年層がこの動向を注視すべきであり、自らも改革意識を持つ必要があることを説き、それをしなければ、農村からの若い世代の流出に歯止めがなくなるとした（『全集』二五巻、二七五、二八四〜二八五頁）。この時期、柳田が東筑摩郡の郷土誌編纂事業に深く関わり、官界では理解者を欠いていたことを考えれば、官僚・政治家に過大な期待を置くよりも、むしろ農村部における青年層に希望を託そうとしているとみることもできる。

然るべき部局で仕事を全うできなかったとはいえ、広く明治大正の官僚として見た時、やはり柳田は貴族院書記官長就任まで上昇気流に乗っていた。しかし、絶えず政治と学問を直結するものと捉え直言を憚らず上司にさえも剛直な態度で臨み、地方への調査旅行を続けたことが、官僚の階梯から柳田を大きく逸れさせる。以後、柳田は同世代の官僚たちを眼下におさめながら、在野で活動することとなる。

第五章　民俗学の確立に向けて

1　沖縄からヨーロッパへ

在野人として

官僚を辞してからの数年間、柳田は日本各地を旅することに費やす。柳田にとって幸運だったのは、一九二〇年七月、東京朝日新聞社社長・村山龍平が客員として入社する話を持ち掛けた折、正式に社員となるまで、向こう三年間は国の内外を自由に旅行させてほしいという柳田の条件を社が受け入れたことだった。実際、朝日の話が持ち込まれたのはまだ貴族院書記官長を辞職して日の浅い二〇年春のことだったが、これをすぐに受けると辞職が計画的であったと誤解を招く可能性があったため、数カ月の間をおいての承諾となった（前掲「故郷七十年」一九四頁）。

一九一八年の「白虹事件」によって、大阪朝日新聞社は社長の村山龍平、編集局長の鳥居素川《そせん》、社会部長の長谷川如是閑が退社、大山郁夫、丸山幹治ら優れた新聞記者も社を離れるに到っていた。翌年社長に復帰し、紙面の再編を課題としていた村山にとって、柳田は生活から文学、政治に到る幅広い領域に通暁し、的確に同時代の問題点を突くことのできる書き手だった。以後、一九二二年四月より新聞論説班員となるまで、二度の欧米滞在を挟んで柳田は日本の端々にまで足を延ばす。

六月に入って柳田は佐渡にわたり、『郷土研究』の熱心な投稿者だった地元の郷土史家・茅原鐵蔵と交歓した。投書の難渋な文体からは判断できない、明敏な受け答えの中に、柳田は「前世紀教育の完成した」人物像を読み取り、こうした人物像を把握するには文書のやり取りだけではなく、こちらから赴いて直接話を聞くことが求められることを強く感じた（「佐渡一巡記」初出『旅と伝説』一九三二年一〇月号、『全集』六巻、一九九八年、六九頁）。

また、帰途立ち寄った新潟の県立図書館で閲覧した『佐渡志』巻五の中に、「ヤシホ即ち椰子の實」が漂着した記事を目にした。伊良湖崎で打ち上げられた椰子の実を見た時から、すでに二〇年以上が経過しており、「佐渡一巡記」を著したのはさらにその一二年後だが、柳田は「曾て之を手に取つて珍重したのは何人であつたらうか。又其物は今はどうなつてしまつたのか。我々の生活の可なり印象深い経験にも、なほ斯うして痕跡を留めぬものが多いのである」（同前、七一頁）と記して、この小さな文献上の発見を、かつて映像化した自分の記憶に重ねた。

旅情と観察

八月、正式に東京朝日新聞客員となった柳田は、同月初めから九月中旬にかけて後に『雪国の春』（一九二八年）にまとめられる長期の旅に出る。ふり返って、「紀行を残して置きたいと思ったのは、大正九年の夏秋の長い旅だけ」（「自序」『全集』三巻、六一五頁）と評した東北旅行である。まず東海岸を北上して青森県の尻屋に到り、次いで西海岸へ廻って秋田へ南下する大がかりなものだった。旅程には遠野も含まれており、当時慶應義塾大学を卒業して母校普通部の教員をしていた松本信広が先発して遠野の佐々木喜善宅に逗留し、途中から加わったほか、佐々木も釜石からこれに合流した（松本信広「東北の旅」『定本』第二巻月報一、一九六二年）。

この時、折々に書いた短い文章が「豆手帖から」と題して八月より九月にかけて旅先から送られ、『東京朝日新聞』に掲載される。訪れた先の習俗が旅情豊かに綴られていることとは別に、この小文集で精彩を放つのは、人そのものを見る柳田の目線である。畑を荒らす貉を捕るため苦労して購入した罠が違法であるとして、罰金五〇円と罠を没収された宮城県飯野川近郊の農夫の一人語りを綴った「狐のわな」は、そこに描かれた農夫の朴訥な人柄が文体の簡潔さと相まって、戦後中野重治によって日本語で書かれた対象描写の白眉とされるが（中野重治「「狐のわな」について」『中野重治全集』一九巻、筑摩書房、一九九七年、一二七〜一二八頁）、ここで柳田は土地の習俗よりも、人物そのものに焦点を合わせ、その人生を凝縮して描き出す。これは文学者としての力量である。

こうした叙述の態度はこの時の旅行を通じて変わらぬものだった。例えば、石巻を出発して渡波にさしかかった時、柳田の乗った車に偶々通りかかった馬が反応し、馬が引く荷車の下敷きになった小学校を出たばかりの馬方が柳田を見た瞬間の眼、あるいはこれも偶然、石巻付近の釜谷で出会った担架で移送される重病の少女の眼、柳田はこれらの体験を通して「口では言い現しえぬ目の交通」が現在もあることを説くのだが（『全集』三巻、六八一〜六八二頁）、これらはいずれも土地の民俗とは別に、場面そのものが持つ力によって読者を引き付ける。

帰京してから日をおかず、一〇月中旬から一一月にかけて柳田は三河から名古屋、大阪を経て岡山、広島、瀬戸内を廻って帰途、京都に寄る旅行に出る。この時の紀行文も「秋風帖」として『東京朝日新聞』に連載されるが、ここでも柳田は旅情の中に忍ばせた観察の眼を手放していない。名古屋への途上にあたる静岡県島田で秋祭に遭遇した柳田は、これを観客として見ながら、「我々平民はもとより生れながらの詩人ではない。大まかな同情者が高尚と評してくれそうな今日のような感想でも、子細に分析してみればやはり物質的の基礎の上に立っている。この町に入り込むほどの者が、均しく感受する快よい恍惚は、すなわちこの常と異なる「人いきれ」の致すところである」（「御祭の香　上」『全集』六巻、一四頁）と、印象を綴る。

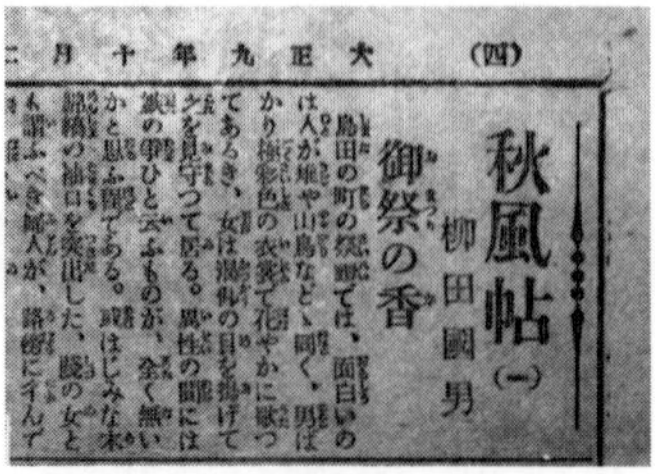
（四）　大正九年十月二

秋風帖（一）

御祭《おまつり》の香

柳田國男

「秋風帖」

「余所者」でありながら、祭を通して日常とは異なる気分の高まりを体感し、それが他の「余所者」たる観客にも等しく伝わる様子に、柳田は「群」の中から生まれる詩的な情景を見出そうとしている。近代における祭の祭礼化が直接行事に参画しない観客を生んだ経緯については柳田もしばしば言及しているが、ここでは見物する側にも祭を行う人々に近い感情の起伏があることが強調されている。さらにその感情を醸成する「物質的の基礎」に向けて柳田は検証の照準を定めようとしていた。

南島紀行

約一カ月にわたる西日本への旅行から帰って程ない一二月一三日、柳田はいよいよ九州・沖縄に向けて旅立つ。後に「海南小記」(翌年三月から五月、『東京朝日新聞』に連載)にまとめられることになる踏査紀行である。

沖縄、及び南西諸島は柳田にとり、いまだ足を踏み入れていない地だった。柳田の沖縄に対する関心は、早くは一九〇七年、笹森儀助の『南島探検』(一八九四年)を読み、啓発を受けたことをひとつの契機とする。次いで沖縄に在住だった伊波普猷《いはふゆう》から『古琉球』(一九一一年)の寄贈を受け、一読してそこに記された古謡集「おもろさうし」に民俗信仰上重大な価値があると直感したことが、沖縄への関心をさらに高めた。一二月下旬は九州東海岸を南下して鹿児島県肝属郡佐多村で年を越し、年が変わって一九二一年一月三日、鹿児島から沖縄本島に向けて出港し、五日には那覇に入った。

沖縄紀行において柳田が果たすべき目的のひとつとしたのが、伊波を訪れることだった。『古琉球』によって近代沖縄学の先鞭をつけた伊波は当時、嘱託で沖縄県立図書館長を務めており、この時の会見で柳田は伊波に一六、一七世紀、首里王府によって編纂された歌謡集「おもろさうし」の研究を強くすすめた。伊波にとっても「おもろさうし」はかねてから研究対象として懸案されており、柳田はその校訂が完成した時、刊行に向けて助力することを約束した。

一月二〇日、柳田はひとまず沖縄本島での滞在を切り上げ、宮古島へと旅立ち、二四日には石垣島へ足を延ばした。石垣島では測候所長の職にあった岩崎卓爾と交歓したほか、郷土史家・喜舎場永《きしゃばえい》珣《じゅん》とも親交を結んだ。またこの間、宮古に向かう船上で当時、沖縄県庁に勤務し伊波との会見時同席していた比嘉《ひが》春潮《しゅんちょう》と再会し、以後戦後まで続く交流が始まる。その上で二月初めに一旦、那覇に戻り、七日に那覇から奄美大島へ向けて出発し、数日同地に滞在したのち、一五日には鹿児島に帰港した（前掲『柳田国男伝』五五九～五六二頁）。

柳田の民俗学を考える上で、この時の旅行はひとつの分岐点として捉えられることが多い。それまで「山人」、漂泊民などを包摂していた柳田の複合的な日本像は、沖縄及び南西諸島で祖先崇拝に出会って以降、これを日本の民俗の基底に据えることで、より均質的なものへと変容していく。この転換は混合民族論が趨勢を占めていた当時の論壇においても、珍しいケースとして位置付けられる（小熊英二『単一民族神話の起源――〈日本人〉の自画像の系譜』新曜社、一九九五年、二〇五頁）。とりわけ柳田が重視するのは、沖縄に仏教の影響が少なく、仏教受容以前の信仰が残っていること、宗教祭祀に女性が深く関わっていることである。

もとは異国の如く考へられた此島の神道は、実は支那からの影響は至つて尠なく、仏法なほ以て之に対して無勢力でありました。必要なる片端だけを列挙しますならば、先づ第一には女性ばかりが、御祭に仕へて居たことであります。家の神が一族の神となり、次第に里の神・地方の大神と、成長なされたらしきことであります。巫女を通じての神託に依つて、神の御本意と時々の御心持とを理解し、之に基づいて信心をしたことであります（「阿遅摩佐の島」『全集』三巻、三八六頁）。

柳田にとって日本の宗教祭祀を辿る上で、沖縄にひとつの水脈を見ようとする姿勢は決して新しいものではない。「巫女考」の冒頭を飾る「ミコという語」（『郷土研究』一九一三年三月）では、本土の各地から巫女に相当する呼称の事例を紹介し、「琉球で此類の婦人をユタと云ふのも、自分はイチ又はイタコと関係のある語と信じて居る」という考えを述べているし、「託宣と祭」（同前、一九一三年五月）では、「神下し」に使われる要具が沖縄では「グヒイ」ないし「ウンモウシ」と呼ぶことを挙げ、これと中国四国地方の辺地で祭のことを「申し」ということとの類似を指摘し、「沖縄の神道が世人の想像する程内地と縁遠くは無いこと」を説いた（『全集』二四巻、一五二、一六三頁）。来訪以前の段階ですでに柳田には、これまで蓄積した民俗事象を総合できる糸口が沖縄にある、という感触があった。

蒲葵と甘藷

沖縄旅行の中で本土との連続性を考える際、柳田が注目するのは、宗教祭祀だけではない。「海南小記」の冒頭「からいも地帯」は、九州を南下する途上、豊後での見聞が起点になっているが、柳田は甘藷の南方・中国南部からの伝播ルートを手許に置いて、同地の甘藷をめぐる語彙の豊富さからみて、これを「唐芋地帯」に属していると分析する。さらに視点を日向、大隅、薩摩へと移動させていきながら、その領域的な広がりを確認し、最終的にその中に沖縄、南西諸島をも視野におさめる（『全集』三巻、二四四〜二四六頁）。東北の旅先で供された薩摩芋の話が紹介されているように、柳田の射程は日本列島全域に置かれており、本土との連関が意識されている。

これと並行して柳田は折に触れて蒲葵《ビロウ》（檳榔）の生い茂る風景に目をやり、生活の諸相に注目する。

この積み重ねの上に、ひとつの植物を介して九州東海岸から南西諸島に到るひとつの文化圏が姿を現していく（松本三喜夫『柳田国男と海の道――『海南小記』の原景』吉川弘文館、二〇〇三年、五、四九頁）。一九二一年一月二二日から二三日までの宮古滞在中に記した手帖には、「「蒲葵」の葉の釣瓶　沖縄にてももとは普通なりし由。宮古にても八重山にても多く此葉にて釣瓶を製す」という記述があるように（『南島旅行見聞記』森話社、二〇〇九年、一〇四頁）、柳田の眼は島づたいに蒲葵を追いながら、それを取り巻く環境と用途を辿っていた。

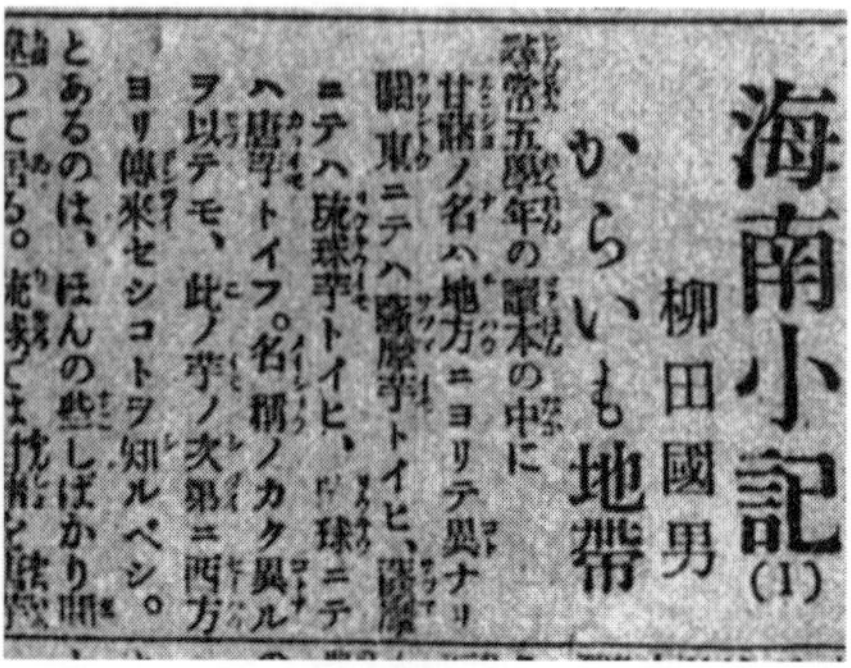
海南小記（1）
柳田國男
からいも地帯
尋常五學年の讀本の中に
甘藷ノ名ハ地方ニヨリテ異ナリ
關東ニテハ薩摩芋トイヒ、薩摩
ニテハ琉球芋トイヒ、琉球ニテ
ハ唐芋トイフ。名稱ノカク異ル
ヲ以テモ、此ノ芋ノ次第ニ西方
ヨリ傳來セシコトヲ知ルベシ。
とあるのは、ほんの些しばかり間
違つて居る。

「海南小記」

柳田の蒲葵に対する注目はこの時が初めてではない。その端緒ともいうべき一九一三年四月の『郷土研究』に発表した「蒲葵島」では、蒲葵を信仰の対象とする島のあること、利田に際して厳格な規則のあることなどを挙げており、その意味で今回の旅行はその観察を兼ねていた。

本土における宗教祭祀の原質を沖縄に求め、民族的な繋がりを強調する点で、柳田の視点はその背後に同時代、伊波普猷を中心に唱えられた日流同祖論への意識があった。しかし、同時に柳田の眼は民族という枠組みを外れ、蒲葵や甘藷を介することでそこに構成される緩やかな括りを生活、自然環境の両面から描こうとする。自身の日本像を考える上で多くの手がかりを得た旅行の中にありながら、柳田の視点は一方で異なる尺度をもって対象を捉えていた。

宮古島、石垣島の旅から沖縄本島へ戻った柳田は、二月五日、那覇の松山小学校において「世界苦と孤島苦」と題する講演を行う。沖縄を発って奄美大島に向かう日が二日後に迫っており、一カ月以上に及ぶ沖縄・南西諸島滞在で感じたことを自分なりにまとめる場として位置付けることができる。

「世界苦と孤島苦」

この内容については、三年後に発表した「島の人生」（『太陽』一九二四年八月）に言及した箇所がある。その中で柳田は、沖縄、とりわけ離島に住む者にとって、「世界苦」の半分は「孤島苦」であるとし、政治・文化上の恩恵も十分受ける機会が少なく、そこから生まれる不満も押し殺して行かざるを得ない歴史が島々で続いてきたことをまず確かめる。その上で、目を転じてみれば、沖縄は決して周縁ではなく、その先に宮古、八重山の島々とそこに住む人達がおり、それらの島が構成する世界では、その中でさらに小さな島が「孤島苦」を味わっていることを指摘している（『全集』一九巻、二六三〜二六四頁）。

柳田はこの視点を、沖縄の島々に止まらず、日本本土にまで広げて考えようとする。当時の資料として、ちょうど宮古、八重山を廻っていた一月下旬、柳田が付けた手帖には、「○水納島－タラマ島－宮古－沖縄－薩摩－江戸　それ〲の関係はよく似たり。○与那国－八重山－沖縄」と記されている（前掲『南島旅行見聞記』一〇八頁）。柳田にとって孤立した島、そして島国そのものが抱える構造的な問題は、そこに生きる人の心性と関わりながら、日本の全体像へと敷衍されていく。その直観は沖縄紀行当時から柳田の中で芽生えていたものだった。

講演「世界苦と孤島苦」の締めくくりで、柳田は無数の「孤島苦」を背負った日本もまた、総体として一つの「孤島苦」を抱えていると指摘する。欧州での大戦が終わり、講和会議がヴェルサイユで行われ、国際連盟がジュネーブに置かれている現況を見れば、日本もまた決して「中心」ではなく、国際会議に代表を送り出すだけでも事前に長い準備が必要となる。こうした日本の置かれた「孤島苦」を前に、柳田はまず視野を広げて自らの「世界苦」を受け止め、「弘い共同の不満」を考えていく必要があるとした（前掲「島の人生」二六四頁）。

はるか後の回想であるが、「故郷七十年」の中にも一部、柳田はこの時の講演について触れている。すなわち、沖縄の文化にはどこの島出身であるかによって人物の区分を行う傾向があり、遠隔地の島であるほど、蔑む感覚が強まっていくこと、さらに、ひとつのまとまった文化圏の周縁に位置することでその島が受ける「孤島苦」の実感を同じ文化圏の中心に居る側は気付かないこと、この直観を得たことが自分の「沖縄研究に奮起した原因と、隠れた動機」であったとした（前掲「故郷七十年」二九六〜二九七頁）。

自らの日本像を描く上で基点となるものを探り当てた一方で、柳田はこの地で得た「孤島苦」と「世界苦」の二つが表裏一体となっている感覚をその後も手許に置いた。それはさらに同時代の国際社会へと敷衍されていくことで、広い問題意識と、それを支える動的な視野を南島紀行を終えた柳田の中に芽生えさせた。

委任統治委員会委員への就任

沖縄紀行からの帰途、柳田は朝日新聞社との約束から、二月一七日の鹿児島市を皮切りに九州を北上しながら各地で講演を行う。その途上、二〇日に熊本市で行われた講演会で、柳田は熊本県庁を介して外務省発信の電報を受取る。内容は国際連盟委任統治委員への就任を打診するものだった。この知らせは柳田にとって寝耳に水のことであり、二年前に上司への強い批判を込めて貴族院書記官長を辞した経緯からいって、誤報ではないかと思ったほどだった。

当初、柳田は昨年から続けられている旅の計画が狂うため、委員就任には必ずしも乗り気ではなく（「ジュネーブの思ひ出」初出『國際聯合』一九四六年一一月、『全集』三一巻、一九九一年、二八五頁）、養父・柳田直平の同意が得られれば、と慎重に捉えていたが、その後講演で立ち寄った長崎で県知事の渡辺勝太郎から説得を受け、最終的に就任を了諾した（前掲「故郷七十年」一九七頁）。那覇で行った講演で、沖縄の島々が抱える「孤島苦」を同時代の国際情勢における日本の姿になぞらえた柳田は、はからずもその「孤島苦」を抱える側から国際社会の中心へと押し出されることとなった。

柳田に白羽の矢が立ったのは、前年、国際連盟事務局次長に就任していた新渡戸稲造の推薦があった以外に、原敬の影響が強かった外務省の力があったことが指摘されている（川田稔『柳田国男——その生涯と思想』吉川弘文館、一九九七年、三二～三三頁）。委任統治委員会の成立は国際連盟規約第二二条に基づき、第一次大戦後、敗戦国となったドイツ、トルコに属していた植民地・領土に対し、委任統治制が採用されたことを基点とする。一九二〇年一一月の国際連盟理事会において、委任統治を担当する国（受任国）に対する審査・事務処理を行う常設機関として設置が決定され、翌年二月、この任務について経験豊富かつ専門知識を持つ九名（のち一二名）が構成メンバーに選ばれた。審査の公平性を重視して、受任国からの委員は四名以内とされ、日本は政府と関係を持たない人物であることを条件に一名が割り当てられていた（岩本由輝『論争する柳田國男』御茶の水書房、一九八五年、二九八～二九九頁）。委員の所属機関はあくまで国際連盟であり、日本政府を代表するものではない。当時、すでに在野だった柳田が指名を受けた背景には、彼が委員に関わる形式上の条件を備えていたことも大きかった。

委任統治の適用を受ける地域は居住民の自治能力を指標にA・B・Cの三つ「式」に分けられ、それぞれ旧トルコ領、中央アフリカの旧ドイツ領、南西アフリカ・太平洋諸島を対象とし、このうち日本が委任統治するのはC式、地域としては赤道以北の旧ドイツ領太平洋諸島が対象となった。国際連盟規約第二二条は、敗戦国の支配下に置かれたかつての領土・植民地の「人民」に対し、彼らの福祉、発達をはかることを「文明ノ神聖ナル使命」と規定しており、その「使命」の遂行こそ先進国の任務であるとした。先の三区分もまた、居住民の発達の程度、領土の地理的な位置付け、経済的な状況を反映しており、C式に分類された地域は、人口が少ないこと、面積の狭いこと、「文明ノ中心」から遠いこと、或いは受任国の領土に隣接していることなどから、受任国の領土を構成するものとして、その国法の下で施政を行うことが最善とされた（海野芳郎『国際連盟と日本』近代日本外交史叢書六、原書房、一九七二年、八五～八八頁）。

いよいよ就任が決定すると、柳田の身辺もにわかに慌ただしくなった。準備のため帰京する際には、佐賀の駅頭で偶々見かけた子供を見て、「あの子は西洋へ行かんでいいなぁ」と嘆息するなど（前掲「故郷七十年」一九八頁）、渡航前の不安も募ってきた。

一方で当時の柳田に即してみると、「将来の農政問題」（一九一八年）で示された戦後ヨーロッパの農業問題への注目が象徴するように、渡欧とは、自身がそれまで抱いてきた問題を身近に感じ取る環境に自らを置くことでもあった。実際、海軍軍人である弟の松岡静雄は第一次世界大戦の折、副艦長として軍艦筑波に乗ってドイツ領ミクロネシアを航行し、一九一四年一〇月にはポンペイ（ポナペ）島へ入港して短期間同地の占領統治に加わっており、海軍を退役後は日蘭通交調査会を結成して南洋諸島に関する情報収集を行い、民間から拓殖計画に携わっていた。柳田もまた日蘭通交調査会に関わり、一九一八年からオランダ語にも触手をのばし、翌年一月にはルーフセマの『モルッカ紀行』を読みこなせるまでになったほか、二度にわたる講演「机上南洋談」でもオランダ領インドネシアへの強い関心を示していた。

ジュネーブにて

一九二一年五月九日、横浜を出港し、アメリカを経由して七月一日、ジュネーブに到着した柳田は、これより同年一二月から翌年五月にかけての一時帰国をはさんで同地を拠点に国際連盟委任統治委員としての業務に従事するかたわら、欧州各地の視察に日を送る。

第一回常設委任統治委員会が開催されたのは一〇月四日から八日、会合は延べ九回にわたって行われた。柳田は初日の会合で、「委任統治委員会規則草案」の審議にあたり、連盟本部の置かれているジュネーブからみて遠隔地にある国々は、渡航・通信に多くの時間を要するため、それを考慮して会期はこれまでの五月より後ろにしてほしいと発言している。これについてはイギリスの委員から本国議会の会期を考慮して八月ないし九月が望ましいとの意見が出され、会期は九月と決定された。また、国際連盟規約第二二条では受任国に対し委託地域に関する年報を連盟理事会へ提出することが定められていたが、年報の提出期限が一月であることについて柳田は、これを四月まで延ばしてほしい旨を発言し、ベルギーの委員から遠隔地の委任統治領の行政府は情報提供に余裕をもって臨んだ方がいいので期限は六月が望ましいという発言があった際、柳田は利害を同じくする立場からこれを支持している（FIRST MEETING『全集』二五巻、二〇〇〇年、四九五〜四九六頁、前掲『柳田国男伝』六〇八〜六〇九頁）。

その他、記録から分かる柳田の発言を拾うと、時に委員に求められる政治的中立を越えて、本国政府の利害を反映せざるを得ない姿が浮かび上がる。ここで懸案となったのは、日本の分担するC式委任統治領における通商貿易の機会均等問題だった。委任統治でもC式にはB式に含まれていた通商貿易に関する連盟加盟国の機会均等を扱った規定がなく、かねてから日本は当該の規定を盛り込むこと、それが認められない場合の留保事項を要求していた（海野、前掲、八八〜八九頁）。柳田は一〇月七日午前一〇時の委員会でこの問題について触れ、日本側の立場を強調した（SIXTH MEETING『全集』二五巻、四九六頁）。その内容は、一〇月一〇日付で柳田が山川端夫臨時平和事務局第一部長に宛てた書簡に、委員会で年報作成に絡んでC式委任統治領における通商貿易の機会均等問題に関して発言し、「此要目ハ今後必要ニ従ヒ年々加除変更アルヘキモノナルコトヲ各委員共承認致居候」と報告したこととと符合している（「柳田委任統治委員会委員ヨリ山川部長宛」『全集』二五巻、四九八頁）。連盟に直属している委員会において、こうした柳田の発言は、本国政府の立場を代弁するものと受け止められかねないものだった。

柳田に映った委員会の印象は、ヨーロッパの委員にとって議論の比重はもっぱらアフリカの委任統治に置かれており、太平洋地域については無関心かつ「意外ナ位ニ」知識がないことだった。同じ山川宛書簡の中で、柳田はこの状況を活用して、直接ヨーロッパと利害関係が生じにくい太平洋地域を足場に「有色人種ノ天賦権ヲ主張」し、それが「日本将来ノ人種無差別論」を展開する上で布石となると提案している。さらに委員の多くが委任統治とは形式上様々な束縛を受けていると考えているため、今後も報告の際、互いに混乱と悪感情を生むことが予想されるので、日本としては、「出来得ルタケ欠点ヲ匿サス受クヘキ非難ハ甘シテ受ケ其ノ代リニハ南太平洋及亜弗利加ノ各領ニ対シテモ人道ニ立脚シタル存分ノ批判ヲシ度キモノト存候」（同前、四九八～四九九頁）と今後の方策を述べた。

ジュネーブにて（大正10年7月）

柳田の深謀遠慮の背景には一部に、この二年前、パリ講和会議で日本政府が日系移民排斥問題に対して人種的差別待遇撤廃の提案を行い、否決された事跡が影を落としているといえる。委員就任前の一九二〇年、柳田は「準備なき外交」によって、人種問題といえば移民排斥問題と短兵急に関連付け、これを前面に押し出した日本の外交方針を拙速であると批判し、その背後にアイヌや朝鮮人など、近隣の差別問題を棚上げすることにみるように、日本人には人種問題そのものを理解する素養が十分でないことを掲げたが（未定稿『定本』三四巻、六二〜六三、六四〜六五頁）、その轍を踏むことへの自戒が今回の長期的な視野の背景にあったといえる。

第一回目の委員会が閉会した後、柳田は一〇月二五日、マルセーユを出港してインド洋経由で帰国の途につき、一二月八日に神戸に到った。直後に『神戸新聞』から受けた取材では、日本の委任統治領に対するヨーロッパ選出の委員の態度について言及し、「例のマーシャルカロリンの委任統治問題の如きも欧洲の諸委員は我不関で中にはまるで該問題を知らない人もある位で僕等の予期は悉く裏切られた感があった」（「気乗りのせぬ国際連盟会議」『神戸新聞』一九二一年一二月九日）と、会期中くすぶり続けていた不満を述べた。この口調は一二月一五日、外相・内田康哉に行った帰国報告でも同様である。この中で柳田は、同じ委員でも委任統治の考え方に日本とヨーロッパの間で「ずれ」があり、「欧洲人ニハ「マンダー」（委任統治‐引用者）ニ関スル問題ト云ヘハ直ニ阿弗利加ヲ想起シ其ノ中英国委員ハ多少太平洋ニ関スル智識ヲ具フルモ只新聞上ノ智識ニ止マル」と難じている（「委任統治委員会ニ関スル柳田委員ノ報告」『全集』二五巻、五〇二頁）。

同じ報告の中で柳田はその「ずれ」が生じる理由を、ヨーロッパによるアフリカ植民地開発に関わる蓄積が膨大なものであることに求め、それに比すべき実績を日本は受任領域で挙げていないことを指摘する。そして日本が今後取るべき方針の一つに「阿弗利加ニ関スル智識ノ中心ヲ作リ置クコト」を提案した（同前）。この件については柳田が再渡航後、連盟内の帝国事務局に一室を借り、留学中の国際法学者・大沢章に委任統治に関する情報収集を行わせたことが知られているが（前掲『柳田国男伝』六一一頁）、その後もアフリカへの植民について強い関心を持ち続けた。フランスから帰国した山田吉彦（きだみのる）が後に『モロッコ紀行』（一九四三年）にも登場するモロッコ軍部の統治組織、「土民部将校制」のことを話したところ、柳田はこれに興味を持ち、日本の将校たちに話すよう勧めたし（きだみのる「柳田國男先生のこと」『定本』一四巻、月報五、一九六二年）、同じく戦前、那須皓にケニアは土壌・気候に恵まれており、日本人の移住先に適していると言及している（那須皓「会津の旅、郷土会、そしてケニア――柳田先生を想う」『定本』一六巻、月報一〇）。

エスペラントへの接近

日本で年を越した柳田は、五月までの日本滞在中も講演、旅行に多忙な時を過ごしている。特に三月は大掛かりな国内旅行を行い、長野県東筑摩郡へ足を延ばして同郡教育会で講演を行い、新潟経由で郡山から平へ入り、『郷土研究』の熱心な投稿者だった高木誠一を北神谷に訪ねた。四月には昨年の南島紀行で知り合った岩崎卓爾と喜舎場永珣の来訪を受け、旧交を温めた。

再渡航前に書かれた「国際聯盟の発達」（『國際聯盟』一九二二年三月）は、一回目の委任統治委員会での体験を経て、国際連盟の果たす役割を子細に論じている。とりわけ連盟の設立によって、アフリカ、そして太平洋の「土民」が明らかに恩恵を受けることは間違いないことであると、その意義を率直に認めている。ただし、委任統治委員会の在り方については、「委任統治の振当は国際聯盟の理事会や総会で決定したのではなくて、不思議にも欧州の最高会議で決定した」として、そこに水面下で行われた各国の政治的な駆け引きを読み取り、日本を受任国とする太平洋諸島にしてもその例外ではないとした（『全集』二六巻、一七～一八頁）。

わだかまりを残しながら、一時帰国した柳田にとって、次回の委任統治委員会とは本来、多くの言うべき課題を持っていた。しかしいざ、留学体験がない柳田からみて、委任統治委員会の議事に加わることについては早い段階から言葉の壁がつきまとった。学生時代から官僚時代にかけて英仏独書を自在に読み、後にオランダ語の文献も読むまでになっていたが、会議で自在に意思疎通をはかる場に臨むことは、それまでほとんど経験したことのない世界だった。

この点について柳田は英語・仏語ではなく、あらゆる言語から中立的な人工言語エスペラントに多大な関心を抱いており、その可能性に期待していた。そこには、同様にエスペラントに注目していた新渡戸の影響があったとみられる。柳田の最初のジュネーブ滞在中にあたる一九二一年九月一三日、第二回国際連盟総会では「公教育」におけるエスペラント教育を国際連盟が推奨する決議案が審議されていたが、総意が得られず、延期となっていた。そして南アフリカ自治領代表でエスペランティストでもあったロバート・セシルを代表とする日本ほか一一カ国によって次回総会に向けて連盟事務局がエスペラントに関して調査を行い、報告書を作成提出する提案が行われ、一六日の総会で可決された。

その時、柳田はこれを傍聴しており、同年にはジュネーブ在留の日本人とともに、帝国議会に対し「エスペラント語調査」に関する請願書を送っている（書類不備につき、翌年新規に再提出するも、会期切れにより審議されず）。次の委任統治委員会に向けて一時帰国した際、柳田は日本のエスペラント普及活動にも積極的に関わったほか、種々の集会にも顔を出しており、二度目の渡航前には、日本エスペラント学会に入会していたことも知られている（岡村民夫『柳田国男のスイス――渡欧体験と一国民俗学』森話社、二〇一三年、一四五、一五一～一五三頁）。そして一九二二年、二度目の渡欧の際（この時は、インド洋からスエズを経る航路をとった）、往路の船中でエスペラントの稽古に励んだ（「大正一一年日記」『全集』三四巻、二一七、二一八、二二二頁）。

当時のジュネーブがエスペラントに関わる運動の一大拠点だったことを背景に、柳田のエスペラント熱は同地でも続き、二度目のジュネーブ滞在中につけた日記（「瑞西日記」）にもエスペラント関連の話題、集会に参加した記述が散見されるほか、短期間ながら「オデッサからの亡命客」であるウマンスキー夫人よりエスペラントの出稽古を受けていたことが知られており（「瑞西日記」『全集』三四巻、三二一、三三九頁）、往路の船中で読んだエスペラント版『ザメンホフ伝』の著者エドモン・プリヴァともジュネーブで交流をもった（前掲『柳田国男のスイス』一五五～一五六頁）。また、滞在中のジュネーブから佐々木喜善に宛てて「「エスペラント」の方から日本の文章道をも改良し得るとさへおもつてゐます」とエスペラントの学習を勧めた（一九二三年一月七日付『定本』別巻第四、四七七頁）。

戦後の回想でエスペラントへ傾斜した動機について柳田は、この言語が連盟で採用されることによって、交渉能力に長けた外交官ではない多く代表者が「是なら自分でも思つたことが言へる。さうして小國は大事にせられ」ると考えたことを挙げているが（前掲「ジュネーブの思ひ出」二八五頁）、言語による大国主義への批判は当時からあったとみてよい。柳田にとって小国とは、「国民の意志が比較的よく代表者に反映」され、自国で抱えた問題が少ない分、「他国に対して硬論を唱へ得る」条件を持っている国であり、その小国が総会で一票の投票権を持つことを柳田は評価した（「國際聯盟の発達」『全集』二六巻、一一六頁）。その小国が使う言葉として想定されるという意味で、エスペラントは柳田にとって独立した価値を秘めていた。

加えて判明するのは、柳田個人がエスペラントに託した強い期待である。佐々木への書簡にあるように、柳田はエスペラントという人工言語の導入が母語で書かれた文章の在り方を変える可能性を考えていた。柳田が日本語に強いこだわりを持った人物であるだけに、この時のエスペラントに対する思い入れは深かったといえる。同時にその後景にはエスペラントという言葉を媒介にした国際主義、そして理想主義がある。運動としてのエスペラントが世界的な高まりを見せた一九二〇年代、その普及がもたらす新しい相互理解と平和主義の世界像を間近にして、柳田もこの時、単に委任統治委員会における有効性という視点に止まらず、広くこの国際的な思想潮流に掉差していた。

柳田のエスペラント熱はその後も続き、帰国後もエスペラント普及講演会などに参画するなど、その積極的な関わりは二〇年代後半まで認められる。しかし民俗学の組織化に取り組むことを背景に次第に疎遠となった。

ジュネーブでの年越し

一九二二年八月一日から一一日にかけて開催された第二回目の常設委任統治委員会でも、言葉の問題は柳田に依然つきまとった。都合一七回行われた会合のうち、柳田は二回発言を行っているが、第一回目の委員会で俎上に上がった日本が委任対象とする太平洋地域機会均等問題をめぐるものであり（岩本、前掲、三〇五～三〇六頁）、八月一三日付で会議の報告を兼ねて山川宛に送った書簡では「君ハ日本ヲ代表シテ来テ居ルノダラウ」と揶揄された旨を書き記している（「山川端夫様私信」『全集』二六巻、三五頁）。

この時の委員会は、会期中の討議だけでは尽くせない事柄が多く、各自が分担して「宿題」を持ち帰り、来年ないしそれ以降の会議に資するよう準備することが決定され、柳田は「経済的均等待遇ノ問題」を引き受けたらどうだと意地の悪い委員から皮肉られたが、これまで自分が心掛けてきた民族問題の項目、そして「土人ノ幸福トハ何ゾヤ」という項目を引き受けることとなった（同前、三九頁）。当初は言葉に難渋することを配慮して、分担を免じる意見もあったが、それは「男カッフレ候故」敢えて引き受けた。とりわけ後者の問題については、九月二二日の山川宛書簡で「欧州人ノ考へヌヤウナ考へ方モ致シヲリ候」と自負を述べた（「此冬何方ニマヰルニシテモ」『全集』二六巻、四九頁）。

同時にこの頃から柳田は山川に対し、この役職は自分に不向きであることを匂わす言葉を書き付けるようになる。早いものでは先述の八月一三日付書簡で、「此委員会ニ委員ヲ出サヌモ気カカリナリ出シテモ小生ノ如キ類ニテハ頓ト役ニモ立タス」（前掲「山川端夫様私信」三九頁）と記し、九月二一日には具体的に「小生後任ノ問題」として、「何トソ来年八月カスミタル上ハ後方勤務ニ代リ得ルヤウ今カラ御仕度ナシ下サレ度」（「九月二十日午前ノ聯盟総会ニテ」『全集』二六巻、四四頁）と、早期の退任を要望するようになる。委員会で分担した「宿題」とは、柳田にとって最後の仕事という意味合いが強まっていた。報告書作成に向けて柳田はジュネーブで年を越すこととした。

「委任統治領における原住民の福祉と発展」

一九二三年七月二〇日から八月一〇日、柳田にとっては最後となる第三回常設委任統治委員会が開催される。主な議題は各国によって提出された年報（統治報告書）の予備審査にあったが、「宿題」となっていた報告書に専念した柳田は委任統治についての知見を深めていた。

七月二四日、いよいよ日本の「委任統治報告書」が予備審査される。審査の過程で柳田は「信教の自由」について、日本の委任統治する地域ではほとんどの住民がキリスト教徒であるので、この項目は問題ないと他の委員たちに説明し、「土地所有」に関する質問があった際には、土地所有の制限について何か法令があるかどうか自分で確かめる、と答え、「国家財政」についての項目では、船舶会社に巨額の補助金が支給されていることに関し、南洋諸島への輸送量がいまだ少ない日本の現況からして、正当な額であると説明した（前掲『柳田国男伝』六二三頁）。

七月二八日、日本政府代表の国際連盟帝国事務局長・松田道一（フランス公使石井菊次郎が一時帰国のため、代理公使）臨席のもとで、日本の委任統治に関する報告書の本審査が行われる。「南洋島規則」において労働者保護の条項が第九条以外にないという委員からの質問に柳田は、報告書をみれば労働者は他に多くの保証を得ている、と松田を代弁する発言を行っている。日本の委任統治年報について柳田は八月一四日付山川宛書簡で要領よくまとめられていると委員から評価を受けたと報告する反面、翻訳を担当した者が南洋の問題に通じていなかったため、無用の議論が起こったと一部問題があったことを認めた。また、同席した松田道一について、会議の中で資料として報告書だけを通り一遍読んだだけで会議に臨んで質問に窮しているのは印象を悪くするため、また、本人もその点を非常に気にしているため、来年は別の人選を行うべきであるとした（「拝啓　委任統治常設委員会ハ」『全集』二六巻、八三〜八四頁）。

前後するが、七月二一日の委員会で昨年の委員会で「宿題」として各委員が分担して持ち帰り作成した報告書が第三回議事録に付属文書として添付され印刷されることが決定された。委任統治委員として柳田が手掛けた仕事で、まとまった形として残っているものが、この時の報告書「委任統治領における原住民の福祉と発展」である。

この中で柳田はまず、国際連盟規約第二二条において、委任統治の対象となる地域に居住する「人民」（"people"）という言葉が個々の地域（とりわけアフリカ）に対する細やかな生活上の調査を経ることなく使われていることを指摘する（"THE WELFARE AND DEVELOPMENT OF THE NATIVES IN MANDATED TERRITORIES"『全集』二六巻、六六頁）。近代日本の学問が翻訳によるヨーロッパの学術用語に縛られて生活本位の言語から遊離してきたことへの違和感を表明し続けてきた柳田にとって、このことは深刻な事態として受け止められた。同様に「原住民」（"native"）という言葉の解釈も委任統治下におかれるものとそうでないもの、さらに移民との関係を考えれば、その解釈は余りに広いと指摘した（同前、六八頁）。

この視点に立ち、柳田が特に重視したのは、委任統治を受ける人々の全体に属すると考えられる土地の問題であり、これは根本的な調査を要すると説く。さらに土地の慣習についても、首長の権限は制限を受けるものの、これをすべて撤廃すべきではなく、進歩していくことの障壁とならなければ、その有効性を認めるべきであり、民間習俗の蓄積が一定の合理性を持っていることを指摘する。その場合、受任国による施政と土着の慣習がぶつかる局面が想定され、その時、どのような方策がとられるかが課題となる。この文脈で特に柳田が実践的な課題として心を配ったのが、委任統治領に住む者と受任国の施政者の間を繋ぐ人材であり、村の学校に「原住民」の教員を供給するというフランスの計画について柳田は一定の評価を送る（同前、七一〜七二、七七頁）。

この報告書には"common people"という表現で、後に柳田の民俗学の基礎を作る「常民」の概念が登場する。委任統治領における犯罪が在地、欧米二つの規範によって裁かれる可能性を示したくだりで、裁判員の一定数を原住民に与える、部族の首長による裁判に委ねるという二つの方法を比較する時、"common people"の福祉に対する効果があるかが基準となることを強調した箇所（同前、七四頁）がこれに当たる。それまでにも、「常民」に連なる言葉は柳田によって「山人」の対概念として使われてきたが、あくまで比重は「山人」におかれていた。「山人」という独立した民族集団が存在することへの執着は、すでに南方熊楠との論争によって柳田の中で後退しつつあったが、委任統治委員会での報告によって、世界に多くの移住、遊牧民がいる事実に接し、「山人」に対する想定はさらに後景に退いていく。それにかわって、「原住民」の中から「純血の原住民が構成する多数の種族の外側で生活している混血者」「ヨーロッパ人入植者だけでなく他の一切の移住者」、「種族の首長や他の重立ち」、「教育された階層」「ヨーロッパ語」に通じた「通訳」などを外し、残った者を「常民」と呼ぶ階層概念がここに登場する（岩本由輝『続柳田國男——民俗学の周縁』柏書房、一九八三年、七八～八〇頁）。その意味で、「常民」とはヨーロッパでの体験、思索を経て補強された言葉だった。

この報告書のもうひとつの特色は、日本の委任統治地域に限らず、広く世界で国家を作らなかった民族に対し、柳田が強い思い入れを持っていることである。報告書で柳田が原住民の初等教育における歴史・地理の授業で何を原理とするか、いまだ明確な答えがないとしたくだりで、少なくとも原住民の子供に受任国の国歌や歴代皇帝の名前を覚えさせるべきでないと記しているように（前掲“THE WELFARE AND DEVELOPMENT OF THE NATIVES IN MANDATED TERRITORIES”『全集』二六巻、七八頁）、彼らは柳田の眼からみて、国家こそ構成していないが、自分たちの神話、統治者、そして民話を持つ者と捉えられていた。

学界潮流の中で

ひとたび委任統治委員会の会期が終わると、柳田は長期の余暇に恵まれることとなり、その期間を利用して、ヨーロッパ各地を廻った。一九二一年七月、最初のジュネーブ入りした直後の八月は北欧を廻り、一九二二年九月にはドイツ、オランダを巡遊し、一〇月にはイギリスにも足を延ばして、郷土会のメンバーでもあったロバートソン・スコットと旧交を温め、『金枝篇』を通じてかねてから私淑しているジェームズ・フレーザーを訪問した可能性も指摘されている（永橋卓介「解説」『金枝篇』五巻、岩波書店、一九八六年、一四八〜一四九頁）。また、ジュネーブで年を明かした一九二三年は一月、そして三月から四月にかけてイタリア各地をめぐり、四月二日にはヴェネツィアでエスペラントの会議に出席している。

これ以外にも、未発に終わった旅行計画がある。一九二二年には連盟理事会でパレスチナの委任統治問題の審議を委任統治委員会に付託することが決定されたので、臨時で委員会が招集されることを見据えて、柳田は事前にパレスチナを視察することを本国政府に希望したが、代理公使・松田道一の後任者に任せる方がよい、という意見が外務大臣・内田康哉に送られ、最終的に中止となった（前掲『柳田国男伝』六三二頁）。

前後二度にわたるヨーロッパでの長期滞在中、柳田は民族学、文化人類学を含む多くの洋書を購入しており、同時代ヨーロッパの研究動向には絶えず注意を払っていた。こと、民間習俗に着目した場合、柳田の調査方法は一九二〇年代、或る変化があったとされる。大正前半期、『郷土研究』に掲載された一連の論考には、一部に自身の実見譚や過去の記憶が使われているものの、依拠する資料は過去にまとめられた地誌、随筆、文藝作品など、文字による文献が主であった。しかし、大正末以降になると、柳田は文字資料・統計などに偏重することなく、民俗学者が自ら調査地を訪れる研究方法を説き始める。

こうした柳田の「変化」の背後には一部、ヨーロッパ民族学の影響があったことが知られており、さらにその淵源には柳田が渡欧する数年前にヨーロッパの民族学において見られた或る動向が指摘されている。すなわち、タイラー、フレーザーなどによって代表されるそれまでの文献資料に重点を置いた比較研究に対し、研究者自らが現地へ赴き長期の滞在を行う研究手法が試みられていた。具体的にはイギリスにおいてはセリグマン、リヴァースによるトレス海峡調査（一八九九年）、同じくリヴァースによる南インドのトーダ族調査（一九〇一～〇二年）、メラネシア調査（一九〇八、一四年）、マリノフスキーのトロブリアンド諸島調査（一九一四～一八年）などに代表される民族調査が実施されており、一九〇〇年代から一〇年代とは、これらの成果が次々と刊行された時期であった（川田稔『柳田国男の思想史的研究』未來社、一九八五年、二五八～二六四頁）。一九二二年には、現地の言語を習得した緻密な調査に基づくマリノフスキーの『西太平洋の遠洋航海者』が刊行されている。後に柳田は『Ethnology とは何か』（一九二六年）の中で、旅行者が行う短い滞在での見聞は、何十回やろうとも「志あり又素養ある者の只の一度の調査の方が遙かに役立つ」（『全集』四巻、一五一～一五二頁）として、先のセリグマン、リヴァースによるトレス海峡調査を挙げているが、それまでほとんどが紀行という形式をとって行われてきた自身の調査に対する反省が柳田の中で蓄積されていたことを示している。

帰国前後

第二回の常設委任統治委員会が終了した一九二二年九月の段階で、すでに早期の辞任を山川にもらしていた柳田は、後任者が円滑に任を全うできるよう、一九二三年八月一四日付山川宛書簡で細かく指示を出している。委員会が来年六月に開催されることを考えて、提出される「年報」を読む時間を十分とる必要があるため、着任は余裕をもって五月がいいこと、自分よりも言語に達者な人物が好ましいことなどを掲げた上で、委員には一人研究心のある優れた助手を置くことを提案している（この背景には辞任が確実となった段階で、委員の事務を補助してきた大沢章が松田道一によって外務省を通じて解職となったという体験があったといえる（前掲『柳田国男伝』六三二頁））。

書簡の末尾で「実際委任統治ノ新制度ハ馬鹿ケ切ツタル迷惑ナ御附合ニハ相違ナク候モ此制度アル以上ハ之ヲ軽シテ今日迄ノ如キヤリ方ヲ続ケラルルコトハ甚シキ不得策ト存候」（前掲「拝啓　委任統治常設委員会ハ」八四〜八五頁）と記したように、柳田にとって委任統治委員会とは、「原住民」の福祉と将来的な自治・独立という高邁な理想の下に置かれながら、実質、調査報告書の形式的な審査に終始し、「飾り窓」としての機能しか果たしていないと映った。しかもそれは決して自身の言葉の問題だけではない、というのが会を通して感じた柳田の本音だった。

会期が終わった後、柳田は短期間ドイツを旅行して、八月末ジュネーブを離れ、帰国の途に就く。その途上滞在中のロンドンで九月二日、関東大震災の報が飛び込んで来る。ちょうどデンマークで万国議員会議が開かれており、出席した日本人代議士たちが林景一大使宅に参集していた折、一人の古株の代議士が今回の震災は近来の人間が「軽佻浮薄」のために起こったからだという趣旨の発言をした。偶々居合わせた柳田は、報道される震災の状況を総合して、最も被害を受けたのは東京でも深川辺りの町裏で堅実に日々を送っていた人たちではないかと反論し、震災後一部で唱えられた天譴説を批判した（「南島研究の現状」、初出、一九二五年九月啓明会琉球講演会、『全集』四巻、七八〜七九頁）。

被災した人々に対してこうした教訓が通ると考える現状に、帰国を控えた柳田はいよいよ自身の果たすべき課題を鮮明にした。柳田が正式に委任統治委員を辞任したのは一九二三年一二月のことである。

2　論壇の中へ

復帰後のこと

洋行した時の衝撃によって、それまでの仕事が一変してしまう学者が多い近代日本にあって、柳田は洋行前に体験した沖縄における祖先崇拝を手放さなかった。その後の仕事を通覧しても、柳田にとっては足かけ三年にわたるジュネーブ滞在よりも、数カ月の南島紀行から得た影響の方がはるかに大きい。ただし渡欧前、「世界苦と孤島苦」の中で展開された沖縄、南西諸島が背負う苦悩を国際社会における日本の位置にまで敷衍したことは、その後の国際連盟で体験した疎外感と重なることで、柳田は広く日本の中に均質的なもの、共通するものに対する凝視の度合いを強くした。その後の柳田が「一国民俗学」のもとに下からの「国民統合」に関わったとする見方もこの文脈から生まれる（小熊英二『単一民族神話の起源――〈日本人〉の自画像の系譜』前掲、二二〇～二二一、二二三頁）。柳田がデュルケームに着目したのは、欧州滞在中のことだったとされるが、祖先崇拝を対象にする場合、柳田が影響を受けたフレーザーの呪術から宗教へという段階的な把握では、必ずしも十分な理解を得られないことが背景にあったとされる。それに対し、人間は原初において宗教的な存在であると規定し、そこから「未開人の道徳」に宗教、倫理を見出して分析を加えるデュルケームの方法に接したことは、その後の氏神信仰研究に隠れた影響を与えた。その後も柳田がデュルケーム学派による『社会学年報』を継続して読んでいたことが知られているが（川田稔『「意味」の地平へ――レヴィストロース 柳田国男 デュルケーム』未來社、一九九〇年、一二〇〜一二二頁）、欧米の研究者の論考を繙く時でも、祖述に陥らず、それまでの問題に重心が置かれ、自分の身体の上に乗っているのが柳田の特色だった。

帰国後の柳田は、渡欧によって中断していた南島談話会を再開して同好の士たちとの交流を精力的に行い、以後、矢継ぎ早に民間習俗に関わる研究会の結成に関わる。一九二五年八月、折口信夫、金田一京助、岡村千秋、中山太郎らと語らい東北、北海道の文化研究を目的として北方文明研究会を結成、一九二六年にはかねてから検討していた全国的な昔話の収集・登録を企図した吉右衛門会を設立した。その後、二七年には民俗芸術の会、二八年には方言研究会がこれに続く。

これらの研究会は、いずれもヨーロッパ渡航前からの人脈、あるいは自ら温めていた問題意識に沿うものであり、洋行によって崩れることのない柳田の思想像を示している。帰国直前の柳田を評して、国際連盟委任統治委員として痛感した能力の限界、ロンドン滞在中に遭遇した関東大震災による首都壊滅という、内外ふたつの「窮境」がその後の民俗学にナショナリスティックな色彩を与えた（竹沢尚一郎「ロマンティストであり、リベラリストである――「柳田国男」の自己創造」『国立民族学博物館研究報告』四二巻二号、二四二頁）とする位置付けがある。ただし、帰国して数年間の柳田をみると、ジュネーブあるいは広く海外で体験したことを率直に言葉に表し、それを日本に援用しようとする姿がみられる。例えば、直観から入った素直な印象譚がそのまま世界の民俗比較へと繋がっていく。そのひとつに一九二四年八月『女性改造』に発表した「エクスプレッション其他」がある。

この文章の冒頭で柳田は、南島紀行の途上、佐多岬で聞いた耕作中の女性が歌う俗謡に引かれて、そこに他者との比較や競争する心がないことによって生まれる芸能の豊かさを見出し、同じく宮古島で見た盲人が碾臼を廻しながら笑みを浮かべて歌を歌う姿が放つ力を描く。次いで日本の村では祭りの時、祭文を読む青年を決める際、衆議を経ることなく村民全員の総意が一致したこと、そういう青年は全体の容子（エクスプレッション）が見事だったことを記す。その上で柳田はかつて読んだ北東シベリアの民族に関する書物に登場する、若い娘に人生のはかなさを説き今こそ人生を謳歌する時節であると踊りに誘う老婆を登場させ、それを若者の遊ぶ姿を静かに遠目で楽しむ日本の老人に重ねていく（『全集』二六巻、一三三～一三四頁）。

「一国民俗学」を提唱するようになってからも、柳田は『昔話と文学』（一九三八年）、『昔話覚書』（一九四三年）など、一連の口承文学を扱った著作の中でグリム、セビオなど、欧米の文学者、研究者の成果を随所で引用しているが、民譚・昔話の分類、系譜、伝播などの文脈での紹介が目立ち、二〇年代にみられた柳田自らが感じた印象を率直に綴った筆致は抑制されている。個々の事象や人物が持つ情緒、表情を湛えた叙述とは、果たして世界規模で可能かという問題は、柳田にとってその後も大きな関門として立ちはだかった。

一九二六年に行われた柳田の講演記録「Ethnologyとは何か」「日本の民俗学」をみると、当時の柳田は同時代の欧米の研究動向を見据えつつ、「フォークロア」と「エスノロジー」の双方を動的に捉えていたことが分かる。多くは植民地の諸民族を対象に生活、社会制度を研究するエスノロジーと、かつて身辺に息づいていた習俗・伝承の跡を自国に探り、さらに類似のものがより残存している異民族の文化に対象を求めるフォークロアとは、国情、植民地、そして個々の研究者の捉え方を反映させながら、互いの領域について錯綜した論が展開されていた。この状況を前に、柳田はこの種の学問を日本で育てていく場合、名称から入ることはかえって欧米学界の煩わしい問題を背負い込むため、むしろ内容そのものから入ることがよいとして、そのためには日本の地理的な条件、歴史に目を向ける必要があることを説いた。その上で同じ言語を持ち、国内の「有識階級」が分立してまだ日が浅いため、いまだ近代以前の生活伝承が若い世代にも残っていることを指摘し、フォークロアの立場から日本を見た時、ヨーロッパに比して資料的にいかに多くの好条件に恵まれているかを示す。こうしたフォークロアを考える上で日本が占める位置は、国内の研究、そして同じ島国であることを介して周辺地域、特に南洋諸島の少数民族へと視野が広がる点で、多くの可能性を秘めているとした（『全集』四巻、一五三〜一五四、一七一頁）。

もうひとつ、帰国後の柳田の心境を知る上で、長野県東筑摩郡教育会で行われた講演録「青年と学問」（一九二五年五月）がある。過去一〇年にわたって郡誌編纂事業を通し「公民」育成をはかってきた土地であるだけに、聴衆に欧米滞在中考えたことを伝えようとする気持ちは一際、高いものだった。

冒頭、柳田は現在の日本人に待望されることは、この国土と集団、そして一人一人の個人という関係を認識することであるとして、選挙による自由な投票が可能となれば、その認識を培う「公民教育」が必要になると説く。その際、柳田は非常に大きな構図で「公民」を描き、そこで必要となるのは「公けに國際の正義を論じ得る」力と自信であるとする。これは決して欧米国家への追従ではなく、自ら学ぶことで欧米による人種差別の不当性を批判できると位置付けられる。次いで日本が分担すべき学問分野として、欧米ではキリスト教の浸透によって衰退した民間文藝と風俗慣習がこれに該当し、その記録が蓄積され、近隣の民族との比較ができれば、互いの理解と同情が深まるとした。

末尾で柳田は「此世紀に入ってから」の欧米による民族学の成果を紹介して、これを「矜持ある日本青年に対する一つの挑戦」であるとし、聴衆の青年たちの向学心をかきたてる。その意欲が「公民」意識へと繋がっていくというのが、柳田の企図するところだった（『全集』四巻、一二三、一一六、一二五〜一二六、一二八、一三〇頁）。一三〇年代に入る前後から柳田は民俗上の担い手として「群」という言葉にこだわるが、ここで柳田は「青年」という「群」を作って、そこに自身の希望を託そうとした。一九二〇年代とは、第一次世界大戦後の欧米列強と植民地の関係を背景に、これに日本が伍していく上で特に青年層に必要な知識、人格が求められ、彼らを射程にあるべき青年像を説く講演や論考が数多く登場した時期でもある。その中には積極的な海外移民を射程に入れたものもあったが、柳田も自身の問題意識と連関させながら、この課題に応えようとしていった。

論説を書きはじめる

柳田が吉野作造とともに朝日新聞社編集局顧問（論説担当）となったのは、多くの研究会を併行させながら活動していた一九二四年二月のことだった。東京朝日新聞社では、編集局長の安藤正純の衆議院議員当選（政友会）後、緒方竹虎、牧野輝智、美土路昌一、神田正雄の四人による編集体制が始まり、人事の面で大きな変化があった（朝日新聞百年史編集委員会編『朝日新聞社史 大正・昭和戦前編』朝日新聞社、一九九一年、二三五～二三六頁）。柳田の不在中、朝日新聞社には台湾総督府民政長官を退いた下村宏（海南）が一九二一年九月に専務として入社し、翌年には下村の人脈で石井光次郎がこれに続く。ジュネーブ時代柳田の許をよく訪れ、イタリア旅行でも案内役をした関口泰も一九二三年一月に再入社して社説を任される。

柳田・吉野の就任を記念して新聞社は下村、米田実、高原操らとともに時局問題大演説会を二月、関西で行う。柳田は「政治生活更新の期」（二二日、大阪）、「特権階級の名」（二五日、大阪）、「普通選挙の準備作業」（二六日、神戸）を行い、自らの所信を表明する。一方、この時吉野が神戸で行った「現代政治の史的背景」に、「五箇条の御誓文」を維新政府が民心を摑むために取られた窮余の策と評したことが軍部の攻撃に晒され、右翼によって「不敬罪」で告発される。さらに検事局は三月二八日から四月三日まで『大阪朝日新聞』に連載された吉野の「枢府と内閣」が朝憲紊乱の疑いがあると認定し、吉野を喚問するに到る。

これに先行して一月、貴族院を後盾に超然主義を維持する清浦圭吾内閣に対して護憲三派による第二次護憲運動が起こり、五月一〇日の総選挙に向けて大規模な選挙運動が展開されていた。柳田も四月には第一五回総選挙で宮城四区から立候補した内ケ崎作三郎（憲政会）の選挙応援で吉野とともに宮城県を遊説した。結果は護憲三派の圧勝に終わり、内ケ崎も当選を果たす。六月一一日、護憲三派による加藤高明内閣が成立し、朝日内部でも吉野が辞職に到ることはないとみる向きもあったが、最終的に六月二六日をもって、論説顧問を辞した（『木佐木日記下』中央公論新社、二〇一六年、一一〇～一一一頁）。

以後一九三〇年一一月に退任するまで、柳田は計三八九編の社説を書く。柳田が在任した時期、短期間で退いた吉野を除けば、論説担当は他に専任として米田、関口、前田多門という陣容で、後に町田祥楼が加わり、扱うテーマによっては大西斎、牧野輝智も執筆した。定まった分担があったわけではないが、国際問題が米田と町田、東アジア問題は大西、経済は牧野、政治は関口、社会問題は前田という大まかな区分があり、柳田は文化一般を対象とした（殿木圭一「柳田さんの論説」『定本』三一巻、月報三五、一九六四年）。

吉野が朝日新聞社を去って間もない七月一日、いよいよ柳田は論説を書き始める。当日はちょうど排日移民法施行の日に当たっており、題名は「七月一日から　愈排日法の実施につき」とした。内容は一時の感情に流されず、これを「経験」として受け止め、これを機会に旧式の政治家にせよ、労働者の国際的互助にせよ、それらが排日法施行の前には如何に無力だったかを知り、まずは周辺の異民族に寛容になることが今回の「経験」から学んだ第一歩であるとした（『全集』二六巻、一二一～一二三頁）。その後続く柳田の社説は、その場や瞬間の情緒からではなく、多くを対象となる素材の由来から説き起こし、長い射程で物事を捉えることを特色としていた。こうした叙述は農政論、郷土研究など、柳田がそれまで書いてきた多くの論考で確立されていたものであり、その様式を柳田は社説の世界で駆使した。

言葉と政治

経世家としての柳田は「公民」の形成を重視した。とりわけその資質が試される普選制度については強い関心を持ち続け、関連する論説を数多く著した。農政官僚時代、農業工業のバランスを保ちながら国内市場の活性化を企図する経済構造を説いた柳田にとって、あるべき政治の型とは、国民の意思を汲み取るものでなくてはならず、その意味で普選は待望される制度であり、普選によって選ばれた議員が構成する衆議院が内閣を組織する議会制的君主制が希求された（川田稔「立憲制的君主制から議会制的君主制へ」伊藤之雄・川田稔編『環太平洋の国際秩序の模索と日本——第一次世界大戦後から五五年体制成立』山川出版社、一九九九年、三二九頁）。社説を書き始める以前、ちょうど第二次護憲運動下で行われた総選挙に合わせて発表された「新しき政治は民衆化」（『憲政』一九二四年五月）は、柳田が政治において何を尺度にしているかをよく示している。柳田は各政党の宣言決議で羅列される「古事、熟語」について、選挙民がその意味を分からないまま、判断を下せない状況を作っており、このことが「政治」とは高尚なものとする誤解を生むとした。そしてこうした構造を維持する風潮が依然として続いており、普選実施を歓迎する者は、まずそこに警戒すべきであると結んだ（「新しき政治は民衆化」『全集』二六巻、一一七頁）。

この前提に立って柳田は、「党人の臆病」（『東京朝日新聞』一九二四年八月三一日）において、普通選挙法案の改正について選挙人資格の撤廃に踏み切れず、決断を先送りする与党の在り方を批判し、要因として今回の改正に向けての動きは民衆の要望に聴従するという言わば受け身の形で生まれたものであること、そして党内に依然勢力を持つ改正反対論者の顔色を窺わざるを得ない内部事情を挙げた（『全集』二六巻、一八六～一八七頁）。また、「市町村制改正に就て」（『東京朝日新聞』一九二五年二月三日）では、肝心の選挙民についても、果たして普選に適するまで下地となる「公民教育」が成熟しているか、名称の掛け声だけでその内実は理解されていないのではないか、と指摘する（『全集』二六巻、二七六～二七七頁）。「普選と封建思想」（『東京朝日新聞』一九二五年三月一日）では、逆に普選の障壁として登場する「封建思想」という言葉を俎上にのせ、これを現在の政治状況から分析し、改革に対する漠然とした不安、窮屈な忠誠心、勢力の強弱に付け込んだ打算的な行動の三要素を抽出してみせた。多くの人間を動かす言葉が理解を欠いたまま通ることに柳田は注意をうながした（「普選と封建思想」『全集』二六巻、二八九～二九〇頁）。

政治を論じる時、柳田は使われる言葉の在り方、使われ方を注視する。柳田が言葉の用例にこだわる場合、多くはその背後に控えている由来や習俗について裏付けがあることを重視するところに理由がある。したがって蓄積される経験を飛び越え、初めから結論が与えられており、その前提から出発して生活・歴史の諸相が論じられる場合、柳田は強く警戒する。一九二六年九月一九日に書かれた「学生運動の限度」は、折からの京都学連事件を取り上げたものだが、柳田は「種々なる反対の場合を仮設してことぐ〳〵く説明せられ、雷同するより他はないとならば、研究は即ち終わったのだ」（「学生運動の限度」『全集』二七巻、二〇〇一年、一五一頁）と、強い口調で学生運動下の「社会科学」を批判する。

その柳田が普通選挙による新しい潮流として期待したのが合法無産政党だった。一九二五年一月四日の論説「必ず現はるべきもの」の中で柳田は、日本労働総同盟が同盟内の「異分子」と決別し、議会政治を認め穏健な綱領の作成につとめていることを高く評価し、これにより藩閥も富豪もなく、政策の可否だけが問われる環境が成立するとして、その可能性を見守る姿勢を示した。その時、柳田が懸念するのは、「社会政策」という言葉だった。普選によって合法無産政党が躍進した場合、まさに「社会政策」の立案実施が要となる。しかしこれまでの古い政治家はこの言葉を、狭い実利の範囲でしか理解していないため、社会民主主義者が政界に入る時、既存の「社会政策」観を刷新する力を持っているか、と柳田は問いかけた（『全集』二六巻、二六五～二六六頁）。

合法無産政党への注視は同年五月、総同盟中央委員会が左派を除名し総同盟が分裂して以降も続き、特に「無産」という言葉にこだわりながらすすめられていく。一九二五年一〇月七日の「政党と階級意識」は、分裂後の総同盟が開いた臨時大会で無産政党創設の計画が実現の途に就いたことを来るべき普選に向けて「一脈の新味」を加えたと評価した。その上で、新しく政党を起こす場合、これまで運動の外にいて、「無産」という言葉に疎かった国民が果たしてこれをどう受け止めるか、今一度、「無産」という言葉を明快に定義しなければならないとした。試みに柳田も「理論の上からは資本家に非ざる者、地主に非ざる者はこの中に包容せられるのであらう」と、輪郭を描いている。総体から生活習俗に照らして漸次外れるものを除いていき、最終的に残ったものを目指す対象とする方法は、二年前に委任統治委員会への報告書で試みた「常民」の定義に重なるところがあるが、柳田がみるところ、「階級観念」など、「労働総同盟の論理には今以て輸入品が多」く、日本の特殊事情についてもっと知るべきであり、その意味で旧政党の動静を観察しながら、対抗策を練る必要があると課題を提示した（『全集』二六巻、四七七～四七八頁）。

旧政党の掲げる「古事、熟語」が自発的な投票行動を妨げるものであるとすれば、実際の生活を反映しない言葉を掲げる点で、無産政党もまた同種の危うさを持っているというのが柳田の主張だった。

3 「連衆」の民俗学

「山の人生」

「山の人生」の連載が『アサヒグラフ』で始まったのは、一九二五年一月である。約八カ月にわたって継続されたこの文章は、それまで柳田が取り組んできた「山人」論としては最後のものといってよい。しかし全体を通して読むと、そこには撤退者にみられる萎縮の影はない。すでに南方熊楠との「山人論争」によって、「山人＝先住民」説に終止符が打たれ、この説から遠ざかっていたにもかかわらず、各地の「山人」に関わる数々の伝承を挙げ、「山人」の存在について、その可能性は捨てきれないことを示唆しながら幕引きを行う点で、柳田なりにひとつの意志表示が行われている。これは農政論の最後を飾る『時代ト農政』（一九一〇年）が、集積された事実検証の緻密さ、それらを通した政策提言、さらにその背後にある「家永続」という独自の価値判断、いずれをとっても入念かつ創見あふれるものであったことを想起されたい。

自説を封印した書であるにも関わらず、「山の人生」が放つ力は何に由来するか。それはこの書において柳田が「山人」論を展開する以前、自分が抱えた問題に向き合っていることが大きい。青年期から官僚時代において体験した文学と学問、そして政治が未分化のまま置かれている状態がこの中に登場するいくつもの事例として再現されており、それらひとつひとつに対し、柳田は強い感情移入を行っている。

官僚時代の章でみたように、「山の人生」の書き出しは、生活苦から自分を殺してほしいと言う子供に手をかけた男の話である。法制局参事官時代に手がけた特赦の仕事で目にしてから二〇年近くが経過しても、この事件は依然として柳田の脳裏を離れていない。しかも「山の人生」においては、「山男」「山女」の生態、それらを畏怖しながら里の人々が作った習慣に関するものであり、さらにはある日突然、蒸発して山に入り長い時を経て偶然発見された教員の話などがこの後に続く（前掲「山の人生」四八七、四九二～四九三頁）。

近代の射程から論じる場合、これらの話は不可思議、非合理な領域に属する。しかし、それらはいずれも話の生まれた場所においては自然に語られたものであり、著者の柳田もまた、いらぬ修飾語を交えず簡潔にこれらを叙述している。それは『遠野物語』で行った方法でもある。この世に生まれて何故、このように苦しい生活を強いられるのかという極限の状況と、一連の「山人」をめぐる土地の伝承は、柳田からすれば、文学、学問、政治が未分化のまま強い緊張関係を持つ中で互いに重なり合うものだった。こうした構造の中から生まれる「山の人生」の学問的気配を言葉にあらわすとすれば、生活の全体を支える経験的記録、それが学問の礎石となるという柳田の確信である。

ここには、『遠野物語』と同様、民話と文学の区分という問題も含まれてくる。かりに民話を文学の中に組み込んでしまうと、民話そのものに秘められた力が失われていく。「山の人生」に描かれた世界は、そこに込められた柳田の学問へのパトスがそのまま文学の領域にも連なっていく点で、単純に文学に収まりきるものではない。柳田の仕事は文学と位置付けることが可能な一方で、常にそこからはみ出るところがある。「山の人生」はそれを端的に示す書である。加えて、不可思議なことを自然に語るという『遠野物語』や「山の人生」で柳田が行った試みは、これを外国語に翻訳した場合、うまく伝わらないという別の問題を孕んでくる。これは柳田の仕事を海外に紹介する際に生じる障壁のひとつであり、日本民俗学が抱えている今日的な課題でもあるが、その一端は当時から用意されていたといえる。

『民族』
（第１巻第２号，大正15年１月）

『民族』の創刊

一九二五年、柳田は『郷土研究』の休刊から八年振りに、新しい雑誌『民族』を創刊する。この時、柳田が編集同人として選んだのが後の文化人類学者・岡正雄をはじめとする当時、三〇代から二〇代の少壮学者であった。岡正雄は『民族』の発行元となった岡書院の経営者・岡茂雄の実弟で、前年、東京帝国大学文学部社会学科を卒業したばかりだった。そのほか、当時モリソン文庫の整理を担当していた東洋史学者・石田幹之助、フランス社会学理論に精通し、その導入に努めていた社会学者・田辺寿利、農村社会学者・有賀喜左衛門、後に京城帝国大学教授として朝鮮総督府下で美術・史蹟保存事業に携わる政治地理学者・奥平武彦と、いずれも柳田より一世代下の大正期に大学教育を受けた学者だった。強い目的意識をもった雑誌や書籍を刊行する際、年少の学者や文士と共同で行うスタイルは、『遠野物語』における佐々木喜善の段階ですでに確立されていたが、それは『郷土研究』における高木敏雄を経て、今回も踏襲されたことになる。

岡が柳田を知ったのは、一九二三年一二月に行われた民俗学談話会においてである。次いで翌年、同郷の先輩・岡村千秋を介して柳田邸を訪れる機会に恵まれた。その時、岡は当時手がけていたフレーザーの『王制の呪術的起源』の翻訳出版にあたって、序文の執筆を乞うたところ、思いがけず激しい口調で拒絶された（岡正雄「柳田国男との出会い」『季刊柳田国男研究』第一号、一九七三年）。柳田が当時、日本で『金枝篇』を始めとしてフレーザーの著作を篤実に理解している数少ない一人と判断しての依頼だったが、この予期せぬ対応に岡は驚く。後に岡は未開社会において王権の正統性を示す宝器（レガリア）が三種の神器などと比較されることは、天皇制を論じる上で明らかに禁忌事項に属するため、過敏に反応した結果だったと推測している。初対面で勘気を被ったものの、その後も岡は足繁く柳田邸に通ううちに、新しい雑誌を作る際、編集同人になるよう言われ、『民族』編集に携わることとなる（同前）。

かつて柳田は「毛坊主考」の中で、毛坊主の由来は「聖」（ヒジリ）、さらに遡って「日知」であり、それは日の動きから占いを行う職分にある人物を指すとし、それが古代の天皇が連なると述べたことがあった。そして実際に、フレーザーの『金枝篇』には「日知」（ヒジリ＝聖）の機能を持つ未開社会の王に関する記述があることを考えれば、比較民俗とは危うい領域に踏み込む可能性があることを柳田は知り抜いていた（前掲『漂泊の精神史――柳田国男の発生』一四五頁）。これらの逸話からは、「日本研究を民族学ないし文化人類学と関連させて展開し、日本民俗学を創設しようとする」（有賀喜左衛門「『民族』の頃」『定本』月報一三、一九六三年）というむつかしい舵取りを迫られている当時の柳田を伝える。実際、『民族』に集った面々は、執筆者としては南方熊楠、折口信夫、中山太郎など民俗学者以外に、言語学者・金田一京助、言語学者、日本史学者としては喜田貞吉、三浦周行、考古学からは梅原末治と、多彩かつ学際的であることを特徴とした。隣接分野との相乗効果が柳田の隠れた狙いであったが、この均衡が果たして保たれるかが雑誌の課題となった。

『民族』発行に際しての資金は、当時すでに渋沢財閥の実質的な継承者であった渋沢敬三に負うところが大きい。一九二五年末に岡茂雄が柳田の指示で渋沢を訪れたところ、渋沢は即決で一万円の援助を約束した（「追悼座談会記録・岡茂雄氏談話」『渋沢敬三』上、渋沢敬三伝記編纂刊行会、一九七九年、四七八頁）。

かくして一九二五年一一月、『民族』は発刊される。創刊号には柳田の手になる「編輯者の一人より」で、「速やかに何等かの方法を以て孤立の研究者たちを連絡し、各自の専門を以て互に相補」うことが標榜され（『全集』二六巻、四八五頁）、この雑誌に託した柳田の抱負が述べられた。

「俳諧とFolk-Lore」

ちょうどこの頃、柳田の方法を考える上で注目すべき動向が見られるようになる。すなわち、俳諧の中に多くの民間習俗が素材として使われており、それらは作り手の感性をも反映している点で独自の資料的価値がある、という確信が柳田の中で深まっている点である。一九二五年四月に発表された「俳諧とFolk-Lore」はそのひとつであり、俳諧の主眼が「笑」と機知に置かれていることが明快に論じられている。掲載誌の『日光』はこの前年四月、北原白秋、土岐善麿らによって創刊され、アララギ派を脱退した釈迢空（折口信夫）も名を連ねていた。

俳諧に対する柳田の関心は早く、一八九九年末に刊行された正岡子規編の『俳諧三佳書』に接した頃にさかのぼる。とりわけ所収の「猿蓑」については、付句を暗記するまで親しんでおり（「七部集の話」『全集』三三巻、二〇〇五年、五八四頁）、官僚時代も折に触れて読んだ以外に委任統治委員を務めていた間も、ジュネーブにまで七部集の校訂本を携えて行ったほどだった。

「俳諧とFolk-Lore」の冒頭で柳田は、詠まれた当時の言葉や素材の意味、用例、感覚に沿っていることを重視し、現行の七部集の注釈書には誤りが多いことを難じる。その上であらためて俳諧の持つ文学史上の価値を再検討する。

……一体どういふ状況の下に此様な一派特別な文芸が此国に現れ来つたのかを考へてみたい。実際のところ、何が日本文学の特殊かとたづねて見て、この俳諧の連歌ほど他の民族に類を絶してゐるものも恐くは一つもあるまい。従つて数百年前の我々の祖先の静かな内部生活を窺ふに、これほど大切な材料もないと思ふ。今日の如き取扱に委ねておくことは、惜しさも惜しいと思ふのである（『全集』二六巻、三三七頁）。

「静かな内部生活」とは、その時々の政治変動に大きく影響を受けず、継承されていく民間習俗であろう。それらを知るまたとない資料群として、柳田は俳諧に注目しているのである。前年、柳田は『炭俵』『ひさご』の連句から不断着の木綿着物に関する描写を抜いて、元禄初年の風俗を捉えており（「木綿以前の事」『女性』一九二四年一〇月）、その時の感覚と経験を、今回あらためて取り上げ、それを方法として敷衍できないかという思惑があったとみられる。

一方、「俳諧と Folk-Lore」の中で下される、俳諧から付句を切り捨て、発句を独立させた子規の俳句革新に対する評価は必ずしも良いものとはいえない。子規その人については、俳諧の意味について、それまでの俳諧の沿革について多くの知見を持っていながら、これと絶縁した「一種の豪傑」として描かれているが（前掲、三三六頁）、柳田にとって俳諧とはまさに子規によって絶縁される以前の「沿革」こそ、参照すべき対象として映っていた。法制局参事官時代の一九〇七年、柳田は文章表現における旧習を破った点で『ホトトギス』による写生文を高く評価していたが、二〇年近くを経て、むしろ柳田の側に俳諧に対する批評の基軸が出来つつあったとみるべきである。

一八九三年、自身の俳句論をまとめつつあった子規は、「芭蕉雑談」の中で「発句は文学なり、連俳は文学に非ず」(『日本』一八九三年一二月二二日)とし、その理由を「連俳固より文学の分子を有せざるに非らずといへども文学以外の分子をも併有する」ことに求めた(『正岡子規集』(現代日本文学全集一六)講談社、一九六八年、二六六頁)。付句による前後との連なりが新しい別の意味を帯びてくる連歌の特色が、表現者たる個人の創意をさまたげていることが、発句を独立させる大きな要因としてここでは取り上げられている。

これに対して柳田は、付句の中で取り上げられる題材こそ、現在ほとんど見られることの少ない民俗事象を扱っているとする立場から、「革新」される以前の俳諧の姿を高く評価し、発句に独立した価値を置く在り方に異を唱える。作者個人の創造性を作品に込めようとするよりも、そこで扱われる素材、その背後にある作り手の生活世界が歌仙を巻く中で、自然に湧き出てくる歌を柳田は重視した。柳田によって称揚されているのは、独立した個性を持つ才能よりも、当該の時代、民間に生きていた習俗を素材として織り込みながら歌を作ろうとする座の感覚である。ここで据えられるのは、個人の才能よりも、時代の凡俗な部分を映し出したものを採るという評価軸である。

この筆調は後年、『木綿以前の事』(一九三八年)においてさらに強められていき、「一言でいふならば発句はきらひである。寧ろ発句の極度なる流行が、却つて俳諧の真の味を埋没させているのではないかを、疑い且つ憂ひつゝある一人なのである」(『全集』九巻、一九九八年、五七七頁)と自らを位置付けるまでになった。

民間伝承の視点から素材と機能の両面にわたって、俳諧が伝える環境を高く評価しようとする柳田を見る時、かつての新体詩人として行った創作活動はどのように自己判定されたのだろうか。晩年の柳田は、自身の詩人としての仕事に高い評価を与えることはなかった。自分の仕事の全体像を見渡して下された評価であることを考えれば、この時、柳田は詩人としてよりも、民俗学者として手掛けた仕事を残そうとした。少なくともその背後に、大正末のこの時期、俳諧を民俗の見地から捉え直したことがあった点は見逃すべきでない。その土地々々の習俗を知る連衆によって生活の中から自在に繰り出される歌を前にすれば、どれだけ才能に恵まれた一人の詩人がいようとも、そこで歌われる抒情や感傷は、これらの歌が生まれる環境に適うものではない、という判断が次第に柳田の中で形成されつつあった。

新体詩人であった自己と決別した柳田は、その後、俳諧の世界に深く関わり続ける。柳叟の俳号で成城連句会を主宰し、戦後もしばしば知己と集って歌仙を巻いた（宇田零雨「柳叟先生と連句（一）」『定本』月報二七、一九六四年）。しかし俳諧の環境が、無数の歌い手によってその時々の感覚を歌い連ねていくことであるならば、そこには、かつて柳田の新体詩において重要なモティーフだった、無数の「影」が堆積して生まれる民譚の世界との連関がある。詩人としての柳田像を知る者にとって、柳田とは民間の芸能、文学に分け入っていく中で、「常民」という架空の存在の前に歴史的実在の個人を置くと、個人の寿命・才能のはかなさを思い知った人物だった。その時、芽生えた「常民」の持つ平凡、日常の力に比べれば、個人の才能など、ごく小さいものにすぎない、という悲哀の相貌が柳田を特徴付ける重要な要素であるが（中村光夫「歌はぬ詩人」『定本』第二巻、月報一、一九六二年）、同時にそこには詩人時代からの持続もまた、読み取ることができる。

連衆の間に往還される文芸上の創意、思考の中に多くの民俗上の価値が含まれていることへの確信は翌年、さらに広い視野によって深められていく。

より広い展望

一九二六年一月、『民族』に発表した「手毬唄の蒐集と整理」は、子供の手毬唄に民俗学的な価値があることを説いたものである。その理由について柳田は、民謡全般がもともと時代的な変化を受けて、その内容の変容もまた著しい中にあって、手毬唄は、子供は無心で遊びに興じることから、そのぶん、大人が書物によって得た言葉を歌の語句の中に入れてしまうということが少ないことを説く。その上で資料が蓄積された場合、これらの歌を運搬する人の往来した跡もまた、分かってくるとし、民間歌謡の伝播を射程に据えながらこの問題を捉えようとする。

子供の言語感覚を貴重な素材として扱うことは、生涯を通じて柳田の仕事を特徴付けるものであるが、ここで柳田は手毬唄の中に、歌い手・作り手たちの「聯想」の跡がはっきり現れていることに注目する。一例として、手毬唄は「むかふ通るは」という言葉ではじまるものが多く、この傾向はお互いが相当な遠隔地であっても共通であると柳田は指摘する。毬をつく側の意識をそらすために、その注意を外部へ向けさせようとするこの決まり文句は、その土地々々によって、微妙にフレーズの異なっている部分もある。柳田はそこに歌い手・作り手の「聯想」を読み取ろうとする。そこで展開される世界とは、「一つの事を詳しく語り又は詠嘆するよりも、寧ろ次から次へ聯想に牽かれて、寫し繪を変へて行かうとする」構造を持っており、この構造を柳田は、「俳諧の連歌など、よく似て居る。従つて章句は是を以て終を告げず、猶進んで次々の新しい興味に、繋ぎ附けられて居たものかも知れぬのである」と、そこに秘められた発展性を読み取る（『全集』一一巻、一九九八年、二〇一頁）。

では、その「聯想」とは手毬唄の場合、何によって誘導されていくのか。その事例を柳田は、毬をつく間に行われる一通りの動作と、歌われる唄との間に時折生まれる空隙に求める。すなわち、「歌が盡きても毬が消えず、興味が衰へずに進んで行く場合は、何らの著く所無き別の歌でも、繋いで歌ひ続けようとするのが常の情で」あり、歌い終わっても、まだ毬をつく行為が終わっていない場合、そこには「繋ぎ」が行われる（同前、二〇四頁）。それは木に竹を接ぐようなものではなく、子供なりに新しい「聯想」がはたらいて、歌い終わった語句から何か関連のある事柄を次の歌に反映させながら、歌い継いでいく。そこに柳田は俳諧、連歌との相関を読み取ろうとした。

「手毬唄」とは柳田にとって、幼少時の記憶にある身近な素材でもあった。男だけの八人兄弟だったにもかかわらず、母親のたけは手毬への愛着が強く、余技に手毬をかがって他へ分け与えたり、自家の玩具箱にしまっていた。また上手に手毬唄を歌い、それが近所の女児が歌うものとは異なる節まわしだったことは、幼い柳田の印象に残った（「母の手毬歌」初出『週刊少国民』四巻一号、『全集』一四巻、一九九八年、四七三頁）。

「手毬唄の蒐集と整理」という表題が示す通り、この一文は各地に散在する膨大かつ様々な形態を持つ民間歌謡のうち、手毬唄が持つ民俗資料としての価値を認め、ひとまずそこに対象を限定して、

『民族』の主たる購読者である郷土史家に向けてその採集と整理を呼びかける形式をとっている。次なる受け手の連想を誘う点で、手毬唄は俳諧との類似があると柳田が『民族』誌上で説く際、それは、背後にたたずむ歌い手だけでなく、その民俗事象の保管者・記録者もまた意識されている。自分が行った分析にどれだけの読者が理解を示し、それに呼応するかを問う点で、この論考は柳田にとって、組織化という次なる課題への意識が込められていた。

普選と御大典

一九二八年は第一回普通選挙実施の年であり、投票日の二月二〇日に向けて年明け早々から、柳田も固唾をのんで動向を見守ることとなった。普選の即時断行を唱え、論壇において牽引役をつとめてきた東京、大阪の朝日新聞社は新年から特集を組み普選の持つ意義を強調した。柳田も元旦から社説「戊辰年頭の詞」を寄せ、「今年の制度変革はその意義と範囲とにおいて、恐らく前代のいづれの場合よりも重大なものである」と、普選制度が段階を踏んだ手続きを経て達成されたことを高く評価した（『東京朝日新聞』一九二八年一月一日、『全集』二七巻、四三三頁）。

過熱する選挙戦の中で柳田は社説を通じ、「新選挙人」たる成年男子が自らの意志によって投票することの大切さを訴える。二月二日の社説「混乱を利用する者」では、都市部において県人会などの名を利用して同郷心を煽られ、表層の利害につけこんだ公約を真に受ける動向について、「多数の新選挙人の愛国心が見くびられ」る事態とみなし、候補者に対する吟味を怠らないことを説いた（『全集』二七巻、四五三〜四五四頁）。柳田にとって、「新選挙人」が自立した投票をすることは、たとえ異なる政党に投じられようとも、「新時代の公生活」に目覚めた者の行動である以上、決して国を分裂させるものではない（「和気と闘志」初出『東京朝日新聞』二月一一日、『全集』二七巻、四五三～四五四頁）。その意味で、最初の普選における投票とは、「公民」の資質を問うものだった。

開票の結果、政友会、民政党とも過半数を占めるには至らず、与野党伯仲の中で少数政党がキャスティングボートを握り、僅かとはいえ無産政党が議席を得るという結果は、柳田にとって「憲政の常道と合致」したのみならず、今後の政治を展望する上でも興味の尽きぬ状況が生まれたといえるものだった（「二党対立の勢」初出『東京朝日新聞』二月二四日、『全集』二七巻、四五八頁）。ただし、今回の選挙結果を受けて、特に伯仲している両党が不特定多数の選挙民を前に、支持を取り付けるべく躍起となり、普選以前ならば考えられない大がかりな投票売買すら行われる可能性があり、柳田は選挙民がそれらを醜態と捉える眼を持つことを説いた。感情の行方というものを柳田は重く見る。仮にそれが個人の胸の内から率直にあらわされたものであれば、そこには生活から発せられる切実さがある。ただし、今回の選挙改革はこれまで政治的に隠忍自重を強いられてきた民衆の感情を一挙に噴出させる側面があり、邪な政治家・政治勢力がそれを歪めて利用しないか、用心しなければならないとした（「感情政治の得失」初出『東京朝日新聞』三月四日、『全集』二七巻、四六二～四六四頁）。

反面、選挙がおわってみると、柳田の眼に映った民間の政治意識は「余りにも無邪気」なところがあった。この動向は同年六月、治安維持法改正が緊急勅令によって、議会での審議を経ないまま行われたことを批判した「憲法の番人」（六月一七日）で取り上げられる。周知のように、この改正によって「国体変革」を目的として結社を組織し、その任務に従事した場合、最高刑は死刑とされた。柳田はこれだけ重要な案件が少数の官吏によって即決されることは立憲制度の否定であると強く論難する。さらに柳田が危惧したのは、大衆がこの改悪を自分には関係のないことと見做し、むしろ「如何なる方法をもつてこれを罰しても可なりといふ簡単なる判断の下に」、改正によってもたらされる未来に想像をめぐらそうとしないことだった(『全集』二七巻、五〇三頁)。広く民間で自立した政治判断を問おうとするなら、それを測る指標は選挙に限らない。公民の形成を願う柳田にとって、これらの事例はいまだ多くの課題があることを示すものだった。

同じ年、柳田にとってもうひとつ重要な出来事があった。一一月に行われた天皇即位に伴う御大典は、そこで展開された動員体制に注目すれば、かつて柳田が供奉した一九一四年よりも格段に大規模な形で進められた。お召列車が東京を出発して京都へ入るまでに、沿線では地元の在郷軍人会、方面委員などが警察補助員の名目で動員され警備に当たった。また、朝日新聞社では大阪・東京とも、即位礼を迅速かつ大規模に報道するため、飛行機、電送写真機など、最新の技術を駆使してこの祭典を取材・配信した。

この時の御大典に際し、柳田は社説「京都行幸の日」を用意するが、内容に一部問題があると感じた主筆・緒方竹虎によって訂正を求められ、不承不承ながら数カ所修正に応じた。この年の三月八日『大阪朝日新聞』で第二皇女久宮の訃報を伝える際、「久宮様並に皇后宮薨去につき」と誤植したことに端を発し、東京・大阪朝日新聞社へ暴漢が押し入る事件があり(前掲『朝日新聞社史 大正・昭和戦前編』三〇六〜三〇八頁)、編集部も神経を尖らせていた時期だった。

修正を経た一文は、「御発輦」として一一月六日に掲載されるが、柳田はこの中で天皇即位に関わる一連の儀式が、決して「保存せられた」ものではなく、時代とともに成長してきたとし、長い歴史が凝縮されたこの儀式は、「公民生活の一部」になるとした（『全集』二七巻、五六〇頁）。緒方の意向を汲んで削った部分において柳田は、今回の大嘗祭は丹波、近江に限定されていた斎田の選定が関東、九州になったこと、大嘗祭が皇室典範第一一条によって皇居内の「浄地」ではなく、京都御所で行われること、御大典に伴い神器が東京・京都間を移動すること、京都での儀礼が終わった後、天皇が橿原の神武天皇陵まで足を延ばす予定であることなどを挙げ（「京都行幸の日」『全集』三四巻、八六～八七頁）、皇室儀礼が国民に向けて次第に開かれつつあることを強調した。皇室と民間との紐帯から在るべき「公民生活」像を描こうとする柳田の意図がはっきりとする。それはまた、絶えず皇室に対し敬慎の念を抱いていた柳田の理想でもあった。

対峙すべき相手

民俗・郷土を研究する上で、同好の士とりわけ地方の研究者をどう繋いでいくか、という問題は、長らく柳田の懸案事項だった。『郷土研究』時代、すでに「資料及報告」「紙上問答」においてそれは実践されていたが、その課題は『民族』に設けられた「資料・報告・交詢」欄でより綿密に行われるはずだった。実際、この欄に向けて多くの地方研究者から在地の習俗に関する直截な報告が寄せられており、柳田の期待に応えている。しかしながら、その編集方針は欧米の民族学、文化人類学の先端的な成果を吸収した学術論文を掲載しようとする岡正雄ら若い編集同人たちとの間に齟齬を生むこととなる。

一九二七年九月の「編輯者の一人より」で柳田は、「折角澤山のよい報告が出て居るのに、本誌の研究はどれも是も、横ぞつぽうを向いて自分の卓見のみを獨語して居られるのは不本意である」と書き、若手の同人が志向する「研究」論文よりも、自身が雑誌の主眼としている「報告」のさらなる充実を訴えた。

二つの編集方針が葛藤し合っている状態で、折口信夫の「常世及び『まれびと』」（のち「国文学の発生」（第三稿）に改題）が柳田の判断によって掲載を見送られるという事態が生まれる。民間信仰の中に、或る定められた時、人間の住む世界に訪れる「まれびと」（＝来訪神）の存在を見出し、日本の文学・芸能の起こりの背後に「まれびと」来訪によって生まれる濃密な時間の儀礼的な再現があったとするこの論考は、折口の神観念を構成する重要な骨子となるが、柳田はこの論旨を直感が先走ったものとして斥けた。最終的に論考は一九二九年一月に掲載されるが、柳田は一九二八年一一月から同誌が終刊となる二九年四月まで、編集に加わっていないため（前掲、岡正雄「柳田国男との出会い」）、実際は最後まで掲載に対し消極的だったとみてよい。

そして柳田の側もまた、この頃、自身の方法を駆使した著述に力を注ぐ。中でも「蝸牛考」と「聟入考」はその代表といえる。一九二七年『人類学雑誌』四〜七月号に掲載された「蝸牛考」は、「方言周圏論」の視点から「蝸牛」を素材に京都を中心に使用されていた語形が同心円状に伝播し遠隔地ほど古い形が残る法則を示し、民俗語彙を媒介とする歴史研究の有効性を示した。また、「聟入考」は初出の段階（『三宅博士古稀祝賀祈念論文集』三宅米吉—筆者注、一九二九年）で「史学対民俗学の一課題」という挑戦的な副題が付され、文献資料によらず、各地の婚姻に関する民俗語彙を比較照合しながら、婚姻形式における聟入婚から嫁入婚への変遷を跡付けた。同論考は前年、東京帝国大学史学会の依頼で行った講演を基としており（有賀喜左衛門「『民族』の頃」『定本』一三巻、月報一三、一九六三年）、文献偏重の官学アカデミズム史学に対する強い批判が込められていた。

『民族』が休刊して以降の数年間、柳田は学界上、敢えて孤立の道を選んでいたといわれる。期する所があっての選択であり、一九二九年七月、『民族』の実質的な後継誌である『民俗学』が折口信夫らによって創刊された時、柳田はこれに加わらず、投稿も行っていない。同号には新たに「民俗学会」の設立が宣言され、「趣意書」には折口、岡正雄、松本信広など、『民族』に関わった人物が並んでいるが、柳田の名前は見出せない。いまだ輪郭の定まっていない状態で「民俗学」の名称を冠することに異を唱えたことが大きいが（前掲『柳田國男』一二三頁）、背後には『民族』末期における人間関係が尾を引いていた。

当時、柳田の射程には、官学のアカデミズム史学、そして新興の文化人類学というふたつの対峙すべき相手が据えられていた。前者に対しては、文献中心では分析不可能な対象を自らの方法をもって解き明かし、後者に対しては差異化をはかりながら、独立した領分を定めていく。この構図に自らを位置付けたことで、柳田は多大な消耗を強いられることになる。周囲との軋轢を周旋すべく、渋沢敬三が自邸で柳田と折口その他を招いて宴会を開いたところ、同じく招かれていた岡茂雄の姿をみて、「本屋風情」を同席させたことに不快感を示したのもこの頃である（岡茂雄『本屋風情』平凡社、一九七四年、七頁)。

苦闘を重ねる合間にあって、柳田は地方への旅行を継続している。何度も足を運んだ東筑摩郡では、一九二九年に胡桃沢勘内、池上喜作を肝入に、談話会「話をきく会」が結成され、話好きという一点にこだわって、在地の郷土史家が外からやって来る客人をもてなし、話を聞くという催しが定期化しており、旅先での柳田は、東京における緊張した人間関係から自由になり、むしろ思うところを述べることができた。

聞き手として、話し手として

一九二〇年代の後半に入ると、柳田の活動には、それまでの著述、講演に加えて、対談・座談が目立ちはじめる。同時代の文壇から見た時、早くから座談の役割に気付いていた菊池寛が『文藝春秋』誌上これに独立した位置を与えたことが大きい。一九二七年三月以降、菊池は自身も参画する形で座談会を頻繁に行うようになる。柳田はその初期の段階で登場した一人であり、二七年七月には「銷夏奇談」で菊池、芥川龍之介、尾佐竹猛と歓談の機会を持ったほか、八月号では「泉鏡花座談会」で、鏡花、久保田万太郎、里見弴、菊池らと語らっている。

これ以降も柳田は頻繁に座談会に登場する。それらの中で柳田は生活習俗に止まらず、広く文化史の細かな考証に通じた人物として発言を期待されており、柳田もまた、その期待に応えているが、もうひとつの要因は柳田が会話の妙を心得ていたことにある。会話の内容に応じて機知に富み軽快に話す時、意味の重さを知り慎重に話をすすめる時、そのいずれにおいても柳田は言葉の用法に厳密であり、その時話題が必要とする知識を自在に引いてくることができた。

加えて柳田は未知の相手の話を聞く、ということに価値を置いた。座談という形式に限らず、自分が知らない人物を前に話を聞くという場面で、大切なことは向こうが何かを切り拓いてきたことを聞き手が感じることである。その感触を持ちつつ、会話という空間に自分の側から何かを入れる、これが会話の妙味である。この形を尊重する場合、聞き取りや会話から新しい知見を得て、そこに自身の体験を重ねることが問われてくるのであり、おのずからそこに、学問と人生を分かつことのできない領域というものが見えてくる。自らの記憶や体験を学問の中に織り込むことのある柳田にとって、会話とは自身の方法を確かめる上での重要な回路だった。

これと前後して各地の民間習俗を集めるという点で、柳田に大きな環境の変化があった。一九二七年八月、普請中だった新居「喜談書屋」が東京府北多摩郡砧村（現・東京都世田谷区成城）に完成し、翌月、柳田は他の家族にさきがけて長男・為正とともに、ここへ移り住む。

かねてから理想としていた図書室と談話室を兼ねた広い書斎を得たことで、これ以降、地方から上京する郷土史家が砧の柳田邸を訪れることが多くなった。初対面の時にはまず来訪者の郷里について尋ね、自分の旅の記憶と重ねながら会話を弾ませてゆき、さらなる民間習俗の知識を吸収していく柳田の方法は、この頃確立されたとみてよい。この形式は一九二六年、朝日新聞社時代、口頭試問の委員長を務めていた柳田が入社した荒垣秀雄に対し、「君のおくにはどこ」と尋ね、飛驒の山奥であると応えたところ、即座に飛驒の該博な知識を披歴していることからみて（荒垣秀雄「柳田さんと朝日新聞」『定本』一〇巻、月報七、一九六二年）、すでに大正末にはその原型があったといえる。

北多摩郡砧村の新居（昭和３年頃）

『都市と農村』と『明治大正史世相篇』

この頃、柳田は新聞の社説や郷土研究の論考に加え、自身の視点から日本の社会、そして日本の近代を平明に解説する仕事に打ち込んでいる。『都市と農村』（一九二九年）、そして『明治大正史世相篇』（一九三一年）である。前者は『朝日常識講座』第六巻として、後者は明治大正史全六巻の第四冊として、いずれも朝日新聞社との繋がりで書かれた点で、より広い読者層を意識して書かれたものといえる。

『都市と農村』において柳田は、「都鄙連続」の観点から両者の交流の健全なあり方を検討する。関東大震災以降、東京近郊の地域でも人口増加が目立ち始め、変貌する農村地帯がもたらす「都市」と「農村」の関係は、それまでにない身近な問題を生み出していた。

柳田は自分こそ、この問題を論じるにたる書き手と考えて構成を行っている。まず、「茲に私といふ者が一人、今の都市人の最も普通の型、都市に永くすみながら都市人にもなり切れず、村を少年の日の如く愛慕しつゝ、しかも現代の利害から立離れて、二者の葛藤を観望する境遇に置かれて居たのである。私の常識は恐らくは多数を代表する」（『全集』四巻、一八一～一八二頁）と自らの立脚点を定める。そしてかつて抱いた安定した農村のイメージを手許に、農政官僚時代の問題意識を都市と農村がせめぎ合う環境にもう一度置き直す。そこで強調されるのは、都市の圏内に入ることで土地を耕さず、地主となる層が増えたことで生まれる農村生活の動揺である。柳田は現金収入と引き換えに、そこに大きな喪失があったと指摘する。すなわち、「衣食住の材料を自分の手で作らぬといふこと、即ち土の生産から離れたといふ心細さが、人を俄に不安にも又鋭敏にもしたのではないか」（同前、一九一頁）と、その背後にある、もはや戻ることのできない生活上の変化を読み取る。

その上で柳田は、土地利用の改革については、農村自体の機能を見直すこと、村を区域とする組合の力に期待する。そしてかりに、もはや地主がかつての自作農へ戻れない場合であっても、可能な限り土地を他の村民に残す努力をすべきであり、自作農の創設は近年頻発する小作争議から離れて、いまだ独立した価値を持っているとした（同前、三二〇頁）。

『都市と農村』における経世家としての分析は、『明治大正史世相篇』において、より生活事象の襞に分け入って発揮される。同書の特色は長編の書下ろしという点である。これまで書籍を刊行する場合、過去に書いた文章をまとめたものが多かった柳田にとって、最初からひとつの主題に沿った長尺物を書くのは稀なことだった。冒頭を飾る「眼に映ずる世相」の章で駆使される色彩、音から読み解く生活史上の変遷に見るごとく、同書は文献史学では描くことのできない手法をもって、生活史上の変遷、あるいは意識上にのぼることのない感覚の世界を分析した点で、すぐれて実験的であり、文献史学に対する強い批判が込められていた。

固有名詞を極力使わず歴史を記述する、というのが本書で試みられたもうひとつの手法である。生活史を行き交ういくつもの感覚・感情を考える時、そこには担い手となる無名の群像が想定される。そして柳田は各章のテーマを横断しながら随所で「群（むれ）」について考えている。「国家と個人」を建前とする近代国家にとって、「群」とは把握しがたいものであり、その意味で柳田の思考はまさに近代国家の欠落点を突くものだった。「酒」を扱った章では、酒とは本来、共同体で管理され集飲を原則としており、その点で「群」の事業だったことが確認される。その上で柳田は、近代の未成年の禁酒に関わる法令も強圧的でなく、まずは青年の「群」という形で止めさせる手段が有効であると説く（『明治大正史世相篇』『全集』五巻、一九九八年、四八四頁）。この記述の背後にあるのは、一八八〇年の酒造税法に端を発する自家用の酒造に対する規制であり、日清、日露と二つの戦争を通して、増税と取締が厳しさを増す中で、民間では密造酒隠匿の手練手管が発達し、高齢の女性が身替りに拘禁される事態が頻発する（谷川健一『柳田国男の民俗学』岩波新書、二〇〇一年、二〇八〜二〇九頁）。柳田は官と民との間に生まれたこのいびつな構造を「濁密地獄」と言い表した（同前、四八一頁）。「貧と病」の章では近代以降、近代医学の定める多くの病名が流入したことで、民間に余計な不安と混乱が生じたことを挙げ、もともと病とは「群」で治す側面があり、その価値はいまだ減じていないとした（同前、五六四〜五六五、五七〇頁）。

『明治大正史世相篇』を締めくくるにあたって、柳田は近代の「群」が向かう先を案じている。本来ならば、その先に「公民」という到達点が据えられるはずだが、柳田は楽観的ではない。実質的な最終章にあたる「群を抜く力」では、過去数回の総選挙において地域の顔役が票集めに果たした点を重視し、依然として民間では義理や恩義によって投票行動が行われている状況にあるとした（同前、五九五頁）。第一回普選が終わった直後、選挙結果について一定の評価を送る社説を書いた柳田だったが、投票後明らかになった種々の買収工作を前に、それを助長したものは何だったかについて考えた結果がこの指摘だった。一九三六年になって柳田は、「最近過去八年程の間に、民衆の生き方、生活の仕方といふものはまるで変つて終つた。それで昔よかつたものが今悪くなつて居るといふ場合もあり得る」として、「親分子分」の道徳律がいびつな形で普通選挙制度に反映され、制度の運用を誤らせたとした（「郷土研究と民俗学」初出『肥前史談』一九三六年九月、『全集』二九巻、四〇二頁）。「八年」とは、まさに第一回普選から数えてのことであり、柳田にとって自立した選挙民はいまだ出来ていないという確信はさらに強まっていた。

「群を抜く力」の末尾には、「一等むづかしい宿題」と記された第一回普通選挙の時、公布された文章の掲示板を見入る児童たちの写真が載っている。この子供たちを「公民」としてどう育てていくか、それが本書の据える課題だった。大正のはじめ、桐生悠々は「公民」とは、一朝一夕で育成できるものではなく、「国民の少年時代よりして、早くも憲政自治制に関する自然の慣習を養成することが、最も肝要である」として、小学校の頃から関連する教育をほどこす必要を説いたが（「公民教育奨励」『新愛知』一九一五年四月二一日）、柳田もまた、「一等むづかしい宿題」を掲げたこの時、「公民」とは一朝一夕にして出来ないことを感じていた。

「群」の持つ力

一方で「群」とは柳田にとり、研究を担う対象として捉えられはじめていた。そのことをうかがわせるのが、一九二九年に書かれた「凡人史の省察」である。

人間は自ら一代で学問を完成して偉くならうとする心持が、意識的にも無意識的にも働らく。だから自然に独断論に陥り易い。多勢がお互に資料を集めて研究に供し、後世に伝へてその完成を待つやうな心持がほしいものである。……有用なのは研究の「群」である。お互が割拠してはならぬ。手分けをするのでなければならない（「凡人史の省察」初出『農村教育研究』一九二九年一一月、『全集』二八巻、一九二頁）。

柳田は或る時点から自分の仕事の有限性に気付いていたといえる。それまで柳田は、「巫女考」「毛坊主考」など多くの資料を駆使した先端的な論文を、ほとんど一人で文献を集めて読み、素材となる民俗・人間像を探った。しかしながら、「氏神信仰」という大きな視座のもとで、より綜合的な民俗把握を進めようとするならば、それは各地に散在する地方の郷土史家の力を借りなければならない。実際、『明治大正史世相篇』を推敲中にあっても、柳田は息切れに近いことを体験している。もともと同書の準備にあたっては、桜田勝徳、そして青森の郷土史家・中道等が基礎となる資料整理を担当し、柳田の構想を経た粗書きも中道の手によって進められていたが、最終的には柳田が書くこととなった。しかしながら、過重な打ち込みから消耗し、かねてから共同労働・分配を専門分野とする橋浦泰雄に電報を打ち、「労力の配賦」の章を分担してもらうこととした（前掲『柳田国男伝』七八五頁）。

少なくともこの時期の柳田にとって、組織化の問題は一層、現実味を帯び始めていた。すなわち、「群」の力なくして系統的な民俗事象の収集は不可能という事実が柳田にとって確かなものとなってきたのである。この時点で「群」に対し、柳田自身はどう位置づけられるのか、という問題もまた生まれてくる。『民族』誌上で地方研究者の直截な報告を期待したように、「凡人史の省察」で登場する「研究の「群」」でも、期待されているのは研究ではなく、採集の方とみてよい。地方に割拠する「群」をどのように組織化するか。柳田はいよいよ、自身の研究体制確立に向けて取り組み始める。

第六章　戦時下における体制化

1　基礎をつくる

分類と索引

一九三一年九月の満州事変をもって、時代は「一五年戦争」へと進んでいく。そして柳田の民俗学が組織と理論の両面で基盤を整えたのが、まさにこの時期であった。前年の一一月、柳田は足かけ七年にわたって務めた朝日新聞社論説委員を辞任しており、在野の学者としての活動が始まろうとしていた。本書では、理論とともにそれを活用し得る組織が恒常的に機能することを重視し、一九三五年の「民間伝承の会」成立をもって、ひとまず柳田民俗学の成立と捉えることにするが、それに先行する数年間、柳田は自身の仕事を概説することに心を砕いている。

その最も早い取り組みのひとつに、一九三〇年四月一九日、東京人類学会で行った講演「社会人類学の方法と分類」がある。この中で柳田は研究対象の種類を生活様式、生活解説、生活感覚に分割し、それぞれを観察する器官として眼、耳に対応させ、各々の成果を「旅人の民族学」、「滞在者の民族学」、「郷人の民族学」と呼んだ（講演録なので「族」は「俗」であった可能性が高い）。この分類は数日後、四月二五日から三日間にわたり長野県西筑摩郡洗馬村の長興寺で行われた講演「民間伝承論大意」でも民間伝承の三区分という形で踏襲される。第一部を「目の採集」（「旅人の採集」）、第二部を「耳と目との採集」（「寄寓者の採集」）、第三部を「心の採集」（「同郷人の採集」）と位置付けられた。これまで自身の学問について体系だって記すことを抑制してきた柳田だが、いよいよその必要を間近に感じ始めていた。定義の範囲に「ぶれ」があった「常民」も、これに続く時期には「普通人即ち常民」と位置付けられ、安定した視座が確立される（「今日の郷土研究」初出『郷土教育』一九三四年五月、『全集』二九巻、一八二頁）。

概説作りに腐心する柳田を知る上で参考になるのが「食物と心臓」（『信濃教育』一九三二年一月）である。この一文は先述の三区分が再論されているように、表題の内容よりもむしろ民俗学の概説に力点が置かれている（『全集』一〇巻、一九九八年、一八二頁）。この中で柳田は自分が行おうとしている郷土研究が、これまでの郷土研究とは違うことを繰り返し述べる。そこで強調されるのは、根拠のない伝統に胡坐をかいた「古い解説」にとらわれず生活上の疑問を率直に出すこと、大きな事件よりも日常的な事柄に価値を置く視点を生活から生まれる新資料とともに作ることであり、そのためには地方に分散している郷土研究組織の間で知識の交換が急務であることが説かれる（同前、三〇四〜三〇六頁）。

同じ年の一一月五日、山形県郷土研究会主催の講演「郷土研究と郷土教育」において柳田は、郷土で収集した資料が比較総合を経ず、「各地相互の啓発」もなく、そのまま郷土教育に利用された場合、果たして効果があるか、という趣旨の発言を行い、方法不在のまま展開される郷土研究を暗に批判している（『全集』一四巻、一五七～一六〇頁）。郷土教育の担い手たる小学校教師が多数聴講したこの講演会で、柳田は敢えて彼らと自らを区分し、自身の方法の確かさと、それによって連結される全国的な郷土研究組織の必要を訴えたのだった。一九三五年、その具体化ともいえる「民間伝承の会」が結成されると、小学校教師を中心とする多くの郷土研究に従事する教育者が入会したのは（伊藤純郎『郷土教育運動の研究　増補』思文閣出版、二〇〇八年、四三八～四三九頁）、そのひとつの達成といってよい。

「食物と心臓」で注意を要するのは柳田が民俗事象に関する「索引の調整（原文では「製」）」と「分類標目」の作成を呼びかけていることである（同前、三七一頁）。これまでみてきたように、柳田の文体とは、時に自分の記憶を交えながら、いくつもの民俗事象を連ねていき、その中で次第に論理の筋道が生まれるところに特色がある。ならばその時、分類や索引とは果たしてこうした柳田の文体と結び付くか、という問題が生まれる。柳田の学問が文体によって大きく特徴付けられている以上、そこに厳格な分類や範疇を持ち込むことは、却って柳田がこれまで行ってきたことを狭める可能性を秘めていた。

さかのぼって考えてみると、「山人」「常民」に代表されるように柳田が使った用語や範疇とは、時期的に定義が微妙にずれを生じることが多い点で、動的かつ伸縮性に富んでいる。「自然」という用語にしても、当初は欲望の赴くままの放埓を意味していたものが、やがて共同体内の不文律による調和を指すものへと意味を転じていったことにみるように（阿満利麿『日本人はなぜ無宗教なのか』ちくま新書、一九九六年、一二九頁）、自身が取り組む問題の深化とともに、鍵となる用語の定義もまた形を変えた。

したがって柳田のような文体を持つ場合、索引とは字義に依るだけでなく、それが使われている文脈から意味を捉えて作る必要がある。戦後、多大な労力をかけて作成された『定本柳田國男集』の「索引」が、しばしば意味を押さえて作られていないと指摘される理由の一端はそこにある。ただし、当時取り組んでいた概説の世界に即した場合、文脈によって独自の意味が込められる索引・範疇を作成することはきめ細かな作業が予想される。さらに概説における索引・範疇とは、同好の士が互いに照合の尺度を持つという意味で、多くの人が使えるものでなければならない。この点を考慮すれば、柳田はこの時、自身の文体からひとまず離れ、多くの地方研究者が参画する組織を想定して、この呼びかけを行っているといえる。

概説書の射程

概説への取り組みは、一九三三年九月一四日から自邸で始められた連続講義「民間伝承論」によって本格化する。これを聴講したのが橋浦泰雄をはじめ瀬川清子、大間知篤三、大藤時彦など、のちに「民間伝承の会」を支えた少壮の民俗学者たちだった。これを起点として翌三四年一月以降、定期的に柳田邸で談話会を開くこととなり、「木曜会」の名称で戦後まで継続される。この時の講義録はそのままのタイトルで翌年、共立社より刊行される。同書で柳田は名

木曜会の初期メンバー
（山口貞夫南洋行送別会，前列左より比嘉春潮，桜田勝徳，山口，柳田（国男），後列左より守随一，橋浦泰雄，杉浦健一，大間知篤三，最上孝敬，瀬川清子，大藤時彦，萩原正徳，昭和９年頃）

称こそすでに当時使われていた「土俗学」を採用するとしながらも（『全集』八巻、三八頁）、民俗学の範囲というものを強く意識し、隣接する分野との区別に神経を使っている。それはまず、宣言文といってよい二八個の箇条書で記された「序」に示される。

冒頭、柳田はそれまで展開してきた民俗資料の三区分を取り上げ、それぞれに対応して媒介項と研究主体が異なっていることを説く。すなわち、旅人の眼によって視覚的に捉えられる生活外形、寄寓者の耳・眼によって言語を介して採集される生活解説、そして同郷人が生まれ育った土地で「心」を介して採集する生活意識である。とりわけ柳田は最後の生活意識を重視し、この射程から民俗事象の由来を究明して現在の生活改善に役立てることが民俗学の目的であるとした。その場合、日本人の深層意識にまで分け入るには、最早言語に習熟しているだけでは不可能であるとして、「僅かな例外を除き外人は最早之に参與する能はず」（『全集』八巻、一九頁）と強い限定を付した。

かつて一九一八年、長野県東筑摩郡で行った講演で柳田は「言語も若干の俗語を解するが關の山で國民の歴史も知らぬ外人すら、心掛次第萬代の價値ある記録を遺すことが出來るのであります」（「郡誌調査會に於て」『全集』二五巻、三〇〇頁）と発言したが、一五年を経てこの道筋は封印される。たしかに『民間伝承論』で柳田はヨーロッパの民族学について沿革から成果までを概説しながら、世界民俗学への展望を随所に示している。しかしその実現は「一国民俗学」の充実を待ってからという強い限定が付されており、むしろ柳田の眼は内を向いている。かわりに柳田はかつて大正末「日本の民俗学」で説いた、日本が同種の学問を考える上で恵まれた条件を備えている点を強調する。すなわち、旧習を跡付けるため「自国民同種族」内の自己省察から始まる「フォークロア」、より古層の文化を知るべく海外の異民族を観察する「エスノグラフィー」、ヨーロッパではこの二つが分離した状態にあるのに対し、日本は人と言語の関係において「一国一種族一言語」であり、「古い風はなお豊かに存し、それに新しいものがやや交って、むしろ反映を顕著にして」おり、二つの学問が提携できる可能性を秘めていると位置付けられる（『全集』八巻、三七〜三八、四三〜四四、一〇八頁）。海外の研究史は、むしろ日本との差異を明確にするために配置されており、大正末、「青年と学問」で説かれた外の世界へと誘いながら向学心を引き出す筆調はここでは後景に退いている。

同書は柳田が民俗調査の方法として意識的に使った「重出立証法」が登場した点でも注目される。柳田はこれを「即ち重ね撮り写真の方法にも等しい」として、日本各地の民俗事象を重ねながら比較することで、それらが変遷していく過程が分かるとした。しかも「何十億回」と繰り返されてきた生活行為を対象とする以上、文献史学が重視する歴史上の大事件に関わる資料よりも、はるかに広い視座に立つことができると、その有効性を強調した（『民間伝承論』共立社、一九三四年、七五～七六頁）。しかしながら、その後、柳田が積極的にこの方法を援用した形跡は必ずしも多くない。すでに五年前の「蝸牛考」において、周圏論による方言比較を通して畿内から周縁へと向かう文化伝播が立証されており、それを要因のひとつとみることもできるが、三〇年代後半、地方へと浸透していく柳田の民俗学が各地の民俗を比較総合することを課題としていた点を考えれば、「重出立証法」は組織化そのものと深く結びついた方法であった。

二年後に上梓した『郷土生活の研究法』の中で柳田は、郷土研究ひいては民俗学が広く社会に対し果たすべき役割について述べる。「私たちは学問が実用の僕となることを恥としていない」（『全集』八巻、九三頁）という前提に立ち、生活から起こる眼前の疑問についてその由来を探り、そこから処方箋を考えることが目標に据えられる。経世家としての柳田を象徴する「何故に農民は貧なりや」という語句は、まさにこの文脈で登場するが、その際、柳田はかつて自分が農政官僚として多くの問題を目の当たりにしながら、十分な施策が出来なかったことへの悔いがこの背後にあるとことわっている（同前、九四頁）。

これらの概説書に共通しているのは、これまでの仕事に散見された自分の記憶を描きこむ筆調が抑制されていること、主語を立てる時、志を同じくする者を意識して、「私たち」「自分達」「我々」が多用されていることである。しかし、『郷土生活の研究法』において民俗学の実践性に触れる時、柳田は敢えてその縛りを解き、民俗学が農政官僚時代の思索の中から生まれたものであることを示した。民俗学の実践性とは、自らの閲歴と不可分のものだった。

ただし、ここで標榜される実践性にもまた、一定の条件が付される。柳田が組織的な郷土研究に乗り出した頃とは、昭和恐慌による経済的打撃が農村部を襲っていた時期に符合する。『民間伝承論』が刊行された一九三四年は、東北地方が大凶作に見舞われた年であり、同時代のメディアは疲弊する農村の様子を繰り返し伝えていた。しかしながら、柳田の側で直接これに言及した文章は見当たらない。柳田の「沈黙」に対してこの時期、民俗学が概説という形で「マニュアル」化し、本来の能動性が失われたとする指摘は、この文脈に置く時、説得力を持つ（『源泉の思考――谷川健一対談集』冨山房インターナショナル、二〇〇八年、一五頁）。柳田のように、郷土人の内省に重きを置いて研究を行う場合、そこには時間的に長い射程で採集事例の蓄積を待つことが求められる。ひとつの学問を送り出すにあたって各地の読者を射程に入れる際、同時代の社会情勢と直接関わることは慎重に避けられたといえる。

一方で、一九三五年二月には『岩波講座　日本歴史』第一七巻に官学アカデミズム史学の文書主義、事大主義、英雄主義を批判する「国史と民俗学」が発表される。ここで柳田が「国史」という時、そこには官学アカデミズムで扱われる国史、とりわけ東京帝国大学文学部の国史学に対する強い対抗意識がある。逆にこの対抗意識は、同じ官学アカデミズムに属しながら、西田直二郎の文化史学など東大国史とは一線を画した学風を持つ京都帝国大学文学部史学科についてひとつの親和力となってあわれ、一九三三年に同学科で寄付講座として神道史の講義が開設された際、翌年柳田は講師として招かれ、「民間信仰」の題で五月と一〇月に集中講義を行った（柴田実「京大と柳田先生」『定本』一〇巻、月報七、一九六二年）。

概説的な領域を離れると、柳田の民俗学は依然文学の影を留めていた。一九三四年、日本古代史家・文化人類学者の西村眞次は柳田の仕事を評して、「厳密に云へば柳田氏の土俗学は文学であつて、多くの土俗学的断定をそれから抽出しかねる。そこに、しかし柳田氏の本来主張があるので、美形式と記述型とを先用条件としてゐられること丶思ふ」（「『一目小僧その他』」初出『東京朝日新聞』一九三四年九月二二日、前掲『柳田国男研究資料集成』一巻、二六四頁）と、柳田の著作には文体上のこだわりがあり、それが彼の仕事にとって不可欠の要素であるとした。西村と柳田はかつて『民族』誌上で伝説の資料的な位置づけをめぐって論争した経緯があり、伝説の内容を史実が反映されたものとする西村に対し、柳田は内容よりも信仰され伝承されてきた伝説そのものが史実であると、より伝説そのものに寄り添う形で反論した。その意味で西村の言葉は、一部に論争時の感覚を残したものと言えるが、隣接分野から見た時、柳田の書くものはいまだ文学色を漂わせるものだった。

マルクス主義史学からの批判

一九三〇年代に入ると、官学アカデミズム史学への対抗というそれまでの構図に加え、柳田の民俗学に外側から新しい批判が起こる。マルクス主義史学からの批判である。批判の矛先は、柳田の民俗学に階級的な視点が希薄であること、急激な社会変革について絶えずこれを警戒することにあった。

早いところでは、羽仁五郎「郷土なき郷土科学」（『郷土科学』一九三一年一一月号）は、かつて労働者大衆の手にあった郷土が、今や外からやってきた余所者の手によって調査という収奪の対象となった現状を打開するため、郷土に生きる者同士の自覚と連帯を説いている（『羽仁五郎歴史論著作集』一巻、青木書店、一九六七年、二九八、三〇八頁）。直接名指しはされていないものの、そこには多くの郷土史家を影響下に置く柳田の民俗学も射程に入っていた。次いで一九三二年には後に柳田の民俗学を「小ブル的農本主義」と位置付けた栗山一夫（筆名・赤松啓介）が「郷土研究の組織的大衆化の問題」（『俚俗と民譚』第一四号）の中で、中央、府県、市町村がそれぞれ研究機関を持って互いに提携し合う組織体を提案し、翌年には「『旅と傳説』の任務に関して」（『旅と傳説』三月号）において来るべき民俗学に関わる雑誌は、労働者・農民を読者に想定して編集すべきであり、彼らに内在する探求心を触発することが説かれた。

この対立構造に官学アカデミズムを配置してみると、民俗学とマルクス主義史学の特色に似かよったところがあることに気付く。史学に限らず、講座制のもとで専門分化している官学アカデミズムに対し、柳田の民俗学にはその成り立ちに歴史学、地理学、社会学など、既存の学問領域を横断する傾向があった。マルクス主義もまた、社会変革への希求とともに、その理論的な枠組みは、経済のみならず政治、歴史、さらに広く社会科学全般にわたる脱領域的な性格を持ち、そこにひとつの魅力を秘めていた。

「大量転向」の時代といわれる一九三三年以降、柳田の周囲には大間知篤三、守随一、石田英一郎、佐々木彦一郎など、学生運動に従事した経験のあるマルクス主義者が目立つようになる。彼らが柳田の門をたたいた理由は、理論に偏し民衆生活そのものへの洞察を怠ったことへの自覚と、柳田の学問が民衆史を系統だって学ぶ数少ない環境として選ばれたことが挙げられるが、彼らを引き付けたもうひとつの理由に、柳田の仕事が既存の学問を横から突き破る力があったことが大きい。

全国山村生活調査

一九三〇年代に行われた柳田の仕事には、大がかりな組織でなければできない研究が目立ち始める。そのひとつが日本学術振興会からの助成により、一九三四年から行われた「全国山村生活調査」、ならびにその継続事業「海村調査」である。一定期間にわたり滞在して行う村落調査という点では、内郷村以来のことだったが、柳田はもっぱら東京から木曜会メンバーを指導し、弟子たちが持ち帰った「採集手帖」を検討する側にまわった。「採集手帖」には、柳田が設けた一〇〇項目の質問が付されており、弟子たちはそれを携行して、これも柳田が選定した僻村へ赴き、二〇日間ほどの調査を前後二回ほどに分けて行った。

調査の「趣意書」に、「日本人のみが持つてゐる美質と思はれる性情に就ては、今迄詳くは調べられてゐませんので、未だその由つて來る所を審にせぬものが澤山殘つてゐます。今回私共の新に着手せんとする郷土生活研究の目的は、これらのものを知る為め、今日古風と謂はれてゐる村人の生活様式の中から、出來るだけ具體的にその根源を探り出すことであります」と謳われている通り（比嘉春潮・大間知篤三・柳田国男・守随一編『山村海村民俗の研究』名著出版、一九八四年、一頁）、この時、柳田は

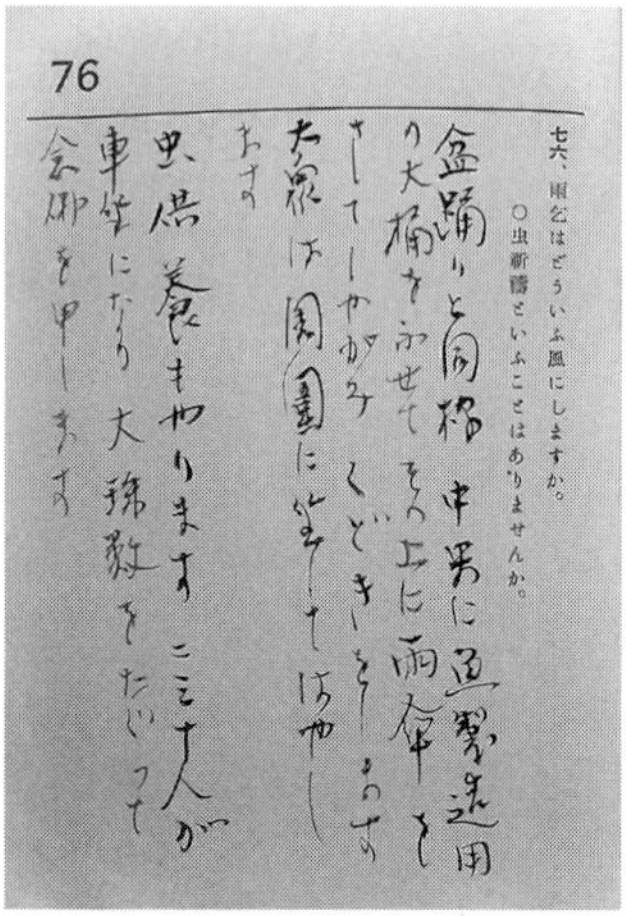

採集手帖

前近代の心意伝承の記録化を急務と捉え、今回の調査はその最後の機会と考えていた。

「採集手帖」に記載された一〇〇項目の質問は主として神観念に力点を置きつつ、ひろく生活事象全般にわたるよう配慮された構成となっていた。柳田自身、「採集手帖」が今後果たす役割を重視しており、将来不備の点があれば、指摘を受けて改訂し次代の採集者に遺しておく用意があること、今後の成果を総合して刊行物として保存することを提案している。さらに、自身の作成にかかる「採集手帖」だけでなく、各地の郷土史家が自分の採集手帖を不完全なものであっても、日限を決めて中央の研究者に貸与することが今後の郷土研究に資するとし、採集手帖を通した各地の郷土史家との交流を説いた（「採集手帖のこと」初出『民間伝承』一九三六年五月、『全集』二九巻、三八一頁）。

ただし、日頃から情報交換が密にはかられていた木曜会メンバー間でも、柳田が作った質問項目の中に理解できないものが含まれていたという平山敏治郎の回想がある（一九九二年九月一五日、筆者聞き取り）。主だったものでは、「疲労とか衰弱を表はすことばがありますか」、あるいは「變人奇人と言はれる人がありましたか」などが対象だったが、柳田にしてみればいずれも前近代の心意伝承を知る上で、貴重な媒介項を果たす民俗事象だった。

調査から五〇年近くを経た後、この調査に従事した関敬吾、大藤時彦は、この時の調査について実際にその地を踏んでみると、柳田が課した質問項目に見合う素材に巡り合わないことから、しばらくは何も手につかない状態にあったことを述懐している（「座談会　五〇年前の山村調査」『民俗学研究所紀要』一二号、一九八八年）。調査地の変更を検討しているという関敬吾の連絡を滞在先の大分県久珠郡久珠町から受け取った柳田は、すぐさま東京から書状を送って、軽々に計画を変えることなく、腰を据えてゆっくり構えることを説いた（一九三四年八月一五日付書簡）。

現在、これらの「採集手帖」は成城大学柳田文庫に保管されており、民衆史研究の上で画期的な資料と位置付けられている。さらに、ほとんどが調査上の未踏地という困難な条件下で民俗採集を行った弟子たちの努力は、研究事業の骨子を作った柳田と合わせて、グループの功績として高く評価される（前掲『柳田国男　日本民俗文化大系一』三二四〜三二五頁）。この時、収集された資料は、報告書「山村生活調査第一回報告書」（一九三五年三月）、同第二回報告書（一九三六年三月）、『郷土生活研究採集手帖』にまとめられ、各報告書の中では、「焼畑」「「もやひ」と「ゆひ」」「家の盛衰について」「村ハチブ」など、調査した弟子たちが独立したテーマを設けて分析を行っている。

柳田は「採集手帖」の各頁にわたってはみずからの手で細かく民俗語彙を中心にチェックを入れており、今後の研究に資する部分については目印を付した跡がある。特に目立つのが、信仰生活にかかわる部分である。綿密な成果をあげた調査地については、のちに大間知篤三『常陸高岡村』のように単独の民俗誌として刊行されたものもあったが、柳田はこの調査事業を神観念の視点から総合的に捉えようとした形跡がある。しかし本来柳田が目指そうとしたそれら大きな把握によって得られる生活世界は、細かな採集結果と民俗語彙という技術的な問題によって先行されていく。すでに「蝸牛考」によって民俗語彙が習俗の変遷過程を知る上で重要な指標になることが証明されていることもこの研究法を後押しした。

「山村生活調査」に代表される柳田の調査事業は戦後、集約的な社会調査が紹介されるに及び、その方法的な不備を指摘されることとなった。しかしここで柳田がかたくななまでにこだわったのは、あくまで「民間伝承論」で最重視された言葉に表れない伝承の記録であり、産業資本の浸透によってほどなく消えてしまいかねないそれら民俗事象を採集する最後の機会としてこの調査を捉えたことを忘れてはなるまい。この切迫した柳田の意識という同時代的な問題がそれだけ調査メンバーによって共有されていたか、という別の問題を含んでいる。

2　担い手となる人々

「技術集団」の形成

この時期に到って柳田は、はじめて自身の指針に沿って指導を受ける弟子を持った。そのことは同時に、柳田を囲む環境をも変化させた。特に郷土研究の指標として民俗語彙に照準を定め、弟子によって行われる調査結果の報告についても、民俗語彙の比較、意味付けが重要な部分を占めた。

一九三五年頃、後の文化人類学者・石田英一郎は木曜会に初めて出席して、民俗語彙の紹介、比較に終始する談話会の在り方に疑問を持ち、一体それらにどんな目的や意味があるのかと、率直に感想を述べたところ、柳田からきつい口調でたしなめられた（石田英一郎「はみだした学問」『石田英一郎全集』四巻、筑摩書房、一九七七年、一二～一三頁）。やや時代が下って一九三〇年代後半、東京文理科大学の学生だった直江広治もまた、初めて出席した木曜会で、ひとつ民俗語彙が事例として紹介されるや、メンバーはすでにその意味するところを了解していることを前提に議論が進んでいき、他地域の類義語が瞬時に紹介される光景に圧倒されたと回想している（一九九二年九月一四日、直江広治氏より筆者聞き取り）。

これらのエピソードが示すとおり、三〇年代に入って柳田の学問は、組織としての側面を持ち始め、その中枢に注目した場合、外側からは近寄りがたい世界を形成していた。このことは、本来アマチュアの学としての性格が強かった民俗学が専門化した集団の中で技術的に先鋭化していき、それまでの「素人の学」を脱しようとしていたことを物語っている。技術的な先鋭化とは、この場合、おびただしい民俗語彙の意味を知っており、なおかつ用途にあわせてそれらが使われる場面を的確に再現することの出来る人物が想定される。恐らくこの資質に恵まれた民俗学者とは、精緻な理論を立てたりするよりも、議論の展開に合わせて自在にその場に適した民俗語彙を引き出し、解説することのできる人物である。少なくとも当時の柳田にとって、まず組織として民俗学をみた時、優先されるのはこの形式の充実にあったといえる。

ただし、民間習俗とは果たして民俗語彙の分析によって説明し尽くせるか、という問題は依然として残る。これは柳田の残した仕事が一部、文学と分かちがたく結び付いていることを思い起こせば、簡単に片付く問題ではない。『山の人生』や『雪国の春』、そして『遠野物語』に代表される文学性の強い仕事は、いずれも語彙によって置き換えられることのできない民俗の姿を映し出していた。技術集団としての民俗学者が養成される中で、柳田の民俗学が持つもうひとつの魅力は次第に封印されていく。

日本民俗学講習会

「全国山村生活調査」の成果が着々と積まれていた一九三五年七月末、柳田は還暦を迎えようとしていた。数年来にわたって続いていた学界対立も、一九三二年七月二日に民俗学会が東京帝国大学で開催した公開講演大会に柳田が講師として招聘され、「民俗の採集と分類」の題目で話したことを契機として、次第に緩和されつつあった。そして民俗学会の方も一九三三年末には『民俗学』が終刊したことによって、実質的にその活動を終えようとしていた。

関係者の間で柳田の還暦を祝う会を設営する企画が持ち上がったが、当の柳田が事業を起こすとするなら、むしろ今後の斯学興隆に向けての事業として計画されることを望んだことから、全国的に郷土史家を集めた席でこれまで柳田と交流の深かった人士による講習会の開催が決定された。会期は柳田の誕生日に当たる七月三一日から八月六日までとし、会場は日本青年館となった。柳田と同館との関係は長く、一九二五年の竣工時、「郷土舞踊と民謡の会」が開催された時、柳田はこれに参画し、審査顧問を務めている（掛谷昇治「日本青年館と柳田国男」柳田国男研究会編『柳田国男・ジュネーブ以後』三一書房、一九九六年、四三頁）。また、一九二八年に『青年と学問』が刊行された時、発行元となったのは日本青年館であり、そこに新しい学問の担い手として地方の青年層に期待する大正期から抱いた柳田の展望を読み取ることもできる（室井康成『柳田国男の民俗学構想』森話社、二〇一〇年、一四五頁）。

数年来続いた学界上の「しこり」をいかに払拭するかという課題に向けて、講習会は周到に設計されている。現在残されている講習会の時間割を見ると、民俗学者とその隣接する分野との領分が明確に意識されながら、均衡を保つべく配置されていることが分かる。例えば、八月一日には松本信広が「仏蘭西に於ける民俗学的研究」の題目で報告したのに対し、「木曜会」から立った最上孝敬は「交易の話」を行い、同様に八月三日には岡正雄の「独墺両国に於ける民俗学的研究」に対して関敬吾が「昔話の採集」を行うという配置である（「日本民俗学講習会趣意書」一九三五年五月、謄写版）。

注目されるのは、最上のほか桜田勝徳（七月三一日「海上労働の話」）、大間知篤三（八月五日「冠婚葬祭の話」）、杉浦健一（八月六日「民間信仰の話」）など、直接柳田の指導を受けた報告者の多くが、それぞれの題目に「話」と銘打ってこの講習会に臨んだことである。この時の記録は『日本民俗学研究』（岩波書店、一九三五年）に収録されているが、内容を見ると、「山村生活調査」をふくむ、各人がそれまで行った採集活動を通した直截な報告が中心に据えられている。『民間伝承論』において柳田は、民俗学とはいまだ形成途上にあり、一個の「学」に到るまでには十全な民俗採集とその整理が行われなければならないことを強調したが、これらの報告はその事跡を反映したものといえる。さらには、欧米の民族学の影響を受けながら、講習会において「研究」の二文字を掲げた文化人類学者に対して柳田が示した意思表示とみることができる。

伊波普猷、金田一京助という近接領域を専攻する旧知の二人が各々「談」を題目に掲げて講義を行っているのも興味深い。荒れた山肌、そして水田が少なく、甘藷・蕃藷畑が目に付くようになったここ数年における沖縄本島の景観から説き起こし、薩摩による琉球支配、そして廃藩置県以降、次第に少なくなっていった琉球の稲作儀礼、それに関わる民謡を紹介した「琉球諸島採訪談」（八月五日）、アイヌ部落に入って被採集者と打ち解けていく過程を紹介しながら、アイヌ語の文法構造・方言に関わる新知見を論じた「アイヌ部落採訪談」（八月六日）も、各々自身の領分を意識しながら、柳田の意図を汲み取ったものといえる。

連なる郷土　講習会は趣意書に従って聴講生を募集し、各都道府県から最低一名以上の出席者があることを優先する柳田の要望を汲み、同一の地方から複数の申込みがあった場合、話し合いないし抽選を行う形ですすめられた（前掲『柳田国男伝』八〇八頁）。前後に作成された当日の速記録をみると、首都圏や近畿地方を別とすれば、依然としてこの段階で応募者については地域によって粗密があり、この時点で三重、宮城、島根、香川、福岡など出席者がなかった県もあった。

講習会の期間中、もうひとつの催しがあった。担当者の講習が終わると、午後七時より、聴衆だった郷土史家によって各々の土地の民俗談義を聴くために行われた「座談会」である。初日の七月三一日は柳田の所望によって、まず各自の自己紹介を兼ねて、それぞれの郷土研究会における近況報告が行われた。司会役の柳田が冒頭、「斯ういふ仕事が始つて居る。また斯ういふことがあるが一向まだ進まないとか云つたやうなお話を序に願ひたい」と述べたように（前掲『日本民俗学研究』三九九頁）、可能な限り日本各地の郷土研究事情を他の同好の士に知ってもらい、互いに提携できないかを探ることが柳田の心算であり、自身にとっていまだ知己のいない地域の関係者からも発言を請うた。柳田の簡単な紹介の後、指名された郷土史家が立って、自己紹介を兼ねて当地の研究状況と今後の展望を伝えた。

いったん小休止をとったあと、「座談会」は食習・食物を皮切りに、各地の民俗事例が出席者によって報告される頃には、「座談会」には或る流れのようなものが見えはじめる。それまでは散発的に刊行されていた関係誌の会員通信欄によって意見交換をはかる以外に交流の方法がなかった各地の郷土史家、民俗学者が一堂に会し、お互いの習俗について比較参照できる場がここにあらわれたことを多くの参加者が感じ始めていた。

柳田は前段の司会で疲れたため、再開後は伊奈森太郎に座長を譲った。事例の紹介はまず、沖縄・南西諸島の食習から始められた。話題提供者の一人として立った比嘉春潮は「柳田先生から沖縄の餅と団子のことを話したらと仰やいましたので申上げます」（同前、四四九頁）とことわった上で話を始めた。この背景には、三年前柳田が「食物と心臓」（一九三二年）の中で各地の民俗事象を比較する際、形状や儀礼・習俗との関わりもふくめて餅が有効な素材になるとして、餅は心臓をかたどったものであると自ら仮説を立てて、今後の議論の叩き台としたことに照応している。全国から郷土史家の集った座談会という環境は、まさにその実験を行うにふさわしい場だった。

柳田の勧めに応じて比嘉は沖縄では正月に餅を用いないことを紹介し、製法、搗《ま》き方、さらに使われる用途も本土とは異なっている点を挙げて、沖縄の祖霊祭祀と関連させながら説明を加えていった。次いで地理的には対極に位置する青森県から小井川潤次郎が地元で餅を搗く際に使う臼の形状から始めて、県内に伝わる種々の団子の作り方、食べ方を紹介し、正月に餅を食べる特定の日はない、と結んだ（同前、四四五〜四四九頁）。

次いで八月二日、「座談会」は前日の餅・団子に加え魚介類も素材に交えながら、継続される。各地からの紹介がひとまず終了して話題が民謡、特に子守唄に移ってから、「座談会」はこれまで以上に熱を帯びはじめる。子守唄を取り上げるように依頼したのは柳田であり、その要因として、前年に設立された恩賜財団愛育会が日本全国の子守唄の現状を知ろうとしていたことが大きい。講習会が行われてほどなく、柳田は橋浦泰雄と共著で『産育習俗語彙』を愛育会から刊行しており、餅の食習と同様、子守唄もまた柳田にとって日本の民俗比較を見る上で重要な検討材料だった。

この日も座長を務めた伊奈は、最初に子守唄に関しては素材の性格上、その村に住んでいる人から聞いたことを重視して、敢えて指名は行わないとことわった。それに応じてまず、能田太郎が自分の知る限り最も秀逸と思われる子守唄として青森県五戸町に伝わるものを紹介し、五戸町出身である夫人の能田多代子が実際にそれを歌ってみせたところ、小井川潤次郎が五戸町と丘ひとつ隔てた所で歌われる子守唄だと、先程の歌詞と抑揚とは微妙に違うので、自分は五戸町の唄だと調子がとれないとして、自分にとって調子のとれる歌詞で歌ってみせた。これに呼応して、小林存が越後の紫雲寺郷で歌われる子守唄で似かよった歌詞を持つものを挙げ、岸田定雄（奈良県吉野の大淀町）、原田清（奥三河）がこれに続く。子守唄の中に時折、「柄の悪い」ものがあり、恐らくそれは子守同士が行き交った時、一方が自分の背負っている子供を誉め、もう一方の背負う子供を悪く言うことに一因がある、とする感想が原田によって加えられる（同前、四七九～四八四頁）。

座長による指名が行われなかったことから、発言はこの後、ランダムな形で進行する。そのため、隣接地域に漸次視点を移動させながら比較を行う視点は限られることとなったが、次々に各地の郷土史家が立って在地の子守唄を紹介する風景は、愛育会の活動に資するという当初の意図を超えて、そこに参加した会衆にとり、日本各地の郷土が連なっていく様を印象付けるものだった。

そして締め括りは、金田一京助がアイヌが子供を寝かしつける時の文句、叙事詩、さらに故郷盛岡の子守唄を紹介して一段落となった。この後も、座談会は祭礼（八月三日、四日）、食習と祭礼の関係、女性と労働（八月四日）、婚姻（八月五日）と続き、最終日の八月六日には東京在住の郷土史家が各々自己紹介を行った。『民間伝承論』の中で柳田は各地の民俗事象を重ねて比較し、その変遷の過程を見ることを説いたが、「座談会」は、郷土史家を通してという限定が付されるものの、それが眼前に広がっていくものだった。

聴講者の交流は講習会の会場に限られていたわけではない。上京してきた郷土史家はその日の講習が終わると、随意で意見交換の場を持った。例えば高知県から出席した橋詰延寿はたまたま同宿した長野県の郷土史家たちとの間で談話会を設けており（前掲『日本民俗学研究』四四〇頁）、短い会期の間に参加者の間でも相互に緊密な連絡網が生まれつつあった。

「日本民俗学講習会」がもたらした盛況は、主催者が想定していた意図をはるかに超えるものだった。ひとつは文化人類学と民俗学というこれまで柳田を軸に絶えず軋轢を繰り広げてきたふたつの新興の学問が、各々の領分を確認しあうという配置が聴衆・関係学者たちに示されたこと、いまひとつは、それまで総じて横のつながりのなかった各地の郷土史家たちの間で、類似した民俗事象を素材に比較を通した共通の研究課題が遠隔地であっても実現可能であることが分かったことである。

「民間伝承の会」

各地から集まった郷土史家の間ではこれを契機として、全国的な民俗学研究の組織を作ることが良いのではないか、という意見が次第に聞かれるようになった。恐らくこれはそこに参加していた会衆に共通したものだったであろう。この空気を察知して実行に移した一人が橋浦泰雄だった。当時の橋浦は一九三四年一月、日本プロレタリア美術家同盟の解散を受けて実質的に社会主義運動から離脱していたが、この種の企画に表立って加わることは当局からあらぬ誤解を招くかも知れないことを公算に入れ、大阪から参加していた宮本常一《つねいち》に細かな指示を与え、自らは黒子に徹した。

特に神経を使ったのが、いかにして会期が終わる前に水面下で参加者の合意を調達し、最終的に柳田の賛同に漕ぎつけるかであった。すでに和解は成立していたものの、軽はずみに動くことは、まとまりかけた組織誕生への機運を崩してしまいかねなかった。宮本常一が中心になって動き、まず参加者の中で長老格に当たる伊奈森太郎、金田一京助、折口信夫らに会設立の動議が出ていることが説明され、彼らの諒諾を得た後、八月三日の座談会が終わって上京した郷土史家たちを柳田が自邸に招いた折、柳田にこの話を伝え、同意を取り付けることに成功した。

会の名称については当初、折口に決定が委ねられていたが、かねてより講演で柳田が使っている「民間伝承」という言葉をとって、ここに「民間伝承の会」が誕生することとなった（橋浦泰雄「柳田国男との出会い」『季刊柳田国男研究』二号、一九七三年夏）。この重大な場面を柳田はのちに『故郷七十年』の中で、「会の最中に、先生は来ないで下さいといつて、日本間の方で何かこそ〳〵話をしてゐたが、そのうち代表者がやつてきて、『いよいよ会を作つて雑誌も出します』といふ話になつた。」と、淡々と書いているが、そこに到るまでには、この千載一遇の機を逃さず、参加者の間を縫うようにして行われた周到な根回しがあった。

『民間伝承』の創刊

「日本民俗学講習会」の会期が終わった八月七日、「民間伝承の会」の運営方針について細かな検討が行われた。当初、宮本常一によって各都道府県に会の地方支部を作ることが急務であるとの提案が出されたが、すでに各地で自主的な活動を行っている郷土研究会の立場を尊重して、会はあくまでそれらを横からつなぐ緩やかな組織体であった方がよいとする橋浦泰雄の主張によって斥けられた（宮本常一「橋浦さんのこと」『鳥取民俗』第二号、一九七九年一二月）。

この時の組織作りにかかわる選択は、体系的な民俗把握に対して一定の距離をとり続けてきた柳田の手法と重なっている。戦後になって、橋浦泰雄は弟子の眼から見て、柳田の学問を特質付けるものがあるとすれば、それはあらゆる事象をひとつの原則によって説明しようとする「体系」ではなく、そこに到るまでにまだ若干の余裕を残す「総論」ではないかと回想しており（前掲「柳田国男との出会い」）、自分が柳田に引き付けられた理由のひとつはそこにある、としている。この言葉を組織論に反映させるならば、それはおのずからトップダウン型の強い指導原理に基づく「体系」に根ざしたものではなく、各研究会を漸進的に連ねていく「総論」に近い。「民間伝承の会」成立後の柳田民俗学が組織的に順調な発展をとげた要因も、学問的な方法と組織論がかみ合っていたことにある。

かくして一九三五年九月一八日、機関誌『民間伝承』が発刊される。創刊号に向けて柳田は「小さい問題の登録」と題する「巻頭言」を草し、「各地の採集記録や研究報告とは独立して、どこ迄も聯絡の任務の為に働くことにしたい」（『全集』二九巻、三三〇頁）と、この会報が担うべき使命を据えた。

ここで念頭に置かれているのは、先の組織方針の基調となった、それぞれの郷土研究会を連結するという役割である。それを受けて『民間伝承』の誌面は、以後、「木曜会」の枢要メンバー、および地方の有力会員による「巻頭言」のほかは、原則として地方会員からの採集報告、そして各地の郷土研究会の消息に多くを割いた。一九三六年六月号からは橋浦泰雄によって「共同課題」の項目が設定され、「米以外の食物名称とその食法」、「若者組の加入並に脱退の時期と作法」など、特定の課題に基づいた重点的な民俗採集が標榜された。

体制化する民俗学

「民間伝承の会」の結成はその運営方針の在り方とともに、まさに日本民俗学史におけるひとつの画期であった。しかしながら、ここに会組織の未来像について苦渋に満ちた眼差しで見る人物がいた。日本民俗学講習会において報告者の一人として指名された岡正雄である。講習会の成功と新しい学会組織の成立は、少なくとも岡にとっては数年来の確執を経たのち、ようやく柳田と協調関係に入ったことを感じさせる出来事だった。

しかし岡の展望は『民間伝承』の創刊号を手にした時、もろくも潰えてしまう。岡にとって日本民俗学講習会は、少なくとも文化人類学と民俗学が互いに認め合う形で終了した記念的な会合であり、そこから生まれた「民間伝承の会」は、当然、双方の学問が新たに歩調を合わせた新しい運営がなされるものと理解された。岡は一九三五年一〇月八日付で編集に関わっていた橋浦泰雄に宛てて書簡を送り、各記事とも余りに御座なりであること、項目が多すぎるため、ひとつひとつに割り当てられる枚数が少なく、そのことで十分な論の展開がはかられていないことを挙げ、速やかに誌面構成を変えるよう強く訴えた。しかしその後も『民間伝承』は、当初の体裁で発行され続ける。

確かに『民間伝承』もやや遅れて一九三七年一一月号には、ファン・ヘネップ『民俗学』の抄訳が掲載されたし、翌三八年には当時、石田英一郎がウィーンで師事していたウィルヘルム・シュミットの「民族学と民俗学」（三月号）をはじめ、ヨーロッパの民俗学の紹介記事が頻繁に掲載されたが、いずれも単発的なもので終わっており、編集の主眼が置かれていたのはやはり細かな地方からの簡潔な採集報告だったことを裏付けている。

『民間伝承』には、柳田がそれまで関わった『民族』その他の雑誌と比べた時、ひとつの変化があった。すなわち過去に行ったような、編集事務上の細かな作業に直接関わることはなく、実務の多くは「木曜会」のメンバーに委ねられた。このことは、すでに柳田が信頼するみずからの研究体制を構築したことを意味している。しかしそれは、岡のような外側の眼から見た時、明らかに柳田民俗学は隣接する学問分野との交流から創意を汲み出す機会を逸したと映った。

同種の懸念はやや遅れて民俗学の内部からも発せられている。一九三九年六月、『民間伝承』に長崎県壱岐の郷土史家・山口麻太郎は「民俗資料と村の性格」と題する一文を寄せ、民俗事象とは本来、その場所に生活している者と有機的に繋がっているものであり、それを外からやってきた研究者が採集し、中央（東京）に整理保管されることは、個々の資料の持つ個性、ひいては村の個性を失わせるとした。広く郷土相互の連結が行われ、総合されていく一方、郷土研究そのものの個別性は相対化されていくというパラドックスがここに生まれる（柄谷行人『柳田国男論』インスクリプト、二〇一三年、九五頁）。民間習俗とはそれを形作ってきた無数の担い手による体験と連なっている点で、記憶の領分

『民間伝承』（第８巻第６号）

とも分かちがたく結び付いている。その意味で山口の指摘は、体制下で集積される民俗資料とは、それを生み出した個々の記憶から遊離しているという重大な問題を投げかけていた。

いまだ体制化が進展していない一九三一年四月、柳田は朝鮮、九州を廻る旅行で壱岐を訪れ、出迎えた山口に対し、菜の花盛りの風景を見て、かつて朝鮮への渡航時船上から壱岐の菜の花を見た記憶から、ふたつの菜の花の色が違うとして、菜種の品種が変わっていないかと尋ねた。ちょうど在来種が新品に変わる途上だったので、その観察眼に山口は一驚した（山口麻太郎「壱岐島にお迎えした柳田先生」『定本』九巻、月報三、一九六二年）。外部の観察者として示した柳田の力量を目の当たりにしながら、同時にその体制について疑問を示す点で山口の批判は複雑な構造を持つ。恐らくこの批判は柳田に個人として接した多くの郷土史家に共通するものだった。

日本民俗学講習会が成功裏に終わったことを受けて、翌一九三六年八月三日から七日に第二回講習会が国学院大学で開催され、柳田をはじめ、木曜会を中心とする民俗学者の報告、そして座談会という前回とほぼ同様の構成で行われた。会場で柳田は、外套の一番上にボタンをかけて襟の所を隠した、学生の目から見てもハイカラな出で立ちで現れ、受付を手伝っていた戸板康二は、そこに二世市川左団次の自由劇場に『ボルクマン』の上演を薦めたイプセン会時代の風貌を読み取った（戸板康二「風貌」『定本』八巻、月報二、一九六二年）。

同年九月一九日には大阪でも近畿民俗学会主催で大阪朝日新聞・大阪府の後援を受けて日本民俗学連続講習会が翌年まで開催され、初日は柳田による講演「政治教育の為に」をもって開会の辞とした。

さらに東京でも主婦や社会人に向けて民俗学の総説から各論を分かりやすく講義する趣旨で、一九三七年一月から日本民俗学講座が開催されるようになり、連日多くの聴衆を引き付け、何回かの会期を経て最終的には一九四〇年三月まで続いた。そして予定の第三期を変更して翌三八年まで第六期を数えるまで続いた（前掲『柳田国男伝』八四四～八四七頁）。

民俗語彙の編纂

日本民俗学講習会が行われた一九三五年、先述した『産育習俗語彙』が愛育会より刊行される。基礎となった資料はこれに先立つ十数年間、柳田の周囲で集められた採集記録や、交流のある郷土雑誌から摘出したものであり、以後、柳田は弟子と共編で婚姻、隠居、葬送など、主題ごとに民俗語彙をまとめ、続々と刊行する。同書の冒頭で柳田は小児の社会上の地位を見る上で、各地の習俗比較は有効な手段となり得るとし、これを読んで自分の住む地域に「さういふ話ならば此方にもある」と思ったら、一つでもいいので報告を乞う、とした（同前、一～二頁）。一連の習俗語彙集は明らかに地方の郷土史家、同好の士が念頭に置かれていた。

貴族院書記官長時代、柳田は個人的に地名に関するカードを作成し、一箱になるまでになったが、十分生かせないままで終わった経験があった。カードは一九一六年、官舎を訪ねた東条操が譲り受けたが、その際、柳田は折角資料を集めても、収集が自己目的化してしまうと却って研究意欲が削がれてしまうと言い添えた（東条操「柳田先生と方言研究」『定本』二〇巻、月報八）。その事跡と対照させる時、柳田は眼前の生活から生まれる疑問、その背後にある社会変動という明確な問題意識に裏打ちされた民俗収集という環境を、自分一人によらず、各地方にまたがって郷土史家に委ねる形で得たといえる。すでにみたように、一九二〇年代後半、柳田は「蝸牛考」をはじめ、「聟入考」「葬制の沿革について」などの論考で、単体のモノに関する呼称、或いは特定の民俗事象について、関連する語彙を比較しながら意味上の差異を検出し、生活史上の変遷を見出す分析方法をすでに確立していたが、ここにその実践が広い形で行われようとしていた。

ここで習俗語彙という時、さしあたりそれは日本語による生活基盤の上に立っていることが条件となる。複数の地域から採集された語彙によって習俗比較を行う際にも、そこには共通の言語を通した生活感覚があることが前提となる。それに関して象徴的な出来事がある。『産育習俗語彙』が刊行された同じ一九三五年、『遠野物語』が再刊された折、柳田は遠野近隣でアイヌ語起源と思われる地名についての記述を削除しているのである。それればかりでなく、柳田はあたかも「継子」のように、その後の仕事に同書を組み入れようとしなかった（石井正己『『遠野物語』を読み解く』平凡社、二〇〇九年、二六頁）。刊行から四半世紀を経て、いまや桑原武夫、今西錦司など、一部の優れた識者によって、同書の文学的価値、自然誌としての先駆性はようやく評価されようとしていた。しかし、柳田その人は自身の学問の組織化という課題を前に、『遠野物語』を自分の仕事の中心に置かないという選択を行ったのである。

読者層の拡大

「民間伝承の会」の地方への浸透に伴い、柳田の影響力は飛躍的に拡大した。加えて三〇年代後半に入ると、柳田の仕事が書籍という形でより広い読者に向けて発信されるようになる。『遠野物語』や『石神問答』に代表されるように、それまでの柳田の書く本とは、公刊する場合でも、聚精堂、郷土出版社、甲寅叢書刊行所など、必ずしも商業出版とは言えない版元から少部数が出版されることが多く、それ以外でも、通信教育としての講義録という形式が多かった。これらはいずれも、通常の商業ルートとは異なる形態だった（佐藤健二『柳田国男の歴史社会学』岩波書店、二〇一五年、四三～四四頁）。

そもそも柳田は生涯を通じ、頁数の多い本を書こうとしなかった。恐らく一九三〇年代以降のことと考えられるが、時々完成稿をみて、「どうも長くなった、もっとあっさり説き明かせそうなものだが、うまくいかなかった」ともらすことがあった。この逸話の通り、柳田にとって学位論文並みの長大な論文を書くことは眼中になかった。少なくとも民俗学者としての柳田を近くから見る者にとって、『明治大正史世相篇』など、僅かな例外を除けば柳田は意図して五〇〇頁を超えるものを公刊しようとした形跡がない。それだけ柳田の書いた本とは、浩瀚な論文集ではなく、読者の側から見て手に合う長さのものが多かった（和歌森太郎「柳田先生に学んだもの」『定本』五巻、月報九、一九六二年）。

さかのぼって考える時、こうした柳田の著作の特色を決定付けたのが、一九三八年から刊行が始まった創元選書である。同選書は柳田の『昔話と文学』を第一回配本とし、以後、敗戦の年に到るまで柳田の著作は再刊四冊、新著一一冊を数えた。その中には、『雪国の春』『孤猿随筆』『海南小記』など、現在でも個人の全集、著作集をはなれ、柳田の文章を味読する上で一個のまとまりを持つ文集も少なくない。創元選書の刊行は、柳田の著作が身近に読めるようになった点で、その後の柳田の読書層を広げる役割を果たした。その中には、『国語の将来』『木綿以前の事』のように、これまで分散して発表されてきた柳田の文章が似かよった主題を持つものへと一冊にまとめられることで、柳田の問題意識がどこにあるのか、分かりやすく読者に受け止められる環境を作った。

出版との関連から柳田を見る時、柳田の仕事には新しい手法を駆使しながら、それが繰り返されずに終わった例が散見される。佐々木喜善の話を自分なりに「感じたるまゝ」記した『遠野物語』は、その先駆であるし、色彩感覚と音に着目して生活史を一新した『明治大正史世相篇』冒頭の「眼に映ずる世相」、弟子の倉田一郎が遺した採集記録を一部援用して、柳田にとっては未踏地でありながら海と陸との狭間にある生活形態の変容、信仰のあり方を探求したモノグラフ『北小浦民俗誌』（一九四九年）まで、その仕事には新しい試みが見え隠れするものが少なくなかった。

近代社会でマスコミュニケーションが発達してくると、一度読者を引き付ける本を書いた場合、同じ傾向、同じ手法によるものを書いてほしいと版元・編集者から言われることが多くなる。仮にそこで異なる手法を使うと、商業的な観点から歓迎されないことが多い。民間習俗、民衆史という領分に立って読者層を持つ一方、柳田は自らすすんで読者受けするものを書こうとはしなかった。結果的に『雪国の春』のように刊行してすぐに版を重ねたものがあったが、そこには方法・記述的に意図することはあっても、商業的に当たることと結び付いたわけではない。そこに柳田が筆耕によって糧を得る意識がもともと薄かったこと、さらには柳田の芸術家的な気質を読み取ることができる。

長きにわたって高等官として官界に身を置いたのち、長らく朝日新聞社編集局顧問をつとめ、その内の一時期は自由に旅行できるという環境に柳田があったことは、明らかに出版上の商業主義から距離をとる自由を与えた。その柳田が次第に読者層を拡大し始めたことは、むしろ、読者の側が柳田に引き寄せられる形をとった。

佐多稲子は『木綿以前の事』所収「凡人文藝」の「女たちは胸の奥底に、歌はぬ歌を絶えず抱へて持つて居た」のくだりを読んで、「じめついた女自身を見直」す思いがした（「柳田先生」『定本』一〇巻、月報七、一九六二年）。或いは永瀬清子のように、かつて柳田がまとめた日本各地の羽衣伝説を自分の詩的直観によって読みなおし、地上に止まり夫・子供の世話をしながら老いていく「昇らぬ天女」という新しいモティーフを創出した例もあった（永瀬清子「諸国の天女は」『四季』一九三九年二月号）。柳田の論考に投影されているかつて詩人として発揮された直観、想像力は、それを読む側の動機と結び付く時、独創的な光が当てられる。柳田民俗学が体制化する中で篤実な民俗採集が蓄積していく一方、柳田を特徴付ける文学的な想像力は受け取り手をむしろ組織の外側に得ていくこととなる。

『木綿以前の事』　一九三九年に創元叢書の一冊として刊行された『木綿以前の事』で柳田は、感覚から捉えた生活史上の変遷という身近でありながら、捉えにくい課題に取り組んでいる。冒頭を飾る同名の一文は『炭俵』『ひさご』の連句から元禄初年の木綿着を生活背景とともに描写し、同書で描かれる世界を据える。発表されたのは一九二四年一〇月であり、民俗資料としての俳諧に対する関心が柳田の中で高まっていた時期に符合する。

同書はさらにさかのぼって関連する論考を収録している。そのひとつ、「何を着ていたか」（原題「私共の祖先は何な著物を著て居ましたか」）は、一九一一年六月の『斯民家庭』に発表されたものである。

この中で柳田は、ここ二、三〇年の間に日本人の衣服の嗜好は驚くほど変わったとして、「紡績の糸で織ったつやのある木綿ばかりが田舎へまでも」流通していることを挙げている。そして、「しかもこのもめん綿というものそれ自身、わが邦における歴史は短いのである」として、むしろその前史たる麻を素材とした時期にこそ注目すべきことを説く（『全集』九巻、四三七〜四三八頁）。「木綿以前」の世界を描くことで日本人の生活事象の大凡を見渡すことができるのではないかという感触は、すでにこの頃芽生えていた。当時、柳田が山人を先住民と捉えていた時期にあったことを考えれば、この直観は山人から漂泊民を経て稲作農耕民に到る柳田の関心の推移にあっても、崩れることなく残ったといえる。いまだ民俗資料としての俳諧に価値を置く以前だったとはいえ、同書所収論文中、最も遅い「火吹竹のことなど」（『改造』一九三九年二月）など、他の諸篇の中に入れてもそこにひとつの流れと均衡を保っている。

『木綿以前の事』
（創元選書，昭和14年５月刊）

『民間伝承論』『郷土生活の研究法』に代表される民俗学の概論、方法に関わる著作と併行しながら、三〇年代の柳田には、俳諧を積極的に資料として活用した論考が目立つ。とりわけその中でも目を引くのは、柳田が素材としての俳諧だけでなく、そこで行われるやり取りの中に、民俗学の組織上の理想を重ね合わせているところにある。

同書所収の「山伏と島流し」(『俳句講座』七、改造社、一九三二年)において柳田は近世の俳諧を「日本にたつた一つ、今も我々の保養の為に残つて居る有閑文学である」とし、「この同時代の同情豊なる生活描写が、すべて各俳人の個々の実験に拠つて立」つことに注目する。そして突出した個性を強調する現代文学とは異なり、ここで生活描写を基礎づける感覚はもともと座を同じくする仲間に共有されるものであって、一人の感じたことが他の朋輩の修養にもなるとして、その環境を高く評価した(『全集』九巻、五七三〜五七四頁)。この環境の具体的な担い手を柳田は「地方に割拠した連衆の群」としたが、生活感覚を共にし、それを言葉の上で実験する形式は、当時、自身の民俗学の在るべき組織を模索していた柳田の理想像へと連なっていく。

この環境を成り立たせるためには、言葉の習熟とともに、その前提となる折々の習俗への理解が必要となり、さらには世代を超えて継承される生活感覚が不可欠となる点で、郷土の問題とも重なり得る。「日本民俗学講習会」の座談会が示すように、自分の身の回りにも似たような事象はある、或いは自分にもそれに近いことは感じた経験があるという感覚に触発され、郷土研究の提携が生まれることを考えれば、「連衆の群」は各地の郷土研究会に通じる性格を持っていた。その意味で『木綿以前の事』は、文学と学問が提携しながら同時に組織の在り方にも繫がる点で、大正末の一時期、「俳諧とFolk-Lore」において柳田が模索した課題がひとつの形を結んだといえる。各郷土を媒介とした民俗学の浸透、そして俳諧の持つ教授と感化の機能、このふたつは柳田の中で密接に連関し合っていた。

経験的な論理

一九三〇年代の柳田は国語教育に対する発言が目立つようになる。その骨子は、広く民間の言語生活とは、就学前に家・母親から教わる言葉から出発するものであり、本来言葉とは仲間の間で生き生きとした意思疎通ができること、内面の思索や感じたことが表現できることを指標にすべきであることにあった（「国語教育への期待」初出『方言』一九三五年五月、『全集』二巻、一八四〜一八五、二五二頁）。そしてこうした日常の堆積から生まれる言葉は、「平凡なる昔からの実験」を経ているぶん、或る合理性がそこにあると位置付けた（同前、二四八頁）。こうした主張はおのずから、標準語を正統と位置付け、その普及徹底をはかる同時代の国語政策に対する批判を含んでおり、学校教育における国語のみが言葉でないことを示すものだった。

一九四〇年四月、『月刊民芸』で行われた座談会「民芸と民俗学の問題」は、直観によって対象の中に美的な価値を見出す柳宗悦と、日常経験の中から生活の変遷過程を見る柳田との相違が明示された場面としてよく引かれる。しかし一方でこの座談は、沖縄を訪れ方言札に象徴される標準語教育の徹底に危機感を抱いた柳が、柳田に国語・方言の専門家としての立場から意見を求めるという側面があり、柳田が多様な感情を表す言葉を果たして現在の標準語は供給しているか、という立場から方言札の早期撤廃に言及した点で（『民俗学について——第二柳田國男対談集』筑摩書房、一九六五年、九八〜九九頁）、両者が性急な上からの国語政策に対し、懸念を共有した例として見ることもできる。一九三七年、盧溝橋事件に端を発する日中戦争の開始から敗戦に到るまで、日本の民間生活はさらなる多くの規制を受けることとなる。それは物質的な側面にとどまらず、日常の言葉にも及んだ。戦時下の昂揚感の中で、「暴文膺懲《ぼうしようちょう》」「鬼畜米英」など、多くの戦意昂揚のためのスローガンや時局用語が民間に浸透していく。有無を言わさない正しさを前提とするこれらの言葉が日常の世界に降りてきた時、それを文脈中で分析的に捉え、それに対する論理を自分で立てることは、極めてむつかしい。その意味で戦時下とは、自らの思索によって言葉を使う点で、日本語が混乱を来した時期でもあった。それを回避した文学者は自身の文章に対する姿勢を打ち出した人物に限られる。

ひとつの形としては、泉鏡花、谷崎潤一郎などにみられる日本語そのものの曖昧さや多義性を巧みに取り入れる方法であろう。青年期に残した抒情詩や、直截な記述の向こうにある暗示に富んだ『遠野物語』の記述を思い出せば、柳田はこちらの形に分類できる印象を与える。しかし、一九三〇年代以降、柳田が民俗学の立場から日本語に取り組む際、まず大切にしたのは民間伝承の中に網の目のように張りめぐらされた「生活の理法」、つまり論理の方だった。戦時下の困難な執筆環境にあった中野重治が柳田のもとへ出入りするようになったのも、生活から生まれる論理を説いた柳田の『国語の将来』（創元選書、一九三九年）に共感したことが大きい。

『国語の将来』で説かれたのは、日本語にもっと経験的な論理を導入し、筋道の立った思考を根付かせることだった。柳田が危惧したのは、他者の言葉から意味を受け取る場合、言葉の意味が分析されない状態で分かったような気分になることである。同じ日本語を使う場合、日本人は聞き手として迅速に相手の気持ちを理解することに長けている一方、その回路から外れた場合、周囲でそれを「これが判らないのかとさげすむ」傾向を持つ。民俗学において言葉以前の「心意」に重きを置いた柳田であるが、眼前の生活で使う言葉については、論理的に辻褄の合わないことは、はっきりと分からないと言い切る勇気を持つべきことを説いた（『全集』一〇巻、四七〜四八頁）。

その上で、柳田は同書で新しい言葉の登場を展望する。かつて日本人は新しく言葉を使うにあたって、徹底した経験に基づき、その有効性を試した上でこれを使っていたが、この延長に立って新造語を作ることを勧める。その際、詩歌に残る良質な言葉は、学者が考案したものよりも「田園の土の香」から生まれたものが多い、というかつて傾倒したアナトール・フランスを引いて、入用な新しい言葉を民間から作ることを提案した（同前、五〇〜五一頁）。

ただし、こうした「国語」改革案とは別に、個人として言葉を使う時、柳田はあらゆる対象を論理によって明晰に解説できることには留保を付ける。一部の形容詞、無形名詞や都市で作られた新語に意味が分かりかねるものがあること、或いは標準語の世界で方言の持つ「話主の内部の刻々の気持」までには到らないこと（同前、一九一、二二二頁）、これらは生活の中で長い時間をかけて考えてゆくべきものである。言いかえれば、経験的である以上、どこかに説明しきれない余地を残すことを認め、時間に沿ってその言葉の意味がずれることも認める。すなわち曖昧な部分を認めるのである。これについては柳田が使ってきた言葉をみれば分かる。時期を追うごとに範囲を変容させた「常民」にみるように、もともと柳田は自分の定義を狭くしたり広くしたり、さながら飴細工のようにして使う。このことは近代日本の学者の多くがヨーロッパから借りてきた定義を硬く、違えることなく原寸大で使おうとすることと著しい対照をなしている。これは柳田が平談俗語をひとつの手本にしていることが大きい。平談俗語とは、決して定義によって縛られることのないものであり、絶えず話に応じて定義を広げたり、狭めたりして使うものである。この方法は、「郷土」のような伸縮性に富む概念を扱う時、その力を発揮する半面、対象への明晰さを欠くことから生じる「曖昧さ」を免れ得ない。しかしながら、柳田がこの「曖昧さ」を維持したことは、とりわけ戦時下に大きな意味を持った。

戦時下の日本において、「常民」は「国民」に置きかえられてしまう可能性を孕んでいた。近代以降に登場した言葉によって、前近代の生活事象の担い手を覆い尽くそうとするこの動静の中で柳田は従来の明確な定義には留保をつける姿勢を崩さなかった。換言すれば、「常民」に象徴される「曖昧さ」こそ、柳田の強みだったといえる。戦時下において柳田が戦争の世相に乗じた作品を書くことがなかった理由も、こうした柳田の執筆姿勢を抜きにしては考えられない。

およそ近現代の文学者の中で柳田ほど口語――それも民間における喋り言葉によって日本語の継承を重視した人物は少ない。『遠野物語』、『山の人生』、或いは「豆手帖から」に収められた文章に見るように、柳田は深い対話のきっかけを作るのは、洗練された学術用語ではなく、日常の言葉にあると考える側に立つ。その一方で、『国語の将来』(一九三九年)にまとめられた日本語への提言に見る通り、柳田は口語だけに任せておくと、いかに言葉が粗末にかつ投げ遣りになり、すさんでいく可能性があるかについても熟知していた。どこかで古い表現であっても文章という型であらわすことは、未然に言葉の荒廃を防ぐというのが柳田の方針だった。この口言と文章語の細やかな配置こそ、柳田の目指す将来の日本語だった。

3 「銃後」の民俗学

戦時下の比較民俗学

拡大する戦線、とりわけ太平洋戦争が始まった初期の段階で、島嶼部に到る東南アジア地域を占領下に置いたことで、台湾、朝鮮、満州国を含め、「帝国日本」の領域には多くの異民族が包含されることになった。これに先んじて論壇でもすでに、日本によって領導されるアジアという視点から議論がかまびすしく行われており、多くの関連書籍が流通していた。

一九三〇年代末になると、柳田の言説にも、この状況を意識したものが散見されるようになる。とりわけ日本の民話、昔話をアジア他地域の視野に広げて比較することで、その系統を大きな見取図の中におさめることに柳田はこの時期、強い関心を寄せていた。「アジアに寄する言葉」(『アジア問題講座』一巻、政治・軍事篇一、創元社、一九三九年)の中で柳田は、古来、文化交渉を持ってきた日本と中国に同系統の昔話があることを例に、両者の民俗比較の可能性を説き、「しかもあの四角い字だけははるかに容易に読み得たのである」(『全集』三〇巻、一七五頁)と、欧米の学者よりも恵まれた環境に日本人研究者がいることを説いた。数年前、『民間伝承論』において展望された世界民俗学は、その間の国内における民俗採集が進展したことに伴い、柳田にとって少なくとも以前より身近なものとなりつつあった。

これにやや遅れて官立の研究機関でも体制上、大きな動きがあった。一九四二年に民族政策への寄与を目的とする文部省直轄の研究機関として民族研究所の設立が決定され、翌年実現する。所長に高田保馬、総務部長には岡正雄が就任した。一九三四年に渋沢敬三の肝煎りで結成された日本民族学会も、四二年の決定を受けて日本民族学協会と改称し、研究所の外郭団体として活動を続けた。

アジア規模での民俗比較実現の機会は、一九四三年より計画が始まった柳田の古稀記念事業の中で現実味を帯び始める。この年の六月、木曜会は来年に向けて行う事業として、柳田の古稀記念会を掲げた（橋浦泰雄「柳田国男先生古稀記念覚書」、以下「覚書」）。「民間伝承の会」が柳田の還暦記念として開催された「日本民俗学講習会」を契機として設立されたため、当初から学界を挙げての一大事業となることが想定された。七月には実行委員会が結成され、折口信夫が中心となって委員の顔ぶれが決定される。

多岐にわたる計画のうち、大きな柱のひとつとなったのが「日本民俗学全国大会」だった。当初実行委員会では、九州、近畿、東北など、開催地を国内に限定していたが、一九四三年八月に新京、九月には台湾、北京、朝鮮を加えることが決定された。このうち、台湾には台北帝国大学教授の人類学者・金関丈夫が『民俗台湾』を刊行しており、北京には北京輔仁大学で「木曜会」メンバーだった直江広治が一九四三年度より日本民俗学の講師を務めていた。また、満州建国大学では全国山村生活調査、海村調査に加わった大間知篤三が民族学を教えており、ツングース系少数民族の調査にも従事していた。

これら海外・植民地における「大会」の計画は、いずれも渡航条件の悪化に伴い中止を余儀なくされたが、一連の準備作業は比較民俗学をめぐる柳田の判断を見る上で重要である。

自身の民俗学をアジア規模で展開する機運が高まりつつある中で、柳田はそれを好機と捉える一方、それまでの慎重さを崩していない。一九四三年九月、『文藝春秋』で行われた座談会「民間伝承に就て」では、すでに日本浪曼派の一員として日本主導のアジア主義へと超出していた浅野晃が東南アジア島嶼部を引き合いに、柳田の「民間伝承の学」を「常識」のレベルまで拡大する必要を説いたところ、柳田は同胞に抱く熱意を、すぐに違った人種に転用することは困難である、として「われわれはまだ彼らの霊魂にはふれていないからね」と、「民族学」と「民俗学」の混同をいましめている（前掲『柳田國男対談集』一一七～一一九頁）。

柳田の対応にひとつの尺度を求めるならば、「大会」の候補地となる地域で、受け入れ先となる日本人研究者が地元の研究者との間に信頼を築いているか、に重きを置いていたといえる。この場合、さらにその研究者は柳田の仕事の理解者であることが求められる。その意味で台湾は柳田にとり、まさに理想的といえた。

一九四三年上京した金関を囲んで行った座談会で柳田は台湾人研究者と緊密に連携して『民俗台湾』を編集している金関の仕事を高く評価し、「大東亜民俗学」のために最良の条件を備えていると した（「柳田國男氏を圍みて」『民俗台湾』一九四三年一二月）。これに対し、当初開催候補地として挙がった朝鮮は、その後の「覚書」にのぼることはなく、早い段階で脱落したと推測される。朝鮮について柳田は、一九四〇年に『朝鮮民俗』のために筆を起こした「比較民俗学の問題」において、日本画家としてその景観に心を動かされ、「万葉集が歩いてゐますよ」と、兄に朝鮮行きを勧めた弟・松岡映丘の言葉を引き、これを皮相に止まる直観に過ぎないと切り捨てた（『全集』三四巻、一三九頁）。

北京の場合、直江広治は当時、北京大学教授の職にあった周作人と交流があり、一九四三年には周、柳田、折口などを顧問とする「東方民俗研究会」を結成している。周作人は『遠野物語』を初版で読み、早くから柳田に傾倒して、北京大学内に設けた歌謡徴集処を拠点に、民謡採集につとめていた。その意味で、比較民俗学の可能性を模索する上で「大会」の実現はその試金石でもあり、折口信夫らが渡航を予定していたが、戦局悪化に伴い開催されることなく終わる。

「一国民俗学」の枠を越えて民俗を比較しようとする際、それまで以上に他者への理解が必要となる。例えば、独創的な体系を作った学者が、やはり別の体系を作った独創的な学者に向かって、誠実に対した時、「成程、こういう考え方があるんですね」と答えるのが学問上、本来の姿である。

かりに、この話を民俗学に置くとどうなるか。もともと民間習俗とは、何年もかけてその土地の感じ方の上に作られた無数の経験知の上に築き上げられたものである。この経験知とは、理論面だけをとってみても、日本の民俗学に大きな影響を与えたドイツ、フランス、イギリスそれぞれの土壌で異なっている。したがって日本民俗学からみた場合でも、台湾の民俗学、朝鮮の民俗学もまた、それぞれ異なっていることを前提に話をすすめることが望まれる。そして本来、その土着の習俗を重んじるならば、これらを通じて「こういう考え方があるんですね」と、誠意ある返答が民俗学の中からあらわれてくるべきである。柳田が世界民俗学、ないし比較民俗学に対して見せた慎重さは、本人の同時代的な思惑を超え、当該の学問が一朝一夕には構築し得ないことを示唆している。

戦時下の学界、文学界にあって

一九四〇年代に入ると、「民間伝承の会」も戦時下の翼賛運動から協力を求められるようになる。一九四一年には大政翼賛会の委託により民間の食生活に関わる採集事業、食習調査が実施され、同年九月の『民間伝承』で会員への協力が呼びかけられる。『民間伝承』は一九三八年九月より橋浦泰雄が編集長となり、戦争末期は自宅を発行所として成城の柳田邸との間を徒歩で往復し、一九四三年一二月の休刊まで編集を続けた。この間、「民間伝承の会」の新入会員数は着実な伸びを示し、一九四一年には二二四名、四二年には三八五名を数えた。

こうした中にあって柳田は愛国日本少国民文化協会、日本文学報国会にそれぞれ顧問、理事として就任するなど、個人としていくつかの翼賛組織に名を連ねた。具体的な事業として、前者は「愛国いろはかるた」の選定委員、後者は連句委員会での活動が挙げられる。一九四四年四月、日本文学報国会俳句部会では連句の部を作る計画が持ち上がり、柳田は折口らによって準備委員会の一人として俳句部会の長をつとめる高浜虚子とともに中心に押し出された。当初、委員長への就任を乞われたが、柳田は巧みにこれを断り、虚子が就任することとなった（加藤守雄『わが師折口信夫』文藝春秋、一九六七年、一九一〜一九五頁）。

一九四四年五月に最初の打ち合わせが鎌倉で行われ、八月にかけて数回もたれた。その成果として、昭和俳諧式目が発表され、「発句はもとより、脇句以下の附句も、各々一句としての独自性を有し、各句間に於いては調和と変化に留意して、発展性のあるものたるべきなり」（東明雅・杉内徒司・大畑健司編『連句辞典』東京堂出版、一九八六年、七三頁）と連句の在り方を定めた。同年一二月八日には連句委員によって明治神宮に歌仙一巻が奉納される（『柳田国男伝』九二三頁）。

後年柳田は、「文学報国会で、今時の連句としては、あまりむずかしい規則ではだめだ。法三章でいこうといふことで、やって居りました」（「成城連句座談会」『俳句研究』一九四八年九月号）と回想しているが、民俗の素材として俳諧の持つ価値を認め、一句一句の「独自性」よりも連衆を「群」として捉え互いの感覚的な往還を重視した柳田にとって、その環境を「式目」として明文化することは果たして意に沿うものだったかむつかしい所である。戦後になってからも柳田は、現代の俳諧の在り方として、発句を独立させて技巧を凝らすのではなく、三人から五人を大切にすることを説いており（「現代と俳諧」初出『復活』一九四九年二月、『全集』三一巻、五六一、五六八頁）、教授機能としての俳諧は新しい世代にも継承されるべきものとして捉えられていた。

ひとたび民俗学から離れ、広く社会科学の分野で時勢にかかわらず実証的な研究に対し、柳田は高い評価を送っている。そのひとつに清水三男『日本中世の村落』（一九四二年）がある。かねてから清水は中世武士が名主、そして地主としての側面を持つという『日本農民史』において柳田が展開した論旨に注目してその証明に努めており、柳田はその仕事に注目していた。当時、柳田は国民学術協会の協会賞選考委員を務めていたが、一九四四年度の候補作品として同書を推す。この時、すでに清水は北方派遣暁第六一四一部隊に所属し、千島に駐屯しており、桑木厳翼からこの報を聞き、柳田に礼状をしたためた（松尾尊兊「歴史と私」『歴史手帖』一九九六年一二月）。「炭焼日記」には一九四四年五月一三日の受賞式で清水が代理を出してこれを受け取った記述がある（『全集』二〇巻、五〇二頁）。清水はかつてマルクス主義に傾倒し、三〇年代後半には京都人民戦線の『世界文化』グループにも関わり、検挙歴を持つ身であった。柳田は恐らく、こうした清水の前歴を知りつつ、敢えて同賞に清水を推したといえる。

一九四二年にはもう一人、戦時下の柳田をみる上で重要な人物が現れる。一九二〇年代後半の論壇を風靡した福本和夫が獄中一四年を経て出獄し、同じ鳥取出身の橋浦泰雄を介して柳田の許を訪れ、民俗採集について助言を乞う。福本といえば、抽象的な体系をもってマルクス主義をブルジョワ社会批判の方法論と位置付けた「福本イズム」によって知られるが、明治維新を封建革命をみなすコミンテルン、講座派に対する反駁として、近世日本におけるルネサンスの成立を実証するため、柳田を訪問後直ちに帰郷し、故郷下北条を拠点に実地調査にいそしむ。対象は倉吉の千刃稲扱製造、郷里付近の旧家が所蔵する水墨画などであるが、併行して細かな民俗語彙を採集し、手帖に控えて柳田に送り続けた。戦時中仮名で刊行した福本の書籍は、民俗誌に近い記述をとったものが多い。柳田はそれらの採集手帖、書簡に眼を通し添削を加えて福本に送り返した。

福本が「民間伝承の会」に入会した記録はない。また、福本の企図するところがマルクス主義に基づく日本近世史の再検討にあることを柳田はその当時、知らなかったとみてよい。しかしこの時、明らかに福本は柳田に郷土採集者として遇され、経験に基づく柳田の実証的方法によって守られていた。

福本のような孤立した場所から日本文化史の再編を思考する者にとっても、柳田の民俗学はそれを歪めることのないひとつの思想環境たり得た。

「先祖の話」　一九四五年に入ると、柳田の身辺にも直接、戦争の影響が及んでくる。「炭焼日記」には五月一五日早朝、長男の柳田為正が応召に出発し（『全集』二〇巻、六三九頁）、五月二二日には召集解除の望みが絶たれたと思しき記述「けふ湯を立てる、為正帰り来らず」（同前、六四二頁）が現れる。

前年の一一月から柳田が取り組んでいた『先祖の話』の草稿が完成したのは、その翌日五月二三日のことだった。「家永続」に対する日本人の願望は、かつて柳田が『明治大正史世相篇』で描いた、位牌を風呂敷に背負って彷徨っているところを保護された身寄りのない老人の姿が思い浮かぶが（『全集』五巻、五〇七頁）、本土決戦が間近に迫り、柳田の中で先祖を子孫が祀る連鎖が絶たれるという危機感が高まりつつあった。身近なところでは、この年、折口信夫の養子となっていた藤井春洋が二月から三月にかけて行われた硫黄島の戦いに従軍しており、戦況からみて生存は絶望視されていた。

危機感が先行すれば、「先祖」そのものが観念化していき、時局的なスローガンに陥りかねない。「国の為に戦つて死んだ若人だけは、何としても之を仏徒乃謂ふ無縁ぼとけの列に、疎外して置くわけには行くまいと思ふ」（『全集』一五巻、一九九八年、一四九頁）と執筆に到った動機を記しているように、柳田はこの時の危うい線上に自らを置いていた。緊張した執筆環境にあって、柳田は自身が接してきたいくつもの民俗事例を連ねる従来の手法により、自身の祖霊信仰論を総合していく。人は亡くなって三十三回忌を節目として、時に四十九、五〇の忌辰の法事を経ることで、祖霊となり、個性を消失して小高い山など、子孫の住む場所からほど近い所で彼らを見守りながら、盆行事や季節の祭礼の時、里へ降りて来るという循環構造がここに導き出される。同書は、敗戦をまたぐ形で刊行されるが（一九四六年四月）、柳田自身は戦後同書で展開された日本人の霊魂観に大幅な変更を加えることはなかった。

一方で柳田は同書で、自身の体験した事柄を叙述に組み入れるこれまでの姿勢を崩していない。柳田の「先祖」の捉え方を示す好例としてよく引かれる「ご先祖になる」挿話も、柳田が直接体験したことが起点となっている。この言葉を柳田は小さい頃、何度も耳にしており、将来を有望視されながら跡取り息子でなかった場合、その子供は早くから学問してご先祖になるようにと力づける言い回しとして記憶にとどめていた。それから長い期間をおいて、この記憶に連なる出来事に柳田は遭遇する。南多摩郡の丘陵地帯を毎週散策していた折、柳田は付近の原町田に住む老人で、若い頃故郷の越後高田を後にして信州で大工として腕を磨き、今や家作を相当持つまでになり、子供も六人おり、この地で一族のご先祖になるつもりであると意気軒昂に語る人物に出会う（『全集』一五巻、一六頁）。ひとつの家をおこす点で、ここにあるのは明らかに個性をもった先祖観である。先に見た個性を失って子孫を見守る先祖の体系とは別に、柳田はこうした先祖観があることを体験とともに記した。多くは次男三男坊に該当するこの境遇に、かつての松岡国男だった頃の面影を重ねることができる点で（益田勝実「先祖の話」『定本』二〇巻、月報八、一九六二年）、この話は柳田にとって自分の人生をも投影していた。

戦後、『故郷七十年』でこのくだりを再論する際、柳田は海外への移住者に向けて「先祖というものに対する考え方を変えなければならないという積極的な気持」が底の方にあったと暗示的な言葉を記した（『全集』三巻、五八～五九頁）。その点で『先祖の話』は戦時下の霊魂の行きどころだけに収まりきらない複雑な位相にあるといえる。ただし、本土決戦に向けて緊張を強いられた状況下にあって、個人の体験とともに未来への希望を託す挿話を記し、なおかつそれがひとつの日本人の先祖観へと連なっていくところに、それまでの柳田の方法との連続をみるべきである。

第七章　保守主義者としての戦後

1　いよいよ働かなければならぬ世になりぬ

「新国学談」

占領期の数年間とは柳田が一人の保守主義者として力量を問われた時でもある。それは戦前戦中からの蓄積とともに、動揺することなく敗戦を見据え、これから民間において求められるもの、或いは何に警戒すべきかについて的確に論じることでもあった。

一九四五（昭和二〇）年八月一五日の「炭焼日記」に書き付けられた「十二時大詔出づ、感激不止」（『全集』二〇巻、六七四頁）は、暗示に富んだ言い方だが、その後において自ら行うべき課題を背後に控えた言葉である。さかのぼって八月一一日、柳田は付近に住む内務官僚出身の貴族院議員・長岡隆一郎を訪れ、切迫する戦況を聞き夕方長岡から電話を受け、「いよ〳〵働かねばならぬ世になりぬ」と記しており（同前、六七二頁）、この時、すでに終戦が間近に迫っていることを知ったとみられる。

敗戦の報とは柳田にとって、自身が戦後に向けて新しい仕事に着手する契機として捉えられた。

戦後の柳田民俗学は、組織として極めて早い立ち直りを見せている。ミズーリ艦上で降伏調印がなされて程ない九月九日には、戦災によって中断した談話会「木曜会」の例会を再開して、傘下の弟子たちと民俗談義を交わしている。一九四七年には六人社より、柳田の知己を執筆陣とする『日本民俗学のために』（全一〇巻）が刊行され、四年をかけて全巻が完成する。もともとこの論文集は柳田の古稀を祝う目的で一九四三年の段階で執筆陣の選定が行われ、各人から発表題目、枚数の概算など、細かな計画がなされていた。刊行時期は当初、一九四四年を予定し締切も四三年末とされたが、戦況悪化と空襲による被害、執筆予定者の疎開などから、締切もその都度繰り延べになった。ただし、編集を担当した橋浦泰雄の所にはほとんどの原稿が敗戦前に到着し、戦後そのままの形で活字化されており、はからずも思想環境として柳田の民俗学が持つ不易性を裏付けることになった（鶴見太郎「柳田国男古稀記念事業」『人文学報』九一号、二〇〇四年一二月）。

戦後矢継ぎ早に発表される「新国学談」三部作（小山書店）の稿も着々とすすめられていた。このうち、もっとも早い「祭日考」が一九四五年一二月の執筆とされるが、柳田の三女・三千の夫であり、当時の身辺を知る宗教学者・堀一郎は一九四五年八月の自身の日記から、柳田が「新国学談」に取り組み始めたのは同年六月頃からであり、「先祖の話」を脱稿した後、すぐに構想に入ったと記している（「「新国学談」のころ」『定本』一一巻、月報一七、一―三頁）。

「新国学」に類する言葉はかつて、佐喜真興英《さきまこうえい》が著した『女人政治考』（岡書院、一九二六年）に柳田が寄せた「小序」の中で「新日本の國學」として登場しているが、なぜ柳田は敢えて敗戦直後にあって、この題名を選んだのか。そこにはやはり、論文中で展開されている内容への自信、さらには戦時中の仕事についての自負があったといえる。一九三二年、『郷土生活の研究法』の一部として収録される「新たなる国学」を草するにあたって、柳田は当今の農村問題を考える上で、上代の信仰までさかのぼって考える必要があり、その先行者として荷田春満ら国学者の系譜を引いて、現在、まさに「第二の国学」が求められていると位置付けたが（「新たなる国学」『全集』八巻、二六一～二六二頁）、戦後とは、柳田にとってまさに「新国学」が待望される時代と映った。

『新国学談』（右より昭和21年12月，22年６月，11月刊）

その「新国学談」において柳田は、地方の神社において行われる祭のほとんどが二月と一一月か四月と一一月の二回を恒例としていることを挙げ、春を山から稲田へ神を迎える儀礼とする一方、秋は山へと神を送る行事と位置付け、人と神との往還の構図を示し（『祭日考』一九四六年）、かつては山に祭場があった理由をそこに氏族の祖霊を祀る場があったことに求め、後に村へ里宮が作られることで、次第に比重がそちらへ移されたとする変容過程を示した（『山宮考』一九四七年）。

そして最後に郷社・村社など小さな神社の起源と変遷から氏神に三つの種類があり、当初、「一門氏神」であった形態が中世における分裂を経て家単位で「屋敷氏神」を祀るようになり、近世以降、村の結合力を高めるため、各々の氏神が合祀されて「村氏神」となったと位置付けた（『氏神と氏子』一九四七年）。これらはいずれも、日本人の依るべき神観念について空間、時間の双方から総合して、その構造を明らかにしたものであり、未曽有の「変転」期にあって柳田なりに石を置いた点で、まさに「国学」に値するものだった。

ただし、柳田自身はその仮説の中に身を置いていたのか、ということは今一度、考えておく必要がある。戦後、自邸を訪れたクリスチャンの編集者に対して、『先祖の話』で展開された霊魂観を説明した際、柳田は「四十日くらいまではどの辺にいるかどうかわかっているのだが、それ以後のことはわからない」と真情を語っている（佐古純一郎「大いなる遺産」『定本』一六巻、月報一〇）。或いは、同じく談話筆記のため成城を訪れた編集者から死後三三年を経て霊魂は祖霊化するという信仰を柳田自身は本当に信じているのか、という質問を受け、しばらく沈黙してからやはり自分としてはそれを信じると応えた。前者が自身の作った大きな仮説に対して個人としてどこまでそれを確実に辿ることが出来るか吐露したものだとすれば、後者は近代以前の日本人の霊魂観を総合した自身の仮説に対して近代人としての自分がどう対するか、その自己内対話の瞬間を示すものだった。

戦後改革に対して

生活改善、民間の幸福増進という課題を民俗学に託す柳田にとって、GHQ（連合国軍最高司令官総司令部）による一連の戦後改革とは、一部に強引さを伴ったものと受け止められた。生活とは過去からの蓄積と、ゆっくりとした変遷を重ねると捉える柳田にとって、外部からの強い指令に基づく改革とは、慎重に構えるべき対象と映った。それはかつて、神社合祀に代表される明治期の大字解体に対してとった態度と同一線上にある。とりわけ農地改革と神道政策は、官僚時代を含んで長らく取り組んだ問題であるだけに、柳田は自分なりに意思表示を行っている。

一九四五年一二月の神道指令によって、政教分離の名のもとに国家神道は廃止される。靖国神社の存立自体が危機に瀕した中にあって柳田は、一九四六年七月二五日から三日間にわたり、靖国神社文化講座で連続講演「氏神と氏子」を行った。当時推敲中だった先の同名の論考は、この講演を元としていた。この中で柳田は、氏神をふたつの種類に分けて話をすすめる。ひとつは祭の際これを執り行う家が定まっている神社、そしてもうひとつはそうした氏子を持たない神社である。前者が氏ごとにひとつずつある小さな社であるのに対し、後者は家同士が「合同」してひとつの氏神を祭るようになったものである。その理由を柳田は詳細に紹介していくが、特に強調するのが先祖を祭る様式が時代とともに弛緩した結果、氏子と氏神の関係に疎隔が生じ、合祀を容易にしたこと、合同で祭を行えば出費の重複がなくなるほか、「合同」することで祭の楽しさが「濃厚」になることであった（『全集』一六巻、一九九九年、二四五〜二四六、二六二〜二六四頁）。この場合、靖国神社は後者に属する。柳田は近代に入って家、氏神を超えた「戦死者」という括りの中で合祀祭を行い、大がかりな例大祭・臨時例大祭によって人々を引き付ける靖国にその突出した姿を見出し（坪内祐三『靖国』新潮社、一九九九年、一七七〜一七八頁)、これに地域の小さな氏神の姿を対置している。

この「氏神と氏子」については、第一二章「判断と常識」の中で氏神信仰という「古風な考へ方」とは「いつでも新し過ぎる者よりも大き」く、「封建思想」を無くす公教育を近代に入って七〇年以上続けておきながら、「それでもまだ消えずに居るものがありとすれば、それには又それだけの理由が無くてはならぬ」と述べた文言をはじめ、相当な箇所がGHQが所管する検閲機関CCD(民間検閲局)によって削除、修正を余儀なくされたという指摘がある(江藤淳『落ち葉の掃き寄せ』文藝春秋、一九八一年、二七五頁)。

ひるがえって一九四一年六月、東京帝大全学会で柳田は『日本の祭』(一九四二年)の基となった講演を行い、氏神信仰の視点から地方の小祭の重要性について説いたが、小さな神社、小さな祭を大切に、という主張は、一九四六年に展開される、氏神という個別の小さな神々を大切にしなければならない、という論旨とほぼ内容を同じくしている。戦争を挟んで変わらぬ柳田が矜持をもって残した主張は、GHQから見た時、旧習・旧思想の根強さを強調する文章として書き替えの対象となった。

他方、農地改革は柳田にとって農政官僚時代に構想した政策と対照された。一九四五年一一月、幣原喜重郎内閣で閣議決定された第一次農地改革案はGHQによって不十分と認定され、一九四六年一〇月、より抜本的な第二次農地改革法が成立する。これにより、広範な自作農が誕生することとなった。二町歩の耕作地を持つ自作農としての中農の創出、小作料の金納化など、先進的な展望を四〇年前すでに示しながら、ついに日の目をみなかった『時代ト農政』の政策案は、戦後になってその先見性を高く評価される（東畑精一「農政学者としての柳田国男」『文学』一九六一年一月）。しかしながら系譜としてみた時、個々の農家の農業経営規模を広げて生産性を高めていくことを指標とする柳田の構想は、細い流れとして石黒忠篤を始め、小倉武一などの若い世代の農政官僚によって継承され、その影響は第一次吉田茂内閣で農林大臣として農政改革に当たった和田博雄まで及んでいたとする見方があり（山下一仁『いま蘇る柳田國男の農政改革』新潮選書、二〇一八年、一六九、二二四頁）、間接的ながら柳田の農政論は戦後に種をまいた形となった。

戦後の農政改革について柳田がとった態度を考える上で、ひとつの指標となるのが一九四八年五月、実業之日本社から刊行された『柳田国男先生著作集』（全一二冊）の第四冊に「時代ト農政」が入っていることである。現在から見て、同文集は民俗学に関わる代表的な論考の再録は控えられており、むしろ「北国紀行」や「退読書歴」など、紀行文・随筆が目立つ。その中にあって柳田は敢えて「時代ト農政」を入れたのである。刊行から四〇年近くを経て、柳田はここに収録された農政論が戦後に問うべき価値を秘めていると判断したといえる。

例えば、所収論文のひとつ「日本における産業組合の思想」（一九〇八年）で柳田は冒頭、ヨーロッパという異なる環境で発達した産業組合を前に、「わが国の人民は果して組合を造る素質があるか」（『全集』二巻、一九九七年、三〇八頁）という問いを立て、徳川後期に展開されたいくつかの社倉を根拠に、その素質はある、とした。第三章でみたように、柳田は二宮尊徳による報徳社が構築した村の小社と地方の大社の緊密な相互連絡に基づく金融組織網について、それが民間で作られたことを重視して、高い評価を送った。「報徳社と信用組合」（一九〇六年）では、報徳社を近代的な信用組合へと転換することが提言された。GHQによる急激な改革が行われる当時の文脈に置くと、この事実は柳田にとって決して古びていなかった。その文章を再録することは、民間からの生活改善に期待する柳田の意思表示でもあった。農地法による農家の細分化を防ぐ上で基礎単位となる「ユニット」が必要であるとして、地縁的な共同体「垣内《かいと》」の有効性を説いたのも（「木曜会記事　昭和二二年七月二二日」『全集』三五巻、三七七頁）、この脈絡から生まれたといえる。

いまひとつ、柳田にとって気がかりだったのは民法の改正だった。とりわけ戸主・家督相続の廃止、相続・婚姻における個人の権利の保障など、その対象は家制度の全般に及んでいた。農政官僚時代、強大な家父長の権限を認める明治民法下で起こる種々の社会矛盾を視野にイプセンを読んだ柳田からすれば、その桎梏が外部の力で簡単に瓦解する様を見るのは複雑な気持ちだったと察せられる。

一九四七年一二月の改正を前に、柳田は同年八月二〇日、第一回国会衆議院司法委員会公聴会で婚姻、夫婦財産、離婚の手続きについて意見を求められ、自身の思うところを述べている。その骨子は、法の改正によって在来の慣習は簡単に変わるものではなく、婚姻にせよ分割相続にせよ、それに伴った信頼すべき機関が作られないまま、法のみが施行された場合、無益な混乱が起こるところにあった。

民法改正による「家制度」の消滅は、「家」そのものの破壊を意味するものではない、というのが柳田の立脚点である。そこから見渡す時、たとえ婚姻に自由な選択が与えられても、生活の中でしっかりとした社会教育を経ていなければ、その結果は無数の離婚者を生み、多くの子供を不幸にするとした。戦後に生きる者は、「新しい生活に最も必要な家というものを、これから案出する義務」があるというのが柳田の主張だったが、その際、日本の地域社会で寝宿、若者組などが果たした役割を紹介し、今やそれに代わる民間の社会教育の場を持つことが急務と位置付けた（「婚姻の要件、夫婦財産制及び離婚手続」『全集』三一巻、三七三～三七五、三七八～三七九、三八二～三八三頁）。急激な上からの改革に対して、柳田は時代を問わず警戒の姿勢を崩さなかった。その上で実現可能な領域を生活に照らして考えることが自身に課せられた役割であると柳田は捉えていた。

折口信夫の「天子非即神論」

敗戦によって折口信夫もまた、衝撃を受けた。とりわけ一九四六年元旦に行われた天皇の人間宣言がもたらした動揺は、翌年一月、「天子非即神論」（『夕刊大阪』一月一六～一八日）執筆の要因となった（中村生雄『折口信夫の戦後天皇論』法蔵館、一九九五年、四四～四五頁）。この中で折口は「あらひと神」「すめらみこと」などに象徴される天皇の固有とされた言葉を検証し、必ずしもそれに当たるものではないとした（『折口信夫全集』二〇巻、一九七六年、六三～六四頁）。

この視座に立ちながら、折口は神道を「タカミムスビ」「カミムスビ」の神を中心とする一個の宗教として捉え直しをはかる。そこで想定される神観念とは、折口の民俗学で基層をなす超自然的な力（「たま」）によって構築される一神教的な世界である。すなわち「たま」が「理想的な形に入れられると、その物質も生命を持ち、物質も大きくなり、霊魂も亦大きく発達する。その霊が働くことが出来」る。その術を折口は「むすぶ」であるとし、「むすび」の神とは、その術を行う神であると位置付けた（「神道宗教化の意義」一九四七年、同前『折口信夫全集』四五九〜四六〇頁）。「高御産巣日神・神産巣日神も祖先神として記録してゐるが、この二神はどう考へても祖先神ではない。昔から日本人は、偉い神々を祖先神と考へやすかつたのだ」としたように、ここで折口によって扱われる神とは、柳田が総合する先祖、祖霊という属性はない。「生命の発展のもとの霊魂を与へるといふ」（同前、四五八〜四五九頁）点で、より根源的な性格を持つ。矛を交えている「あめりかの青年達」に「十字軍における彼らの祖先の情熱」を感じとり、対する日本人の側に日本人の宗教心・信仰心の不在を読み取った折口にとって、戦後の日本にキリスト教に伍していくだけの体系を神道に導入することは喫緊の課題だった。

柳田もまた、敗戦前後の危機意識が『先祖の話』、「新国学談」三部作を書かせたといっても過言ではない。しかし折口のような宗教の根幹に関わる改編の跡は柳田の著述にはないといってよい。これは柳田が習俗の側から信仰を捉えていたことが大きい。祭や種々の禁忌に止まらず、生活事象のほとんどに信仰は及ぶとするのが柳田の民俗把握である。欧米の一神教的な文脈からこうした世界を捉えると、そこで営まれる生活事像は宗教として反映されないことが多くなる。かつて郷土会のメンバーであったイギリス人の作家ロバートソン・スコットは一九一五年夏、柳田、那須皓と日光、会津、越後を廻った時、人力車夫や旅館の女中が問われるまま、土地の知識を的確に繰り出すのを見て、その知識の広さに感嘆したが（那須皓「会津の旅、郷土会、そしてケニア――柳田先生を想う」『定本』一六巻、月報一〇、一九六二年）、その知識の背後に土地の信仰があり、それが知識を身に着けさせる力となっていることに気付かなかった。柳田が重視したのは、それら習俗とともにある信仰だった。今まで自説の中で変容したものも含め、これまで言及してきた信仰に関わる事象を連ねる形でひとつのまとまりとして叙述し、それを読者が参照することが柳田にとっての急務だったといえる。習俗としての信仰を慣れ親しんだものとして置く以上、欧米の一神教に身の丈を合わせることは柳田の採るところではない。むしろこの信仰を日本人の心の拠り所として確認することが、同時に占領下における意志表示となることこそ、柳田の主張だったといえる。

2　占領下での改革

範とすべき人々

柳田にとって、占領下とは世俗的な意味を含め、多くの栄誉を受けた時期でもある。四六年七月には吉田茂の慫慂《しょうよう》によって枢密顧問官に就任し、翌年五月までその任にあった。一九一九年末の貴族院書記官長辞任を最後に四半世紀以上官途につかなかった柳田にとって、これは例外的なことだった。枢密院ではちょうど進行中だった新憲法の諮詢に関わったほか、一〇月二二日には宮内省委員会に出席、翌月の一四日には枢密院の皇室関係法案委員会に出席し、新しい皇室典範、皇室経済法案の条文作成にも参画した。

四七年四月には長谷川如是閑、土井晩翠その他の人士とともに帝国芸術院会員に推薦され、次いで一九五一年一一月、多年にわたる民俗学の業績に対して文化勲章が与えられた。また、四九年三月には日本人としては初めてアメリカ人類学会より名誉会員に選ばれている（ロナルド・モース『近代化への挑戦――柳田国男の遺産』日本放送出版協会、一九七七年、一三四頁）。その中にあって、柳田は自身の交流範囲を既存の体制の中だけに止めることはなかった。戦後に限ったことではないが、論壇で形成された交流範囲をみると、柳田は極端に反動的な人物、或いは急進的な人物と積極的に交渉しようとした形跡はない。ただし、後者に関しては、その中に保守主義者たる自分と話し合える人物があり得る、というくらかの余裕をもって対している。その一人に、中野重治がいる。

中野が柳田の感化を受けたのは、一九三〇年代、収監中の豊多摩刑務所で読んだ官本の『雪国の春』がきっかけであったが（「無欲の人」『現代日本文学全集』一二巻「柳田国男集」月報、筑摩書房、一九五五年）、出獄後、くりかえし柳田を訪れ意見を交わした。敗戦直前の一九四五年六月に召集を受けた際、したためた遺言状の一節には柳田に対する感謝が綴られている（前掲「遺言状（その二）」『中野重治全集』二八巻、四八一頁）。

戦後、両者は一九四六年一一月一四日、雑誌『展望』が用意した対談で顔を合わせる。この時、中野はすでに前年一一月に再建された共産党に入党しており、『新日本文学』創刊に参画し、翌年四月には参議院選挙に全国区から出馬して当選する。対談の中で両者は編集部の求めるまま、多くの問題を論じているが、戦後間もない共産党の影響力を考えれば、中野はそれに威を借りることなく、自身の思うところを柳田に話し、柳田の側も保守の立場から自分の思うところを忌憚なく述べており、このやりとりの中から生まれる思わぬ一致が戦後の柳田像を見る上で重要な役割を果たす。

文化勲章を受章（昭和26年11月）

そのひとつが旧幕臣の人々に対する評価である。中野が幕末の外交交渉において示した幕臣の才腕とその蓄積を評価し、それがなければ、維新の志士と呼ばれた人々の仕事は順調に進まなかったのではないか、と発言したところ、柳田は強い賛意を示した（前掲『柳田國男対談集』一四〇～一四一頁）。

ここで対象となっているのは、川路聖謨、矢部駿州、羽倉下記などであるが、後年、中野はこの話題は本来、戦後の日本において参照すべき人たちはいるのか、という問に及んだ時、それに見合った人として体制内で改革を模索した旧幕臣の群像をおく点で両者の意見が一致したことを挙げ、内容のかなりの部分が削られてしまったことを惜しんでいる（「折り折りの人」『朝日新聞』一九六七年一一月二〇日）。

柳田にとってこの感覚は文献のみを通して得たものではなかった。少年時代、故郷にほど近い所に住んでいたかつての佐幕派の人に対し、柳田は強い「ディグニティ」を感じたことがあり、常に身近な無名の人によってその継承はあり得るものとして捉えられていた（前掲「故郷七十年」三三二頁）。対談の少し前、一〇月に行われた日本民俗学講座で柳田は、民俗学が解明すべき問題の一つとして、「どうしてこうも浅ましく国は敗れてしまつたか」を掲げており(「現代科学ということ」『全集』三一巻、三九〇頁)、中野との会話はその問に対する指針となるものだった。

敗れた側に身を置きながら自らの失敗から目をそらすことなく、その地点から再出発する点で、柳田はここで明治維新のやり直しに近いことを考えている。旧幕臣の改革派と呼ばれた人々は体制が孕んでいた腐敗と堕落を内部から知っているがゆえに、維新後の世界を強い内省と清廉さをもって生きることができるという点で、その範となるものだった。様々な拘束が解けて未来に対してどうあるべきか、という論議が百出する反面、柳田はここで過去の経験から見て何に警戒すべきか、その参照点となるべきものは何かについて考えをめぐらしている。

日本語の在り方

国語問題についても、柳田は戦後を慎重ながら改革の好機と捉えている。柳田が採ったのは、漢字偏重というこれまでの傾向と、戦後一部にあらわれた仮名書きまでローマ字で押し通す傾向の双方を排し、普通教育を通して国民が自身の語感に照らして何が良くて何が悪いかを判断することだった。柳田が恐れたのは、「少数者によって急激にされた事には、反動が来る」ことであり、それを防ぐためにも、生活に即した長い時間軸で有用無用の判断を行ってゆき、その蓄積を通して、いつ変革が行われたのかすら、分からないくらいの変わり方が良いとした(「学問用語の改良」初出『思想の科学』一九四八年一一月号、『全集』三一巻、五三六頁)。

柳田は戦後、国語問題について枢要な官製の団体に深く関わった。一九四九年の国立国語研究所評議員就任を皮切りに、五三年から五七年にかけて同評議員会会長をつとめた。柳田自身は民間への細かな調査に基づき、国語研究所が言語政策の中核を担うことを期待したが、実質的には基礎資料の収集が中心となった。

公務から離れ個人として柳田が注目したのが、「普通教育」における日本語の扱いである。ここで眼目となるのは、民間が「まず以て国語を細かに聴き分ける能力を備へ」ることであり、さらにそれに先立って、「各自に考へるといふ習慣を付ける必要があり、それにはめい〳〵の思ふ言葉といふものを、十分に持たせて置く」ことが問われた（「喜談日録」（一）初出『展望』一九四六年一月号、『全集』三一巻、二三二頁）。その際、「民衆の使えない言葉は使わない」という指標を立てる必要があり、「権利」や「権限」など、無暗に法律用語が日常語に入ってくることには反対した（前掲「学問用語の改良」五三五頁）。また、主語を立てる時、本来「しもべ」を意味する「僕」が本来の意味を失い使われていることにも注意を促し、例えば「わ」の音を利用した新しい主語をつくることが出来ないかと提案することがあった（荒正人「詩人、柳田國男さん」『定本』一七巻、月報六）。

多くの場合、柳田の提案の障壁となるのは、漢字の濫用である。しかも、それらがしっかりとした吟味を経ることなく、妙な「格式」を与えられ、漢字が多用されているだけで妙な納得を読む側に与えてしまう悪弊を柳田は危惧していた。この感触を柳田は、公文書に一字も仮名を使わない様式が「本式」とされた官僚時代に経験しており、それが実に窮屈なものだったと回顧した。そして官界だけでなく、漢字という「男文字」でなければ文章をかけなかった風潮について、明らかに自在な表現を封じるものだったと位置付けた（「文章革新の道」初出『夕刊新大阪』一九四七年一月八・九日、『全集』三一巻、三〇二頁）。

漢字の濫用を避けるとなると、民衆は漢字表現に代わる新しい言葉を探していかなければならなくなる。柳田はそこに新しく動詞や形容詞を導入することを提案する。そして民間の側がこれらの豊富な用例を示すことで、補強は可能であるとした（「是からの国語教育」一九四六年一一月、国語教育学会講演、『全集』一八巻、一九九九年、四二三〜四二四頁）。

日本人は新しい動詞を作る能力を持ちながら、それを捨てたのは日本語の敗北といってよいとする言葉にみるように（「柳田先生講演　日本民衆の日常語」『民間伝承』一九四八年一月号、『全集』三一巻、四四三頁）、柳田は民衆が本来持っている言語能力に信を置く。そして日常で使われる明晰さを国語改革の第一とする点で、戦前と大幅な変化はないといってよい。その意味で戦後の改革案の基礎は、『国語の将来』で展開された論をふくめ、すでに戦中に確立されているものが多い。さらにその淵源は、官僚の作成する公文書が型にはまった言葉によって構成されることを難じた官僚時代にまでさかのぼることができるのである。

「俳句第二芸術」　俳諧は戦後も柳田にとって、感覚の共有という意味で民俗学の素材にとどまらない価値を持っていた。その俳諧に関連して一九四六年、一石を投じる論考が論壇に登場する。一九四六年一一月、『世界』誌上に掲載された桑原武夫の「第二芸術——現代俳句について」である。皮肉なことに桑原は「『遠野物語』から」（『文学界』一九三七年七月）によって、『遠野物語』の持つ口承文芸としての価値を認めた人物であり、その視点は現在に至る同書の文学的評価を決定付けた点で、柳田の理解者でもあった。

「第二芸術」の中で桑原は、自身の知人たちに対して行った、素人と現代俳句の重鎮の作品をランダムに名前を伏せて優劣を判定させる実験を通して、そこに明確な巧拙の判断が認められなかったことを受け、芸術家が製作に全人格をかける近代主義の立場から俳句の芸術性を疑問視し、これを「第二芸術」と分類した（前掲『桑原武夫集』二巻、一二九頁）。桑原の論は俳句に特化していたが、翌年、柳田は『俳諧評釈』（一九四七年八月、民友社）の「はしがき」で桑原に反駁する。その骨子は、そもそも「芸術」という言葉すらなかった近世俳句に対して、近代の尺度を当ててこれを評するのは不当ではないか、というところにあった。具体的には、俳諧とは座を囲む者の楽しさを第一に据えたもので、仮に読者が想定されていたとしても、作者と同じ楽しさを味わうことはむつかしい。しかもその楽しみの跡は、時代の習俗や機微と深く関わっている以上、時とともに分からなくなってゆくのが当然であり、そこに強い芸術的な個性を求めること自体、おかしいのではないかというのが柳田の指摘だった（『全集』一七巻、七頁）。

同じ年に草した「病める俳人への手紙」（『風花』一九四七年一二月号）で柳田は、芸術とは本来、二つの道があるとし、まず自分たちが楽しむことを前提とするもの、そして相手よりも抜きんでて優れたものを作ろうとするものに分類し、前者が先行するものと解説した。前者の典型は柳田にとって、地方の神社に奉納された無名の宗匠による数百の発句に求められる。それら必ずしも巧くはない句に対し、神々はむしろ一座が楽しむ風情を見て、自らも楽しんでいたと柳田は考える。しかしやがてそこに他よりも抜きん出ようとする後者の芸術観が台頭し、互いの巧拙を競い、無益な相互批判が起こり、これに派閥結社が加わることでさらに多くの混乱、反目が生まれる。本来の環境を壊して現れるこうした作品を柳田は、楽しむことはできないとした（『全集』三一巻、四〇二～四〇四頁）。「第二と呼ばれると何かと下等のもの、劣ったものという感じが伴ないやすいけれども、是は二つの方向を異にした、比べることの実は出来ない道」（同前、四〇二頁）であるという柳田の言葉が示すように、この一文は桑原の「第二芸術」に対する批判が込められており、戦後、近代主義の側から行われた高飛車な日本文化論に対する篤実な批判にもなっている。

加えてここには芸術に強い個性と才能を求める桑原と、無名の人々の間で営まれる楽しさを採る柳田という、両者の文学に対する価値の置き方が明確に映し出されている。ヨーロッパの市民社会を比較の軸に、近代日本の文学における社会批判と自我意識の希薄さを突くことがこの時期、桑原の仕事を特徴付けているが、柳田はその批判によって置き換えられないものが確実にあることをこの反論によって示している。

学会への改称

戦後の数年間とは、民俗学がひとつの学問領域として周知された時期である。階級変革の視点を伴わない「ブルジョワ」の学というマルクス主義史学からの批判、文献史学の視点から民俗的資料の危うさを突く批判（家永三郎「柳田史学論」『日本読書新聞』一九五一年一〇月三一日）などは依然としてあったが、一九四九年四月、「民間伝承の会」が日本民俗学会へと発展解消したことは、民俗学が専門的な学者集団の組織となったことを意味した。柳田は初代会長に就任したが、これまで「民間伝承の会」で積み重ねてきた実績から今後の着実な発展を考えれば、ここで無理に学会としなくてもいいとして、これに乗り気ではなかったといわれる（前掲『柳田国男伝』九八四頁）。しかし、かつて強い対抗意識をもって臨んだ官学アカデミズム史学をはじめ、競合関係にあった隣接分野とも提携できる環境が到来したことは、ひとつの達成といってよかった。一九五〇年、八学連合会（翌年、さらに加盟学会があり九学連合会）に日本民俗学会が加わったことは民俗学が近隣の科学に伍して学術調査を行うまでになったことを印象付けるものだった。

これに先立つ一九四八年三月、柳田は自邸内に民俗学研究所を設立し、これを専門的な民俗学者による研究の場とした。草創期にあたる昭和戦前期、アマチュアの集団だった民俗学を思えば、この変容は大きいといわねばなるまい。また、この年の三月には一九三四年以来続いてきた談話会、木曜会が解消され、柳田の書斎で毎月第二第四日曜日に研究会を開くこととなった。

日本民俗学会の第一回年会を行うにあたり、柳田は用意した講演「日本を知るために」（『民間伝承』一九四九年十一月号）の中で、今後の学会活動の課題について論じている。すなわち、いまだ分散的で孤立しがちな地方の研究会と中央の研究機関の連絡を緊密にすること、民俗学の資料は飛び飛びであるがやはり地方の側にあり、その比較と利用に向けての整備が急務であること、さらに最も差し迫った問題として、「オバケ」や「踊り」など、世間の耳目を引きそうな質問を行うジャーナリズムの誤解を挙げ、広く生活上の細かな事象に踏み入り、系統由来を明らかにする民俗学の領分をいま一度、見据えることを説いた(『全集』三一巻、六五四〜六五五頁)。

かつて『木綿以前の事』で柳田は民俗学の視点から俳諧の持つ相互感化の環境を高く評価した。この位置付けは無名の民俗の担い手を俳諧に見出した大正期にその萌芽があり、さらには詩人として描き込んだ無数の「影」の重なる中から民話が生まれる光景にその鉱脈を探ることもできる。その意味で個々の民俗事象にも担い手となる無数の「無名氏」の体験、物語が本来隠されている。この脈絡に沿う限り、民俗学もまた資料とともにそこで生活する側の感覚を大切にすることが前提となる。その意味で資料の扱いは本来、採集に止まらず、分析もまた各地で感覚を共有する郷土研究会に比重が置かれて然るべきものだった。その土地からの内発性と、外からの指導が交錯する際に起こる葛藤は、「民間伝承の会」の時点ですでに胚胎されていたが、この問題は学会となることでより体制化した形で柳田民俗学を縛ることとなった。

ふたつの対峙

戦時中に固められた柳田民俗学の研究体制は、民俗学に関する技術的なやりとりに特化することで、逆に柳田の周囲で率直な質問を行う機会を縮小させていった。そのことは戦後、柳田民俗学の抱える深い問題について話すことのできる人物は、柳田民俗学の周縁からあらわれるという現象を生んだ。

一九四九年一二月、一九五〇年五月と『民族学研究』誌上で行われた二つの鼎談「日本人の神と霊魂の観念そのほか」、ならびに「民俗学から民族学へ」は、まさに周縁から柳田に発せられた深い問いかけという点で重要である。いずれの鼎談も、柳田が対峙した人物を通してその背後にある問題を浮き彫りにしている。前者は長年にわたり神観念をめぐって葛藤を秘めたまま、戦後を迎えた折口信夫との対峙、そして後者は民俗学と民族学・文化人類学の関係をめぐって生じた石田英一郎との対峙である。

かねてから折口信夫との間で生じた神観念の相違は、「日本人の神と霊魂の観念そのほか」によって決定的なものとなる。そこには、この場をかりて両者の神観念の差異を明確にしておこうとする司会者・石田の意図も介在していた（上野誠『魂の古代学――問いつづける折口信夫』新潮選書、二〇〇八年、四四、四八頁）。石田の巧みな司会によって、遠方から決まった時季にやってくるならば、「マレビト」もまた祖霊ではないか、と考える柳田に対し、折口は漂泊する者、追放された者が他郷で神聖視されることは、そこに祖霊ではない独自の領域があるとした。さらに石田から「マレビト」の中に柳田の考える祖先・祖霊神は含まれているのかと問われた折口は、「常世国なる死の島、常世の国に集るのが、祖先の霊魂で、そこにいけば、男と女、各一種類の霊魂に帰してしまい、簡単になってしまう。それが個々の家の祖先というようなことでなく、単に村の祖先として戻ってくる。……私はどこまでも、マレビト一つ一つに個性ある祖先を眺めません」と発言し、柳田との違いを強調する（『折口信夫対話集』講談社文芸文庫、二〇一三年、一七二頁）。

これに対して柳田は、恐らく祖霊の中で、「優勝劣敗」のようなことが起こり、願いに応じる神、その力が弱い神との差が生じ、前者を拝むことが見られるようになる過程で異なる場所からやってきた来訪者や神への信仰が生じてきたのではないか、として折口の神観念を一部認めながら、それはあくまで祖霊を祀る信仰の中から生まれたものであるとして、自説を崩すことはなかった（同前、一七三頁）。この時の応酬は三年後、折口の最後の論考「民族史観における他界観念」を生むが、その背景には神観念をめぐって展開されたこの時の対峙があった。

もうひとつの鼎談「民俗学から民族学へ」は、折口信夫との対談という形式をとりながら、実質的に柳田に対して切り込むのは司会役の石田である。ここでまず、石田は柳田によって提案された文化人類学と民俗学の共通の目標は何か、という問題から議論をはじめようという言葉を受けて、民族学の場合、対象とするエートノス（民族）に加えてアントロポス（人類）という問題が出てくるため、この両者をどう統一するかというところまで問題が発展する。この点が一国の民族を調べることに専心する民俗学との違いであると述べる。

これに対して柳田は次のように反駁する。アントロポス（人類）という考え方を根底に置くことは人文科学全体の問題であり、日本の歴史を考えると、明らかにその視点が欠けていた。実際、そのことが最近の不幸な情勢を生んだ。民俗学は郷土という狭い枠組みで民族（エートノス）を対象にしているように見えるが、それでもアントロポスに到る視点で研究を行う素地はある。したがって、アントロポスの視点の有無を以て二つの学問の違いと判定することには反対する。柳田の方法意識と重ね合わせる時、ここには「アントロポス」というあらかじめ与えられた枠組みから世界像を見渡す文化人類学に対し、眼の前の民俗を地道に堆積させながら、やがてそれが長い時間をかけて「世界」、ないし「人類」という普遍性へと連なっていくという柳田なりの道筋が示されている。そしてこの思想は、欧米からもたらされた近代的思考法としての文化人類学によって覆い尽くされることのない領分を示している。

3 変動の中で

社会教育への傾斜

一九四七年四月五日、第一回統一地方選挙が行われるにあたり、柳田は前日の『朝日新聞』に「よい自治体はこの一票から」を寄せ、この一票によって民衆自身の判断が国を左右する重大な場面であることを説いた。GHQによる地方自治制の早期導入が求められる中で、二〇歳以上全ての男女が選挙権を持つ普通選挙によって全自治体の首長及び議員が選出される選挙に対し、柳田は注意深くこれを見守っていた。注目されるのは、「今後小学校の教育をこの判断力を養うための基礎となるようにして行きたい」(『朝日新聞』一九四七年四月四日、『全集』三一巻、三二四頁)という一文が付け加えられたことであろう。自分の判断で一票を投じる選挙民の創出は時間をかけた育成が必要であるとする点で、一九三一年の『明治大正史世相篇』における「一等むづかしい宿題」は、戦争をまたいで戦後に持ち越されたのである。

GHQによる戦後教育改革は迅速で、直接学校授業に関わるものでは、早くも敗戦の年の一二月末、日本歴史、地理、修身の授業の停止が指令された。そして一九四七年九月より、それに代わる教科として社会科が設置される。社会生活について理解を深め、身に着けた知識によって自主的な判断を行い、社会から生まれる諸問題に有効な解決を導ける能力を養うことを目的とするこの改革は、長年選挙民育成の方途を模索してきた柳田にとって、これはひとつの機会と考えるに足るものだった。

初等教育における社会科に民俗学を役立てようとする思いは、戦後の柳田を特徴付けるものである。一九四七年三月、自邸内に民俗学研究所を設立したことも、その背景の一端には社会科教育に果たすべき事業が念頭に置かれており、後述する小学校社会科教科書『日本の社会』（実業之日本社、一九五三年）の編集作業も柳田邸で行われた。また、同年一〇月には文部省社会科教育研究会委員に就任している。

ただし、個人として近代の学校教育、特に初等教育から得るところが少なかった柳田にとって、この領域は自身の経験から離れたものであった。実際、それまで柳田が力を注いだのは、むしろ児童が就学以前もしくは学校の外で身に着ける社会性であり、それらの多くは家、ないし郷土の枠組みで体得される点でむしろ躾に近いといってよい。一九四六年八月、柳田は復刊した『民間伝承』の巻頭言に「教育の原始性」を書き、「当たり前」を教え込む教育に対し、民間では遙か以前から「当たり前」から外れた時、それを正すことを行い、それを「シツケ」と呼んだとしたが（『全集』三一巻、二六七頁）、ここに盛られた内容自体はむしろ家、煎じ詰めていえば母親から行われるものだった。教室、学級という戦後の新しい器の中で、柳田は自身の蓄積をどう展開するかを問われていた。

柳田は早くも一九四六年から成城学園初等学校の教師たちと社会科教育について懇談の機会を持ち、その記録は翌年、成城教育研究所から『社会科の新構想』として活字化される。一年生の社会科で

「おっかさん」という項目を置いているところは、就学前に母親から受ける様々な教示の段階で、すでに児童は社会を知るという柳田の視点をよく伝えている。同様に目を引くのは冒頭で柳田が「世の中」、そして「史心」という言葉を用いて児童に社会を見る眼を養わせたいとした点である（柳田国男談話、成城教育研究所編『社会科の新構想』第一書店、一九八五年、一三～一四頁）。最初に前提を作って話をすすめるのは柳田にとって珍しいことだった。「世の中」とは人々が生活する中で蓄積されてきた歴史であり、「史心」とは、あらゆる物事は歴史上の変遷を辿って現在の状態になっていることを把握する力であり、その力を通して社会の動態を観察し、なおかつ未来に向けてそれを変えていけるものと確信することである（杉本仁『柳田国男と学校教育——教科書をめぐる諸問題』新泉社、二〇一一年、三六～三九頁）。「折口君は神主を仮想の読者にしているが、私は小学校の先生だ」（西脇順三郎「柳田先生の思い出」『定本』一六巻、月報九）という柳田の発言も、恐らくこの時期を反映したものであり、自分の学問は初等教育に活用できるという折口への自負とともに、社会科教育そのものに対する柳田の意気込みを伝えている。

教科書を作成する

社会科教育への具体的な試みは、社会科の教科書作りという形で実践される。一九四九年六月より民俗学研究所を拠点に社会科研究会が発足し、成城学園初等学校の教師を交えて以後二年半にわたりカリキュラムの内容が研究された。同学園は戦前より実験的な教育プログラムを取り入れることで知られており、柳田邸にも近いことから柳田にとって自身の考える社会科を活用する場となった。民俗学研究所もまた、社会科教育に関連する事業を骨子のひとつとし、同所が編纂した『民俗学辞典』（一九五一年）は、「序」において柳田が社会科に資することを謳っている。

社会科教育への試案を作成するにあたり柳田が心掛けたのは、自身の慣れ親しんだ場所（この場合、学校）で接するものを学習することから始め、上の学年に上がるに従いその範囲を外に広げていくことだった。柳田は「社会科」よりも、「世間勉強」と呼ぶことを採用したかったようだが（柴田静「柳田先生と教育」『定本』別冊第一、月報二四）、小学四年で「郷土」、五年で「日本」、そして最終的に六年で「世界の人々」を対象としながら、それぞれの学期で関連する単元が設定された（前掲『柳田国男伝』一〇二〇〜一〇二二頁）。この成果は『昭和二四〜二六年度試案――社会科単元と内容』（一九五一年）となって形となり、同年一〇月、成城学園で行われた第一回全国私立学校研究討議会でこれに沿った公開授業が行われて高い評価を得た。

柳田にとって懸案だったのは、「社会」という言葉のおさまりの悪さだった。何を意味しているのか捉えがたく、生活から遊離した学術用語よりも、「世の中」、「世間」など、平素から会話で使われるという言葉を据えれば、子供が現在置かれている環境から外の世界へと出て行ける人間形成を行うという形で教育の指標も輪郭が見えてくる。その主張は和歌森太郎との共著『社会科教育法』（実業之日本社、一九五三年）の中で系統立てて論じられるが、柳田はその中で「社会科」とは「きわめて平凡な、せいぜい手紙がよくかけ、新聞を理解し、世間の動きを判断」できる人間をつくる教科であることを強調する。最終的に柳田は「一人前の選挙民」となることを目標に据えるが（柳田国男・和歌森太郎『社会科教育法』第一書房、一九八五年、一五～一六頁）、かつて第一回普通選挙の折、『明治大正史世相篇』で「一等むづかしい問題」として掲げられた「公民」の育成は、ここで具体的なひとつのプログラムとなって示されたのである。戦後、「世間教育」論に目を向けた学者、教育者は柳田、和歌森などを除けば、ほとんどいないという状況だった（谷川彰英『柳田国男　教育論の発生と継承――近代学校教育批判と「世間」教育』三一書房、一九九六年、二二四～二二八頁）。

一九五一年、いよいよ柳田は社会科の教科書作成に乗り出す。編集は柳田のほか、大間知篤三、大藤時彦、直江広治など、民俗学研究所の所員ないし、それに関わる者が中心となった。出版社は当時刊行中だった『柳田国男先生著作集』の版元である実業之日本社だった。教科書は小学校用の『日本の社会』、中学校用の『社会』が作成された。『日本の社会』では、『社会科単元と内容』で試みられた低学年で身近な場所・人から入って、「しごと」「あんぜん」「火」など身の回りの要の部分を学び、三年で海・山の地方など他郷へと目を向けさせ、「かいものとみせ」「たべもの」など生活・経済に関わる事象を知り、四年で「私たちの町や村」を素材に自治体、公民意識の初歩を学び、五年六年でそれぞれ「日本という国」「世界の人々」に到る形式が踏襲されている。特に六年下巻の単元に「選挙と政治」が組まれていることは、自立した公民像を目標とした戦前からの連続性が読み取れる。

並々ならぬ情熱を傾けて作られた『日本の社会』は一九五三年八月、文部省検定に通り、晴れて教科書として流通することとなった。しかし、一方の中学校用に『社会』は不採択となり、教育の現場で実践される機会を失った。『社会』もまた、郷土、日本、世界と視野を広げながら「近代工業の発達」「職業と社会生活」などの単元を学習する一方で、社会調査の基礎を身に着け、積極的に生徒の疑問を喚起することを企図していた。特に三年生では「世界平和」の単元を設け、第一次世界大戦から敗戦に到るまでに力点を置いた叙述を心掛けている。不採択とした理由として、文部省の所見は現場の調査員から「扱いにくい」という意見が強かったこと、「一貫した発展的系列に於て問題を提出しているように受取れない」こと、「各単元」がバラバラで「前後の脈絡に欠けている」こと、「甚だしい場合は一トピック内でもテーマが突然変化する」を挙げているが（『柳田国男伝』所収、直江広治所蔵のメモによる、一〇三五～一〇三六頁）、興味深いのはこれら教科書検定に関する否定的な意見は柳田の民俗学を特徴付けるものでもあることである。ひとつのセンテンスで複数のテーマが論じられる、連想によって付随する事象が説明される柳田の文体は、そのまま不採択とした文部省の所見に符合するところが大きかった。その意味で、作品として教科書に収録されることとは別に、教科書という媒体は柳田の叙述・思考法をどこまで反映できるか、という問題を残した。

検定を通過した『日本の社会』もその後の道のりは平坦ではなかった。サンフランシスコ講和条約前後から顕著となる「逆コース」の中で、一九五三年以降、教育行政の中でも社会科の解体とより系列的な学習を求める意見が強まり、数次にわたる『学習指導要領』の改訂によって、一九五八年度では中学校で地理、歴史、政経・社会という三科目の系列が明確化される。この動向は小学校にも及び、社会科の目指す総合的な学習の要素は薄れていった。こうした動きの中で一九五三年、『日本の社会』もまた約一年の改訂作業を経て、五四年の文部省検定に合格し、次年度より使用が認められるが、

『学習指導要領』に沿った他の教科書に比して、生活の視点から歴史、社会を把握しようとする柳田の社会科は、次第に出版の上でも苦戦を強いられるようになる。最終的に実業之日本社は一九五五年度を最後に一九六一年度版を諦める。構想の実践拠点となった成城学園初等学校では、その後も『日本の社会』を使用したが、一九六三年度を最後に消えることとなった（前掲『柳田国男伝』一〇三八〜一〇四一頁）。

保守からの不信表明

一九五〇年一月の『展望』で行われた座談会「進歩・保守・反動」で柳田は、座談会を始めるに先立ち、これから行われる議論を散漫にさせないために、参加者が座談会の題目の何処に位置しているかを明確にすべきであると言い、自身を保守と位置付けた。教育勅語嫌いはこの席でも発揮され、これを意味あるものと考える天野貞祐を「反動」と断じ、天野の反発を招いている（桑原武夫「柳田さんの一面」付記、前掲『桑原武夫集』六巻、三六七〜三六八頁）。

翌年の講和条約を控え、愛国心・独立心が国民に問われると考える当時の自由党内閣にとって、道徳教育の強化は果たすべき課題の一つであった。翌一九五一年一一月、前年より吉田内閣の文相をつとめていた天野は「国民実践要領」を提示するが、これはその一環といってよい。同要領は編纂にあたったのが高坂正顕、西谷啓治、鈴木成高など、「世界史の哲学」をもって戦時下を領導したイデオローグだったことも相俟って、教育勅語、修身の復活という世評を受け、撤回に追い込まれる。カント哲学を専攻した天野にとって、この時の要領はドイツの倫理的民族共同体論に擬されるものだったが（小熊英二『民主と愛国』新曜社、二〇〇二年、三五七頁）、教育勅語を天皇と臣民の視点に立って外部から民衆を縛るものと捉える柳田にとって、天野の政治志向は戦前回帰を暗示する「反動」と映った。

同じ座談会で柳田の態度を明確に伝えているのは、中華人民共和国の評価をめぐる竹内好《よしみ》との応酬である。一九四九年一〇月の中華人民共和国成立を受けて、出席者の一人・竹内好はこれを未曽有の革命と見做し、特に自分の尊敬する中国の自由主義者をみると、西洋の思想を借りているだけではなく、古い伝統を核にして自己展開をはかってきているとし、同じ形が日本もあるのではないか、と水を向けたところ、柳田はこれを疑問視し、むしろ近頃の中国人の書いたものを読むと、人間の生きる道を説いたもの、すなわち古典がすっかり排除されているとして、竹内の意見に同調することなく、急激な体制変革にたいする懐疑の念を崩さなかった（前掲『柳田国男対談集』二〇六頁）。

社会主義体制への不信は、交流のあった学者への処遇という形でも表明される。一九五〇年七月一日、柳田国男は北海道から上京してきたアイヌ文化研究者・高倉新一郎の訪問を受ける（『民間伝承』九月号）。高倉とは四七年、折から出版文化協会主催の文化祭が札幌で開かれた際、交歓したことがあった。再会した両者の話題は、かつて柳田と交流のあったロシア人日本学者ニコライ・ネフスキーのことだった。

一九一五年一二月、郷土会例会に参加して以降、ネフスキーは多くの日本の民俗学者と知己になり、日本各地へ調査旅行に出かけ、その足跡は北海道、宮古島にも及んだ。オシラ様についても、佐々木喜善や在地の有志による協力を得て優れた業績を挙げ、『大白神考』（一九五一年）にその詳細な報告を伝える書簡が収録された。一九一九年、小樽高商に職を得てからのネフスキーは、精力的にアイヌの古老から歌謡、英雄叙事詩の採録を続け、大阪外国語学校に転任して以降も継続して研究を続けた。一九二九年、革命後のロシアに帰国し母校ペテルブルク大学教授に就任するが、一九三七年に「日本のスパイ」容疑で粛清された（加藤九祚「悲劇の東洋学者の最後」『朝日新聞』一九九二年四月六日夕刊）。戦後、柳田は消息不明であることのみを知っていたとみられるが、同じ年に刊行された談話録「村の信仰」で、「ロシアでは学者に対してアナイレー（粛清）されたのがひどいようですね」（前掲『私の哲学』二五〇頁、括弧内引用者）として、日本にある共産主義もそれと同じならば反対の立場をとることを表明した。この発言の背景には、外国人として優れた民俗学上の成果を挙げたネフスキーに「一国民俗学」の枠を外れた領域、すなわち比較民俗学の可能性を見出していたことがあったとみられる。

折口信夫の死

折口信夫が死去したのは一九五三年九月三日のことである。毎夏逗留する箱根の別荘で八月に入ってから日増しに体調不良を訴え、幻覚も起こすようになり、予定を早めて帰京した直後のことだった。死去から二日後、柳田は弔意を表して終日自邸にこもって読書に時を過ごした。

三年前の対談は、はからずも両者の神観念の相違を確認し合うこととなったが、一九五〇年一〇月下旬から一一月初めにかけて岡野弘彦を伴って行われた関西旅行で、折口は終始柳田を気遣った。旅程のひとつだった伊勢神宮で柳田は神宮の職員を前に話を行っている。内容は信仰と学問の区分を厳格に行うべきこと、曖昧な部分をなくすためにも簡便かつ正確な知識が必要で、そのためにも神宮辞典のようなものを編纂して中学高校に配布することを検討すべきであるなど、多くの示唆に満ちたものだったが、一段落の後、職員の一人から最近、天照大神は日の神に仕える巫女であるという説を立てる者があると聞いているが、という暗に含むところがある質問を受けた。その時、折口は俊敏に動いて婉曲にこの質問を封じた（岡野弘彦『折口信夫の晩年』慶應義塾大学出版会、二〇一七年、一二一～一二三頁）。あらかじめ民俗学的な研究への批判的な意見が出ることを見越しての対応だったが、剛直で自説を曲げることのない柳田を知り抜いた行動だった。

一九五二年にまとめられた「民族史観における他界観念」（『古典の新研究』第一輯、一九五二年一〇月）は、「マレビト」信仰とは祖霊信仰が変遷していく過程で生じた一形態ではないか、という二年前の対談で柳田が行った問いかけを意識したものだった。この中で折口は、「祖先霊魂」が子孫を見守り、未完成の霊魂が人間界の生活に障害を与えるとする説明は「近代の民俗的信仰」に過ぎず、古代、さらにそれに先立つ時代にそれが成立するかについては「ためらひを感じる」と自らの立脚点を示す（前掲『折口信夫全集』一六巻、三二二頁）。名前こそ挙げていないが、そこで射程に置かれているのは明確に柳田の説く祖霊観である。

折口信夫追悼式（昭和28年9月12日）

その上で折口は他界を認識する主体の側に力点を置きながら、「死」を手掛かりに民俗における古代的要素を復元してゆく。その際、古代人にとって霊魂とは、必ずしも思慮記憶のあるものではなく、その住処である他界もまた、この世の因果律がきかない場所として捉えられていたことを説く。柳田にとって祖先の霊魂とは、山から里へと到来することが基本となったが、折口はこれら天空及びそれに連なる山に求める他界観に先行して、海の彼方に他界を求める信仰があったことを強調する。そのことは彼方の世界からやって来る「訪客」の姿にあらわれ、古い信仰であればそれは人の形象をとらないとした（同前、三四一〜三四二、三四六〜三四八頁）。この他界観から導き出されるのは、氏神を祀ることを基礎とする柳田の祖先観によっては覆い尽くせない信仰世界である。その脈絡に沿い、折口は柳田が祖霊祭祀の原点として据えた沖縄において、トーテミズムの跡があることを鮫、儒艮（ジュゴン）、海豚、さらには特定の植物・鉱物への信仰によって説き起こした（同前、三六一〜三六四頁）。

末尾近くで折口は何故、かくも人は他界に執着するのか、という問いを立て、それは「死」という人間にとって確実に訪れる事柄があるからと、明快に理由付ける。そして「他界信仰の発生」を突き詰めていくことで、日本のみならず、広く人類の宗教心の発生に到ることができるとし、すでにヨーロッパの先学によって着手されている領域であるが、日本の学者もこれに参画することを勧め（同前、三五九頁）、戦後も柳田が慎重だった比較民俗学への視座を後に続く学者たちに示した。

没後、『折口信夫全集』が中央公論社から刊行されるにあたり、柳田は月報に一文を寄せたが（月報第二九号）、現在残っているものから過去を知ろうとする自分にとって、「古い方から下りて来る」

折口は、果たして逢着出来たかどうかとして、安易な妥協をすることなく締めくくった（『全集』三三巻、二〇〇五年、一七三〜一七四頁）。

文学の領域における新しい才能への関心は、戦後も柳田の中で持続していた。社会主義者の書いた文学について、「こわくなるような読み方で読んでいる」（中野重治「折り折りの人」初出『朝日新聞』一九六七年一一月二〇日、前掲『中野重治全集』一九巻、三二二頁）ことは戦中から一部に知られていたが、この読書眼は晩年まで続き、『文藝』、『近代文学』などにも目を通した。一九五一年、「思想の科学研究会」への入会を依頼しに柳田邸を訪れた会員は、書斎の机の上に、『マチネ・ポエティク詩集』が置かれており、中村真一郎、加藤周一など、ここに集った人たちは新しい才能だから、今後、彼らの活動には関心を払っておくようにと助言を受けた。

新しい知己たち

戦後堰を切ったように流入するヨーロッパ、アメリカの学術成果も、柳田にとって慎重に対すべきものとして映った。とりわけGHQによって民俗学が占領政策に資するものとして活用されることは、おのずから民俗学の在り方が問い直される場として捉えられた。その影響は柳田の周囲にも確実に及んできており、民間情報教育局（CIE）には石田英一郎、関敬吾、岡正雄が勤務していた。また、柳田の身の周りでも大藤時彦や桜田勝徳などの民俗学者がCIEによって主導された一連の社会調査に加わっており、CIE所属の学者が柳田を訪れることもあった。

当時の『民間伝承』消息欄をみると、GHQの側から柳田への接近をうかがわせる記事が見られる。

そのひとつが、一九四九年三月二六日、当時、CIEで世論社会調査課長の任にあったH・パッシンが同僚のJ・ベネットを伴って柳田を訪問し、ルース・ベネディクトの『菊と刀』を中心に日本の神道について批評対談したとの記述である（『民間伝承』一九四九年五月号）。一九五〇年五月『民族学研究』に寄せた書評によって、柳田が同書の果たした役割を「感謝すべき暗示」として理解を示す一方、自身の細かな物証によってそこに描かれた日本像には誤りがあることを指摘したことを見れば、この時の歓談も戦中からの民俗学の矜持を引き継ぎつつ、対等に論じ合う光景が想像される。柳田の懸念は、むしろ時勢の変化に加え、日本文化に関して外側からの指摘をそのまま鵜呑みにしてしまう日本の論壇と学界にあったといえる。

経験に裏打ちされた保守として内に対しても外に対しても、戦後の柳田は自らの立脚点を示し、崩れることはなかった。しかし、やがて身近なところから或る提案を受ける。それは柳田の民俗学そのものに対する大きな問いかけともなり、晩年の柳田をゆるがすこととなる。

第八章　総合される記憶

1　晩年の試練

時代の対照

晩年に到るまで柳田は、精力的に仕事を続けた。事実の採集と比較総合を組織に向けて提唱する柳田にとって、集積されていく民俗事象はそれまでに登録した記録、あるいは民俗に関わる自身の経験と絶えず連動していた。そのためには細かな事実ひとつひとつへの記憶が問われることになるが、柳田は依然、衰えることのない記憶力を駆使して周囲に感化を与え続けた。

戦後、柳田の傘寿を祝う会に出席した中野重治は、そこに居並ぶ面々の中で最も若々しく活力に満ちていたのが柳田だったと回想している（「選集を求める」初出『文学』一九六一年一月号、前掲『中野重治全集』一九巻、一三〇〜一三一頁）。それだけ柳田にとって戦後とは、自身の期待とともに活動できる感触を抱かせるものだった。その要因を探る際、糸口となるのは柳田が自身の過ごした青年時代と、戦後の数年間を重ね合わせて、ふたつの時代が似ていると考えたことがある。

これを裏付けるような発言がいくつか残されている。早いものでは一九四七年の『伝記』九月号において、女婿・堀一郎を聞き役に行った「私の歩んできた道〈対談〉」の中で柳田は、自身の経歴を語るにあたり、自分にとって青年時代にあたる「明治二十年、三十年、それからもう少しおそく日露戦争のころまでは、私たちのような人間が作りあげられる原因がたくさんあった」と述べている。そして戦後間もない現時点に話を移して、自分は「こんどの国情の結果、またあんな時代が来るのではないか」と考えているとして、「つぎの昭和二十五、六年から三十五、六年ごろまでが、ちょうど私たちの青年時代に該当するような時代になりはしないか」と予測している（前掲『柳田國男　私の歩んできた道』二二四頁）。

同様のことは、思想の科学研究会編『私の哲学』（前掲）所収「村の信仰」でも語られている。柳田の世代が高等学校に入った頃、周囲を見渡すと、「私らのような境遇の者ばかりが集まって」おり、親が相当な地位にいるものは少なかったとして、「これはあの時代の世相だったかも知れませんが、時勢がそういう人材を入れる余地があった時代」だったからではないかと分析している（同前、二二二頁）。

「時勢」という点でこれと重なるのは、戦後、柳田を訪れた中村光夫への言葉である。談たまたま明治維新に及んだ時、中村が福沢諭吉「瘦我慢の説」を引き合いに出して、たとえ英仏軍の干渉を招いても、徹底的に朝幕が争った方がよかったと言うと、柳田は厳しい表情になって、「いや、そんなことはない、明治時代に日本が達成したことは、高く評価しなくてはならない」といましめた（中村光夫「歌はぬ詩人」『定本』二巻、月報一、一九六二年）。戦後まもなく行われた中野重治との対談の中で、敗戦直後に参照すべき人という文脈で旧幕臣の改革派を挙げたことは前章でみた通りだが、少なくとも若い群像が努力次第で上昇していける環境があったという意味で柳田は明治が作り出した社会を評価する立場をとった。

兄・通泰とその人脈がすでにあったものの、地方から上京して、維新前からある地縁や血縁の援助もない一青年が努力することによって認められるという点で、明らかに自分は明治の恩恵を受けたというのが五〇年を経た柳田の実感だった。戦後にこれを対照させると、この感覚は敗戦によって言論、思想、法制度などにおける種々の拘束がなくなり、個人の才能をより自在に発揮できる環境が訪れたという点で、柳田はそこに似かよった時代背景を読み取ろうとしていた。柳田は自身が想定したこの時代が終わる頃、死去したことになる。世俗的に栄達した晩年にあって、柳田が果敢かつ自在な活動をした理由の一端は、彼が自身の青年時代を重ねながら新しい世代に注目して仕事を続けたことにある。

その射程から注目された一人が梅棹忠夫である。中国・張家口の西北研究所で遊牧民族の調査を行い、戦後引き揚げてきた梅棹は、戦後の日本は多くの障害が取り払われて「旭日昇天」の勢いで発展すると発言し（梅棹忠夫「五〇年の幅で」『思想の科学』一九九一年九月号）、敗戦で打ち沈んでいた同僚を驚かせたが、戦後の梅棹の仕事はまさに戦中の着想が戦後に開花した観があった。そのひとつ、屋久

梅棹忠夫と面会する

島の社会変動と生態系を相関的に論じた梅棹忠夫「ヤク島の生態」（『思想』一九五一年九月）を読んだ柳田は、すぐにこの著者に会いたいと思い、ほどなく両者は柳田邸でほぼ一日、歓談する。

明確な方法によって貫かれた自分の論文を読んですぐに反応する柳田を見て、そこに周到な方法意識があることを見抜いた梅棹は後年、そのことを指摘するが（伊藤幹治・米山俊直『柳田国男の世界』日本放送出版協会、一九七六年、三一〇～三一一頁）、両者の親和力の背景には、ともに大きな社会変動の後にあらわれた青年の才能という時代を隔てた共通項があった。

「日本民俗学の将来」

一九五四年一〇月二日に行われた第六回日本民俗学会の年会は、前身の「民間伝承の会」が設立されて二〇年目に当たり、八〇歳を迎えた柳田を祝う意味でも節目の会だった。同時に三年後の民俗学研究所解散に到る切っ掛けとなった石田英一郎の講演「人類学と日本民俗学」が行われたのは、この年会においてだった。講演内容は翌年四月の『日本民俗学』に「日本民俗学の将来」として掲載されるが（一九五三年四月、季刊『日本民俗学』の発刊により『民間伝承』は学会から離れて六人社から刊行を続ける）、この論考は柳田の周囲に大きな波紋を呼ぶことになる。「日本民俗学の将来」は本来、篤実な柳田理解の上に立った論考だった。柳田の学問にはフレーザーをはじめとするヨーロッパ文化人類学の成果が取り入れられていることを挙げ、その意味で柳田の民俗学は「国史学ないし国学的な範囲」に止まるものではないとし、その成果を日本史学の一部として捉えることは望ましいものではないとした。その上で石田は「国史学」には連ならない、もうひとつの選択肢を提案する。すなわち文化人類学の一部として民俗学を位置付けることである。石田からみた時、日本民俗学が開拓した世界とは、もともと文化人類学や民族学と共通した基盤に立つ発展性のある問題を含んでおり、その点で他民族との比較は射程に置かれるべきものだった。何より、民俗学における「固有」「特殊」という言葉自体、他の民族、他の人類との比較においてのみ、はじめて検証可能なものである、というのが石田の論点だった（前掲『石田英一郎全集』二巻、一六四～一六六頁）。

こうした問いかけの原型は「民俗学から民族学へ」における発言の中ですでに石田が行っていたことであり、その点で柳田との間でくすぶり続けていた問題が再燃したとみることもできる。しかし、今回は学術的な問題以外に、学会を巻き込んで石田の提案に対する成否が個々の会員、ないし柳田門下の民俗学者に問われる事態となった。柳田は石田の提案に対して自身の門下によって民俗学の立場から積極的な批判が出ることを期待した。しかし、これに対する門下からは「特に有益に拝聴」という意見が支配的であり（上野勇「年会に対する批判と反省」『日本民俗学』一九五五年三月号）、柳田を落胆させる。

石田の主要な仕事には、柳田から重大な示唆を受けたものがあった。石田の代表作、『河童駒引考』(一九四八年)、『一寸法師』(一九四八年のち、『桃太郎の母』に増補改訂、一九五六年)は、それぞれ柳田の「河童駒引」(『山島民譚集』所収)、『桃太郎の誕生』から強い影響を受けていた。前者はユーラシアにおける馬への信仰の古層に牛を水神に供儀として捧げる信仰を見出し、後者は水界から現れる童神(「小サ子」)に寄り添う母と思しき人物の伝説を日本から視点を大陸へ移動させ、そこにユーラシア規模での地母神信仰を再構成したものだった。柳田の民俗学が国内に素材を求めながら、それを読む側に世界レベルでの比較を行う契機を与えることは、柳田の中に当初から比較民俗への視野があるというのが石田の見取図だった。石田はこの地母神信仰とは、キリスト教を始めとする一神教的な圧迫下で生き続ける抵抗の跡と捉え、人間性が圧迫を受けた時に現れる抵抗様式を比較することで独自の人類学が構築できると考えた(「抵抗の科学」初出『新潮』一九五七年七月号、前掲『石田英一郎全集』三巻、一四四頁)。

『桃太郎の誕生』で展開される処女懐胎によって生まれた子供への信仰は、柳田にとって決して新しい主題ではない。系統だってこれを論じたものでは、一九一八年一月、「神道私見(完結)」ですでに言及されており、「若宮の誕生」すなわち神が子を産むという記録が春日神の古記録に登場することを挙げ、さらに日本霊異記にも美濃国の女が突然懐妊したため、巫女によって占いを立ててみると、伊奈波神があらわれ孕まれた子供は自分の子であるから大切にするよう託宣し、やがて女は二つの青い石を産んだ例を紹介し、これを「耶蘇教で申せば、マリア女の大奇蹟と同じやうな、童貞受胎の物語」と位置付けた。そこから推論して柳田は、父のいない子供を産む伝説の起こりは、「神様の子を産む人間の母親があつたと云ふことで、即ち半分は人間半分は神様、人間を母とし神を父として出来た其子供が、一番神様の霊徳を人間に宣伝するに適して居ると考へた思想」があったことを指摘する（『全集』二五巻、二五八頁）。

この着想は国際連盟委任統治委員として渡欧した時期にも温められており、休会中に旅行で立ち寄ったイタリアでは博物館で偶々見たキリストを抱いたマリア像から、「イタリアだけがとくに聖母マリアを大切にする理由が、歴史的に外部からのものであるらしいといふことを考へさせられた」として、それに付随して「シナから日本へ来たいはゆるマリア観音と、日本固有の子安観音」のことを思い出し、「いづれもキリストを抱いた聖母マリアの像と何か連絡」があるのではないかと推測した（前掲「故郷七十年」二〇〇頁）。こうした経験を背景に柳田の側も、石田の業績を高く評価し、戦後の一九五〇年、『神を助けた話』を再販するにあたり、自身の著述を引き継ぐものだとして、さらなる展開に期待を込めた（『全集』五巻、九四頁）。

問題の形成が多くの比重を占め、それに対する答えは途上の段階にあるとことわったり、示唆や暗示の域に留めたりする点で、柳田の仮説の出し方は自分がこの問題を解き尽くすという意味での完璧性を求めない。ただし、その場合の完璧性とは、ヨーロッパの学問の文脈に置かれたものに過ぎない。そのことは反転して柳田が自身の仕事を引き継ぎ作業として強調する姿となってあらわれる。石田英一郎を引継者の一人に想定したことは、柳田にとって自身の学問の在り方を示すものだった。その石田の眼から見た時、「一国民俗学」を掲げた日本民俗学の立学の書といってよい『民間伝承論』も、随所に欧米民族学の成果が引かれており、読むほどに広義の人類学者としての柳田像が見えてくるものだった。しかし、日本という境界を越えて研究を行うことが柳田の本旨に反するという「奇妙な考え方」が民俗学者の間で支配的になったこと、柳田自身が戦後日本の指針となるべき事柄に主題を集中したことが、こうした民俗学のもうひとつの道筋を閉ざしたとした（「柳田先生と人類学」『定本』三〇巻、月報三二、一九六四年）。

民俗学研究所解散

先に見た通り、石田の提案を前に日本民俗学の側から大きな反論はなかった。それと前後して柳田には民俗学そのものの行く末を案じる言葉が目立つようになる。一九五五年二月には研究所の研究会で民俗学の今後が前途多難であるとして、方法論の確立を求める話を行い（『日本民俗学』一九五五年八月号）、八月一四日の研究所談話会では日本民俗学の将来に残された問題について語っている（『別冊　柳田国男伝　年譜・書誌・索引』三一書房、一九八八年、八〇頁）。最終的に、柳田は一九五五年一二月四日、民俗学研究所理事、代議員会で「日本民俗学の将来」に触れて、研究所の解散を表明するに到る（社団法人としての解散は一九五七年）。もともと民俗学研究所は民間の研究機関であり、その経済基盤は弱く収入源の多くは出版事業に頼らざるを得ない状況にあった。

当時の研究所談話会記録をみると、その憤懣が随所に登場する。その発言をひろってみると、「石田君の説には反対―民俗学は史学だから」「歴史とするか（でなかったら　もう石田氏の如くするか）」

「差し当たりは日本の事実を参考。学会になったのだから民間伝承。会で続けようとしたが学会で定義のないことはおかしい。その辺を諸君は考えなければならない。滅びてしまうとは思わぬ。今日来ていられる諸君が忍耐せられるかどうか」（柳田国男研究会『柳田国男ジュネーブ以後』所収「今井富士雄ノート」三一書房、一九九六年、一七〇、一七四〜一七五頁）など、矛先は石田ではなく、直接指導してきた弟子たちに向けられる。

何故、柳田はここまで怒りをあらわにしたのか。最大の理由は、果たして民俗学とは人類学の一部であるとする石田の意見によって置き換え可能なものか、という問題を柳田が重く捉えたことである。かつて「民俗学から民族学へ」で石田の提案した「アントロポス」から出発して各々の事象を説明する文化人類学の方法に対し、柳田は目の前の小さな事象から始めてゆっくりと「アントロポス」へと向かう道筋の可能性を説き、それこそが民俗学の立場であるとしたが、その出発点となるものは村、郷土、そして柳田が「群」と呼んだ無名の人々による生活体験の蓄積であり、そこにはそれまで柳田が論考の中に織り込ませてきた個人的な体験、原体験もまた、含まれたはずである。

仮に今回、石田の提案に対し柳田が反論するとすれば、こうした個々の事例の持つ意味と、それらが生まれた場所や人との繋がりには、「アントロポス」という普遍によって置き換えられないものがあり、自分たちはそれを探求し、ゆっくりと「アントロポス」へ到るのだ、という説明が行われたはずである。ただし、先程の談話会記録にみるように、柳田はすでに八〇歳を過ぎた自分が駁するよりも、自分の後に続く民俗学者の言葉に期待した節がある。かつて国際連盟委任統治委員会に提出した

「委任統治領における原住民の福祉と発展」において柳田は、現地の方言に関するパンフレット作成の必要を説き、それを基礎とする学習が原住民の生活、心理を理解する第一歩となるとし、人間性の普遍的類似を前提にした推論では、原住民が生活改善について十分な確信に到らないと位置付けたが（前掲“THE WELFARE AND DEVELOPMENT OF THE NATIVES IN MANDATED TERRITORIES”『全集』二六巻、八〇頁）、それから三〇年以上を経て、柳田は再び普遍を前提とする思考に相対した。

ここで判明するのは、石田の提案、それに対する柳田の反応は、学会・学術的な問題を越えて、思想の在り方、そして価値の置き方にまで及んでいたことである。いまだ柳田との対峙が鮮明でなかった一九四八年一月、石田は木曜会例会の席上、欧米の学問を考慮に入れた柳田の学問が国内に限定されていることを難じ、外の世界、すなわちエスノロジーと合流することを主張したが、柳田はむしろフォークロア（民俗学）の発達が世界中で起こるようにしなければならないと、石田の意見を退けた（「木曜会記事」昭和二三年一月二五日、『全集』三五巻、二〇一五年、四九一〜四九三頁）。この時、柳田の背後には無数の経験、記憶に根差した民俗が普遍化されることで、確実に失われるものがあるという危惧があった。

「比較民俗学の問題」

ただし、柳田は石田の提案を一方的に撥ねつけたのではない。そのことを物語る資料に「比較民俗学の問題」がある。第六章で見たようにこの論考は一九四〇年に『朝鮮民俗』第三号（今村鞆古稀記念）のために執筆され、最終的に掲載されなかった来歴を持つ。今村は朝鮮で警察畑を歩み、余暇に民俗調査に従事して、その後は朝鮮総督府下で朝鮮史編纂事業に携わった経歴の持ち主である。アジア規模での民俗比較が称揚されていた当時、「比較民俗学の問題」は、皮相の類似をもって日朝文化の同質性を説くことの危うさと、そこに到るまでには気の長い作業が必要であることを説いた点で（『全集』三四巻、一四四〜一四五頁）、戦時下における柳田の慎重さを示す文章でもある。その草稿の余白に柳田は「棄ててしまふのは少し惜しい」として、今村の遺族の所にこの論考を清書したものが残っているかも知れないと覚書を残しており、この文章の活字化を検討していた。同草稿の末尾には、「石田君ノ室ノ人ニ考ヘテモラフカ」という書付があり、石田が当時所属していた東京大学文化人類学研究室の研究者との間で、互いに異なる視点から議論を深めようと考えていた節がある。

人類・人間性という普遍から日本の民俗を分析することに今後の意味を見出そうとする石田に対し、柳田は一五年前に立てたこの論を以て応えようとした。かつて言及した内容を必要に応じて出すことは、柳田が時折行うことでもある。一九三七年に東北帝国大学で行った講義で柳田は民俗学の現代性について論じたが、戦後この内容を一九四六年に行われた日本民俗学講座で「現代科学ということ」と題して一部再論した。眼前の生活を改善する方法として民俗学の有効性は、戦後いささかも減じていない、という主張が再論の背後にあったが、その形式を柳田は今回も使おうとしたといえる。ただし、マルクス主義を起点に普遍的な法則から出発する石田の論理に対し、柳田の方法は小さな民俗事象の持つ価値を知り、それらの寄り来った場所の持つ感覚に重きを置いている以上、反駁する時、心意伝承の域にまで降りて異なる民族を比較することはむつかしく、かつ時間がかかる、といった歯切れの悪いものとならざるを得ない。弟子たちの間で石田への確たる批判が起こらなかった理由の一端も、そこにあるといってよい。

後の時代から柳田と石田を比較する時、柳田の論考には、例えば洗濯する女性が登場した場合、無名でありながらそこにしっかりとした顔が表情とともに描かれているのに対し、石田の論考にはたとえ人物が描かれても、表情まで伝わってこないという指摘（住谷一彦他編『異人・河童・日本人』新曜社、一九八七年、一六八～一六九頁）は、両者の方法上の違いによるところが大きいといえる。

そして柳田のように、具体的な体験、記憶を連ねていきながら最終的に総合してひとつの大きな像を捉えようとする際、そこで人間、人類という普遍的な事柄とぶつからざるを得ない。石田と柳田の対峙はその帰結点だったといえる。

文学としての評価

一九五〇年代の半ばに入って、柳田の仕事は文学としてひとつの領域を占めると認められ始める。その象徴的な出来事が、一九五三年に刊行が始まった筑摩書房の『現代日本文学全集』の一冊に柳田が入ったことだった（一二巻、一九五五年）。

文学全集への登場という点ではすでに一九三一年、改造社の『現代日本文学全集』が第五八編に新村出、吉村冬彦（寺田寅彦）、斎藤茂吉、そして柳田を一冊にまとめ、『海南小記』（大岡山書店、一九二五年）所収の文章が収録されていたが、筑摩書房は今回、一冊すべてを柳田一人に当てており、「野草雑記」「ダイダラ坊の足跡」「南の島の清水」「雪国の春」など、いずれも文学性の強い文章に加え、『木綿以前の事』や『不幸なる芸術』掲載の民俗を扱った論考も多数収録されていた。事実、この時点でも文学全集に柳田国男が入っていることを奇異に思った読者から編集部に問い合わせが来ることもあったが(「編集後記」『現代日本文学全集』月報二四、筑摩書房、一九五五年一月)、同全集が一冊につき、複数の作家を併録することが多かったことを考えれば、これは柳田の書いたものが民俗学を含めて一個の文学として独自の領域を持つと認められたことを意味していた。

この背景には、戦後柳田と縁が深かった『展望』の編集長を長くつとめた臼井吉見の慧眼によるところが大きい。臼井は明治以降の文学史を考える上で、柳田を落とすまいとし、迷うことなく柳田を入れたのだった。所収の井伏鱒二による解説「柳田さんのこと」が近代文学における凡俗の持つ価値がここに記されているとした点で、ここに柳田の文章は近代文学史上に定まった位置を持つに到った。柳田はこのことを大変喜び、同文学全集が柳田を加えることが決まった時、柳田は礼を言いに羽織袴で編集責任者である臼井吉見を訪れた(池田彌三郎・谷川健一『柳田国男と折口信夫』岩波書店、一九九四年、一七九頁)。実際、全集の中でも同巻はよく売れており、そのことを柳田は喜んだ(長谷川四郎「柳田国男」『定本』一九巻、月報一四、一九六三年)。

戦後の天皇観

戦後の文壇において柳田は若い世代と多くの意見交換を行っており、自身が感じたことを率直に述べている。一九五六年には、『近代文学』への座談会「日本文化の伝統について」に喜んで参加し、参加者の荒正人、山室静、本多秋五への質問ひとつひとつが的を得ており、和やかな形で会話が進んだ(杉森久英「柳田さんとの四五回」『定本』一七巻、月報六、一九六二年)。

その中で「庶民」と「常民」の違いを問われた柳田は、「庶民」は「インテリ」よりも低いという意味にとられかねず、「平民」だと日本では歴史的に「士族」と対立するので、ともに採らなかったとして、英語の"commons"に当たる言葉として「常民」を使うことにしたと説明し、「常民」には「皇族の方々」も入っておられるとした（『民俗学について　第二柳田國男対談集』筑摩書房、一九六五年、一七九～一八〇頁）。明治末の「「イタカ」及び「サンカ」」（一九一二年）において非定住民への対立概念として使われた「常民」は、昭和に入って『郷土生活の研究法』（一九三五年）では村における「ごく普通の百姓」として規定され、最終的に日本人全体にまで拡大される。戦後、「にひなめ研究会」での活動を通して柳田は稲作との関わりから奥能登の農耕儀礼「アエノコト」を素材に、皇室儀礼が民間の年中行事と多くの類似点を持つことを指摘していたが、稲作を通して日本人を総体として描くことを模索する柳田にとって、「常民」はこの時、鍵言葉に相当した。

一方、大正天皇の大嘗祭に供奉した経験をもとに、近代に即して天皇代替わり行事の改革を山縣有朋に伝えようとしたことにみるように、柳田には天皇への「直言」をも辞さないという士大夫的な側面があった。その相貌が戦後も持続していたことを窺わせるエピソードがある。

一九五四年春、金関丈夫が国分直一らと波照間へ調査を行い、帰京後の五月二三日、報告を兼ねて成城の柳田邸でスライドを上映した時のことである。柳田はこれに熱心に見入り、「ときどきあらわな感動の様子を示」したが、「先生がとくにそうした感動を示されたのは、多くは、貧苦と忍苦のあとが深くきざまれながらも、日に焼けた天使、とでもいえそうな顔をした婦女子の労働の姿」だった。見終わった後、柳田は金関に「これは陛下にお目にかけなければ」と言い、「日本の南の端の小さい島で、たれにも知られず、こうした貧しい、善良な国民が勤勉に働いている。その姿は是非陛下にごらんになっていただきたい」と言い添えた。戦後、柳田と宮中との関係は深く、一九四六年六月一一日、天皇及び各宮家に国語教育について御進講したのを皮切りに、四八年、四九年と御講書始に出席したほか、五四年五月には五回にわたって皇居の吹上御苑で行われた言語学研究会に金田一京助、服部四郎、泉井久之助らと出席して日本語について専門の立場から発言し、九月には東宮御所で皇太子へ御進講を行い、翌年一月には歌会始の儀に召人として出席した。柳田が波照間のスライドを見たのは、ちょうど言語研究会が一八・一九日、二一日、二四・二五日と宮中で行われている狭間の日にあたっており（前掲『別冊　柳田国男伝　年譜・書誌・索引』七九頁）、柳田からみてタイミングのよいものと捉えられたに違いない。

この宮中における映写は同年一〇月、実現するのだが、少なくとも金関にとって天皇はスライドに対して、柳田が期待したほどの感動は示さなかった。終了後、報告のために訪れた金関は柳田に淡々と経過を報告したが、必要とあらば、自分が天皇を教育するという使命感を持つ柳田との間に金関は隙間のようなものを感じざるをえなかった（「天皇と柳田先生」『定本』一八巻、月報二〇）。天皇を人格的に捉え、民間と皇室との調和を理想とする柳田にとって、このスライドが示す世界は儀礼的なものを超えて天皇に見てもらう必要があると判断されるものだった。明治の士大夫としての熱意は、伝わりにくい時代がすでに始まっていた。

2 「未完成」であること

民俗学研究所解散に到る行程と併行して、『海上の道』（一九六一年）の骨子となる論考が断続的に発表されていた。

「海上の道」

晩年の柳田がその構想力を縦横に駆使して書き上げたこの書は、日本人は南方から稲をたずさえながら、交易のための財貨として宝貝を手に入れるため、沖縄の島々を北上し、やがて本土へと渡ってきた、という壮大な仮説を提示した。これまで柳田が慎重を期して触れることのなかった日本人の起源論にも一定の示唆を与えたほか、その射程は稲作の伝播に事寄せながら、約一〇年にわたって継続されてきた、「にひなめ研究会」、稲作史研究会での発言を背景に、天皇祭祀の祖型となる民俗にも及んでいた。

『海上の道』をめぐる柳田の思考を読み解く時、時系列的にさかのぼっていくと、その想像力がその時々の体験を積み重ねることで醸成されていったことが分かる。一九五四年一一月二五日に行われた稲作史研究会で柳田は、稲をたずさえた民族集団が移動する際、移る先の島としてそこには何か「アトラクション」がなければならない、としてその最たるものに子安貝を想定し、その着想は、J. Wilfrid Jackson の “Shells as evidence of the migration of early culture”（『初期文化における文化遷移の証拠としての貝類』一九一七年）から多くの教示を受けたことを述懐している（柳田国男・安藤広太

郎・盛永俊太郎他『稲の日本史』上、筑摩書房、一九六九年、三三一〜三三二頁)。

この着想にはさらに下地があり、一九二二年、ヨーロッパ滞在中に訪れたドレスデンの博物館で、アフリカの木像の眼にはめ込まれた子安貝を目にしてその伝播経路を考え、中国大陸でも子安貝に高い価値が置かれ貨幣、装飾品に使われていた事実を思い出したこと(前掲「故郷七十年」二〇一〜二〇二頁)、さらに一九二一年の沖縄紀行で二月六日、首里に尚順男爵を訪れた時、膨大な貝類のコレクションを実見する機会を得て、「沖縄が世界に稀なる宝貝の豊産地」であると知ったこと(「海上の道」『全集』二一巻、四〇七、五二八頁)が基礎となっている。新たな体験、知見はその上にさらに接ぎ木され、さらなる想像力へと繋がっていった。

『海上の道』(昭和36年7月刊)

記憶の総合

戦後に行われたインタビューの中で柳田は、学問と芸術の違いを問われ、「芸術は切れ切れなものではないかと思います。学問の方は一つのつながりがあるような気がします」と答えた。その理由として美は本来、感覚から来たものである以上、一回一回が異なっており、そこに無理やりひとつの理論を持ってくるのは間違いであるとした(前掲「村の信仰」『私の哲学』二五八頁)。この主張は柳田自身にもはねかえってくるものだった。柳田の文章には、しばしば切れ切れの抒情的な記憶が保存され、それが後に得た新しい知見の中でひとつの文脈を構成していくものがあり、その形は『海上の道』でも随所にみられる。

大学時代一カ月滞在した伊良湖で、風の強かった翌朝には三度ほど浜辺に椰子の実が打ち上げられるのを見て、柳田はそこに南の島からの詩的情景を思い描く。さらに柳田はその記憶を長い間滞留させ、「海上の道」(『心』一九五二年一〇・一一・一二月号)で、海の向こうから好ましいものを運んでくる「アユ」の風に関わる叙述の中にこの話を使った(『全集』二一巻、三九一〜三九三頁)。藤村「椰子の実」の成立に示唆を与えた詩人としての柳田の直観はその後も柳田の中に生き続け、やがて日本人の祖先の来し方という問題に取り組んだ時、漂着した椰子の実に対し、その後ろにある自然環境上の法則性を読み取る。かつて柳田が立ち入っていた学問と芸術が未分化の状態にあることがここでもう一度、浮上してくるのである。

同じく『海上の道』所収「宝貝のこと」(初出『文化沖縄』一九五〇年一〇月)で柳田は、「おもろさうし」一三巻に登場する「ツシヤ」という語について、これを首飾りさらにはそれに通す珠を意味するものと考え、そのひとつに宝貝を想定するくだりで、幼少時、自分の家の裏でとれた或る植物の記憶を呼び起こす。光沢があって形状も宝貝に似た「ツシタマ」と呼ばれるこの穀粒は、しばしば子供の遊びで糸に通して首にかけられた。子供の遊び、言葉遣いに大人が忘却した民俗の素材が隠されていることは、それまでも柳田が折に触れて説いたことであるが、柳田は自分の幼少時の記憶から「ツシヤ」が宝貝を糸に貫いて首にかけたものではないかと類推する(『全集』二一巻、五二四〜五二七頁)。

同じく、「人とズズダマ」(『自然と文化』第三号、一九五二年)では、実の形状や艶が子安貝に似ており、人の移動や子安貝自体の価値変動によってその代用にあてられたイネ科植物「ジュズダマ」を対象に、その分布、用途が跡付けられているが、柳田はそこに九歳の時、顔手足にできた疣の治療で近所の生薬屋「薏苡仁」の処方を受けた故郷辻川での話を加えている(同前、五三六頁)。切れ切れの記憶の中から、自身の仮説に資するものを叙述の中へ織り込むという点で、柳田は組織・学会から離れもう一度、自分の原体験に立ち戻って思考をめぐらそうとしている。すなわち、日本人の祖先の来し方を考えながら、柳田個人の記憶の総合が行われている。

隣接する分野では総じて『海上の道』でまとめられた論考への評価は芳しいものではなかった。考古学、人類学からは実証性に欠けるとの批判があり、石田英一郎からも「考古学上の知見は、必ずしも先生の直観と一致しない。琉球列島にみる日本の古代は、逆に遠い昔に南日本から渡ったものと解することもできる。このような場合、先生がいかに考古学の限界を突いても、先生の民俗学の方法は、年代の順位規定にあたっては考古学以上に証明力を欠くのである」(「偉大なる未完成――柳田国男における国学と人類学」初出"Japan Quarterly"一九六三年一月、前掲『石田英一郎全集』三巻、一〇六頁)と、決め手となる資料の乏しさを指摘された。自身の体験からの敷衍という柳田の学問の特徴、そして魅力はここにおいて戦後の学界と相対する形となった。

民俗学の世界に目を転じると、一九五〇年代後半から約一〇年、日本民俗学会は停滞期にあり、学会も実質的に活動を停止していたとされる(福田アジオ『日本民俗学方法序説』弘文堂、一九八四年、二〇

〜二一頁)。その中にあって、一九五八年から六〇年にかけて『日本民俗学大系』(全一三巻)が刊行される。このシリーズは、大間知篤三、桜田勝徳、岡正雄、関敬吾、最上孝敬など、柳田の影響が強い民俗学研究所や日本民俗学会から離れた、あるいは距離のある研究者を編集委員とし、項目によっては文化人類学、社会学からの寄稿者も目立った(前掲『日本の民俗学——「野」の学問の二〇〇年』二八六〜二九〇頁)。最終巻の第一三巻では大間知が「民俗調査の回顧」で全国山村生活調査における技術的な不備を突き、村の特徴が考慮されず、柳田が作成した百の質問項目もばらばらのもので個々の事象を追ったに過ぎないとしたように(一一〜一二頁)、柳田の民俗学に対する方法的な批判が学界の中でも進みつつあった。学術面でより精度の高い方法が模索される時期にあって、『海上の道』の中で柳田は自身の人生の閲歴に近い体験を描き込む形で、これまで記してきた方法上の石を置いたのである。

方法としての人生

一九六一年の『海上の道』刊行は、柳田の健在ぶりを江湖に示すとともに、柳田の方法というものが古びていない点を今一度、学界に確認させることとなった。しかし次第に柳田の記憶も時折不鮮明になることがあり、往年の柳田を知る知己が訪ねた折、その変貌に驚く回想が散見されるようになる。

死の前年、吉野源三郎と柳田邸を訪れた桑原武夫は、一時間半ほどの滞在で、すでに知っているはずの桑原の出身地・福井について、三遍も繰り返し聞かれ、「この強靭無比な頭脳」の衰えを目の当たりにして悲しい思いをした(「柳田さんの一面」初出『図書』一九六二年一〇月、前掲『桑原武夫全集』六巻、三六六〜三六七頁)。かつての博覧強記振りを知っている中野重治は久々に柳田を訪れて歓談のひと時を過ごしたが、数分たつと柳田が同じ質問を行い、壊れたレコードのような会話が進むことに辛さのようなものを感じて辞去した(中野重治「草餅の記」前掲『中野重治全集』一九巻、一二五〜一二六頁)。これらの記述は一方で、柳田の方法が本人の意図しないまま、「回帰」という形をとって目に見える形で対話する者の前にあらわれた例として引かれる(佐藤健二『読書空間の近代』弘文堂、一九八七年、一九〜二〇頁)。

『遠野物語』の成立が示すように、民俗学という学問を意識する以前から、柳田は会話、聞き取りによって相手から何かを得ることにこだわり続けた。これは「あなたのお国はどこですか」から切り出すことで会話を始める習慣となって定着し、その形は晩年まで変わらなかったといえる。この方法で大切なことは、聞き手の側が、自分と対座している人物がどんな話題を持ち、そこに到るまでにどんな問題と取り組んできたのか受け止めることである。その意味で柳田は無数の人々の人生と向き合うことで、自身の学問をかためてきた。活字化されなかったものも含め、数次にわたる中野、桑原との会話が深い対話となっている理由もそこにある。

『定本』の刊行と米寿を祝う会

一九六二年一月、筑摩書房から『定本柳田國男集』の刊行が始まる。筑摩書房からはすでに『海上の道』、さらにさかのぼって一九五五年に『柳田国男集』が刊行されていた。『定本』刊行に際しての打合わせ会に出席した柳田は、自分の著作目録を見て、よくこれだけ書いたものだと感慨にふけるが、同席していた高藤武馬の目には「もうひとつひとつの著作

家族と
（左より芳秋，為正，富美子，柳田，清彦，薫，孝，八枝子，昭和36年５月）

についてもその内容を覚えていられない様子にみえた」（『ことばの聖――柳田国男先生のこと』筑摩書房、一九八三年、一八八頁）。

その中にあって柳田が主張してゆずらなかったのは、「全集」という名称を冠しないことだった。初めて自身の書いたものが網羅的に書籍として刊行されるにあたり、柳田は敢えてそれを示唆するような名称を避けたのである。最大の理由は、学者の説というものは日々進歩するものであり、「全集」という名称だと、後学から旧説を取り沙汰されてしまうということにあった（鎌田久子「柱のかげから」『定本』三一巻、月報三五、一九六四年）。補足すれば、この「名付け」の背景には柳田が自分の学問について、これを閉じた体系として成立させる体裁のものではない、という認識を持っていたことが大きい。「全集」とはその中におさめられた論考が、あくまで「完成」したものとして読者に受け止められる可能性を秘めているものである。方法の上で何かを生み出したかよりも、何を付加したかを絶えず問題としてきた柳田にとって、自身の学問は「全集」に適さないと直感したといえる。

もうひとつ、柳田が強く編集部に要請したのは、青年期に残した新体詩と農政論の数篇を『定本』から外すことだった（大藤時彦『柳田国男入門』筑摩書房、一九七三年、七頁、藤井隆至編『柳田國男農政論集』法政大学出版局、一九七五年、三五八〜三五九頁）。柳田もまた、青年時代、抒情詩人として果敢に自身の才能を磨き、それを発信しようとつとめた。後に平凡・凡俗の中に一個の「天才」を凌ぐ力を見出した柳田にとって、この時期に書いた詩篇は官僚時代に著した一部の農政論とともに、その後獲得した自身の方法、そして世界像から見た際、封印しておくべき対象として捉えられた。

一九六二年五月二七日には、日本民俗学会主催による柳田の米寿祝賀会が成城大学で開催された。同大学は柳田邸の最寄りであるだけでなく、長男・為正が成城高校出身であり、また一九五七年に柳田の膨大な著作、「民間伝承の会」時代に蓄積された関連資料が移管されていた。

学会関係者を中心に約二五〇名の参加者が集い、梅原末治、金田一京助らが祝辞を述べた。しかし会衆の眼から見た柳田は衰弱ばかりが目に付いた。柳田自身は、絶えず会場に残って知己たちと交歓することを主張したが、体がそれを許さず、前後二回自邸との間を往復した後、辞去せざるを得なかった。

その死、葬儀

米寿祝賀会からほどない、一九六二年八月八日、柳田国男は心臓衰弱のため、亡くなった。数え八八歳だった。

戦後史の上で見れば、すでに高度経済成長期に入り、農村からの人口流出によって、日本の社会変動が加速化しつつあった。まさにかつて『明治大正史世相篇』（一九三一年）の中で、柳田が冒頭に据えた都市近郊を「第二の故郷」とする生活者が多数を占めるという現象がここに生まれたのである。その意味で自身の構築した民俗学が次第に変容を迫られてくるまさにその時、柳田は亡くなった。

葬儀は日本民俗学会葬で八月一二日から東京青山斎場で日本民俗学会長・和歌森太郎を葬儀委員長として仏式で行われた。弔辞は文部大臣・荒木万寿夫、学士院長・柴田文次郎、芸術院長・高橋誠一郎、日本学術会議会長・和達清夫（代読）、成城大学長・高垣寅次郎、國學院大学長・佐々木行忠、そして日本民族協会から渋沢敬三（代読）、日本民俗学会代表・最上孝敬と続いた。参列者も志賀義男から小泉信三、三笠宮と改めて柳田の影響の及ぶ範囲を印象づけた。その光景は会葬者の一人、金田一春彦が「何か国家的な建物の落成式にでも出席しているかのような錯覚を起しそうであった」（「柳田国男先生と国語学」『国語学』第五〇集、一九六二年一二月）と回想するほどであった。

ほとんどの新聞の蓋棺録が碩学の死を悼む中にあって『朝日新聞』は、かつて柳田が朝日新聞顧問を務めていた時、柳田の面接試験を受けた荒垣秀雄が担当する「天声人語」において柳田の学問について「一人で仕事をする孤峰ではなかった」と位置付けた。

「平凡」への意志

一九五八年、柳田は桑原武夫と対談した折、談たまたま自身の人間観に及んだところ、柳田は自己完成というものを究極の目的と考えたことは一度もない、と発言している（「日本人の道徳意識」『講座現代倫理』六巻、筑摩書房、一九五八年、前掲『柳田國男対談集』二二八頁）。晩年になってからの発言であるが、柳田は自分の生涯について語る場合、進歩あるいは成長という尺度から考える立場をとらなかった。ただし、その柳田も自身の仕事については或る完成点に近いものを想定していた節があり、残された時間が少ないことを嘆くことがあった（堀一郎「柳田国男と宗教史学」『国文学　解釈と教材の研究』一九七三年一月号）。

青年時代の柳田であれば、詩人としてなにがしかのことをやろうと試みたであろう。しかし後年、自己評定するにあたって、それらは『定本』に載せることを禁じる対象となった。「平凡への意志」が鮮明になるにつれ、自分一人で出来ることなど、数百年、数千年の間、無数の群像によって創造された文学に比べれば、はかないものである、という目線を柳田は意識的に自身の方法に組み入れるようになった。ただし、「平凡」を基調とすることによって突出した個性が封じられてしまうこと、或いは「平凡」の中から生まれる差別構造に対して十分な目線が行き届かない傾向が柳田の民俗学に生まれたことは、考慮しなければならない。

朝日新聞

自ら耕し、自ら収穫

柳田さんの関心は未来に

業績をしのんで　臼井吉見

追悼記事（『朝日新聞』昭和37年8月9日）

柳田の死から一年を経て、石田英一郎は国学者・詩人・科学者など複数の相貌が併存した柳田にとって、その学問は内側で葛藤を秘めており、そのことが最終的にひとつの学問体系としてまとまることを阻んだとした上で、しかしこれは「体系よりもはるかに偉大な、永遠に求めてやまぬ探求の心につらぬかれた未完成品」であるとしたが（前掲「偉大なる未完成——柳田国男における国学と人類学」『石田英一郎全集』三巻、九八頁）、「未完成」であることは、柳田その人を飛び越えて、広く日常を扱う学問そのものについていえることである。

優れた一人の才能よりも、「平凡」「凡俗」が築き上げてきたものの価値を認めることは、それによってまとめられる世界も、完成を目標とするものではない。その意味で、日々の生活の中から生まれる思想とは、未完成でなくてはならない。その視点から眺める時、柳田の思想、方法が「未完成」であることは必然といってよい。柳田国男の仕事とはむしろ、そのことによって多くの読者に影響を与え続けているといえるのではないか。

参考文献

柳田国男の著作・編著・講演・座談会など

『柳田國男全集』（一巻）筑摩書房、一九九九年。

「産業組合」大日本実業学会、刊行年不詳、改版の『最新産業組合通解』は一九〇二年。

「農政学」早稲田大学出版部、一九〇二年刊行か。

「農業政策」中央大学発行、一九〇九年。

「後狩詞記」自刊、一九〇九年。

『柳田國男全集』（二巻）筑摩書房、一九九七年。

「山島民譚集（一）」甲寅叢書刊行所、一九一四年。

「時代ト農政　開白」聚精堂、一九一〇年。

「報徳社と信用組合との比較」『斯民』一九〇六年六月・九月。

「遠野物語」自刊、一九一〇年。

「日本に於ける産業組合の思想」第二回産業組合講習会での講演、一九〇七年五月。

『柳田國男全集』（三巻）筑摩書房、一九九七年。

「阿遅摩佐の島」（『海南小記』大岡山書店、一九二五年の一部）大岡山書店、一九二五年。

「海南小記」（『海南小記』大岡山書店、一九二五年の一部）『東京朝日新聞』一九二一年三月二九日〜五月二日。

「からいも地帯」(『海南小記』大岡山書店、一九二五年の一部)『東京朝日新聞』一九二一年三月二九日。

「郷土誌編纂者の用意」『郷土研究』(二巻七号)一九一四年九月。

「郷土誌論」郷土研究社、一九二二年。

「山人考」(「郷土誌論」の付録)歴史地理学会講演、一九一七年。

「豆手帖から」(「雪国の春」岡書院、一九二八年の一部)『東京朝日新聞』一九二〇年八月一五日~九月二二日。

「村を観んとする人の為に」(「郷土誌論」の一部)『都会及農村』一九一八年一一月~一九一八年一二月。

「山の人生」(『山の人生』郷土研究社、一九二六年の一部)『アサヒグラフ』一九二五年一月~八月。

『柳田國男全集』(四巻)筑摩書房、一九九八年。

「青年と学問」日本青年館、一九二八年。

「都市と農村」朝日新聞社、一九二九年。

『柳田國男全集』(五巻)筑摩書房、一九九八年。

「南島研究の現状」(「青年と学問」の一部)啓明会琉球講演会「旅行と歴史」一九二五年九月。

「蝸牛考」刀江書院、一九三〇年。

「明治大正史世相篇」朝日新聞社、一九三一年。

『柳田國男全集』(六巻)筑摩書房、一九九八年。

「御祭の香　上」(「秋風帖」一九三二年の一部)『東京朝日新聞』一九二〇年一〇月二六日。

「佐渡一巡記」(「秋風帖」一九三二年の一部)『旅と伝説』一九三二年一〇月号。

『柳田國男全集』(七巻)筑摩書房、一九九八年。

「読書懺悔」(『退読書歴』書物展望社、一九三三年の一部)『全人』一九二七年一二月。

「一目小僧」(『一目小僧その他』小山書店、一九三四年の一部)『東京日日新聞』八月一四日~九月六日。

『柳田國男全集』（八巻）筑摩書房、一九九八年。

「郷土生活の研究法」刀江書院、一九三五年。

「民間伝承論」『民間伝承論』共立社、一九三四年。

「我國郷土研究の沿革」（『郷土生活の研究法』の一部）。

『柳田國男全集』（九巻）筑摩書房、一九九八年。

「何を着ていたか」（『木綿以前の事』創元社、一九三九年の一部）『斯民家庭』一九一一年六月。

「木綿以前の事」（『木綿以前の事』創元社、一九三九年の一部）『女性』一九二四年一〇月特別号。

「山伏と島流し」（『木綿以前の事』創元社、一九三九年の一部）『俳句講座』一九三二年八月。

『柳田國男全集』（一〇巻）筑摩書房、一九九八年。

「国語の将来」創元選書、一九三九年。

「食物と心臓」『信濃教育』一九三二年一月。

『柳田國男全集』（一四巻）筑摩書房、一九九八年。

「郷土研究と郷土教育」『郷土教育』（二七号）一九三三年一月。

「母の手毬歌」『週刊少国民』（四巻一号、新年特別号）一九四五年一月。

『柳田國男全集』（一五巻）筑摩書房、一九九八年。

「先祖の話」筑摩書房、一九四六年。

『柳田國男全集』（一六巻）筑摩書房、一九九九年。

「氏神と氏子」小山書店、一九四七年。

『柳田國男全集』（一七巻）筑摩書房、一九九九年。

「はしがき」（『俳諧評釈』の一部）民友社、一九四七年。

『柳田國男全集』（一八巻）筑摩書房、一九九九年。
「是からの国語教育」国語教育学会講演、一九四六年二月。
『柳田國男全集』（一九巻）筑摩書房、一九九九年。
「ウソと子供」『文章倶楽部』（一三巻八号）一九二八年八月。
「島の人生」『太陽』一九二四年八月。
『柳田國男全集』（二〇巻）筑摩書房、一九九九年。
「幻覚の実験」『旅と伝説』（一巻六号）一九三一年八月。
「炭焼日記」修道社、一九五八年。
「天狗の話」『珍世界』（一巻三号）一九〇九年三月。
『柳田國男全集』（二一巻）筑摩書房、一九九七年。
「海上の道」筑摩書房、一九六一年。
「故郷七十年」のじぎく文庫、一九五九年。
「故郷七十年拾遺」『定本柳田國男集』（別巻第三）筑摩書房、一九六四年。
『柳田國男全集』（二三巻）筑摩書房、二〇〇六年。
「暁やみ」（松岡国男名義）『抒情詩』民友社、一八九七年四月。
「イブセン雑感」『早稲田文学』一九〇六年七月。
「怪談の研究」『中学世界』一九一〇年三月。
「父の喪にこもりてあるほど」（松岡国男名義）『校友会雑誌』一八九六年一〇月。
「中農養成策」『中央農事報』一九〇四年一月〜四月。
「菫摘みし里の子」（大峰古日名義）『文学界』一八九七年一月。

「影」（大峰古日名義）『文学界』一八九七年一月。

「夕ぐれに眠のさめたる時」（なにがし名義）『文学界』（三五号）一八九五年一一月。

「萩坪翁追懐」『読売新聞』一九〇九年一二月一二日。

「山人の研究」『新潮』一九一〇年四月。

「幽冥談」『新古文林』一九〇五年九月。

「乱読の癖」『文章世界』一九〇七年五月。

『柳田國男全集』（二四巻）筑摩書房、一九九九年。

「『イタカ』及び『サンカ』」『人類学雑誌』一九一一年九月、一九一二年一月・二月。

「所謂特殊部落ノ種類」『国家学会雑誌』一九一三年五月。

「踊の今と昔」『人類学雑誌』一九一一年四月〜八月。

「記者申す」『郷土研究』一九一五年七月。

「毛坊主考」『郷土研究』一九一四年三月〜一九一五年二月。

「徐福纜を解く」『郷土研究』一九一五年七月。

「神秘の大嘗祭」『日本勧業銀行月報』一九一五年一二月一五日。

「神代ながらの霊域＝柳田大礼使事務官談＝」『万朝報』一九一五年一一月一五日。

「大嘗祭より大饗まで」『新日本』一九一五年一二月一日。

「託宣と祭」（「巫女考」の一部）『郷土研究』一九一三年五月。

「塚と森の話」『斯民』一九一二年一月〜五月。

「不謹慎な参列者　柳田大礼使事務官の憤慨」『大阪毎日新聞』一九一五年一一月四日。

「編者申す（折口信夫「髯籠の話」に）」『郷土研究』（三巻二号）一九一五年四月。

「巫女考」『郷土研究』一九一三年三月～一九一四年二月。

「ミコという語」（「巫女考」の一部）『郷土研究』一九一三年三月。

『柳田國男全集』（二五巻）筑摩書房、二〇〇〇年。

「委任統治委員会ニ関スル柳田委員ノ報告」『外務省記録　国際連盟委任統治』一九二二年九月～一二月。

「将来の農政問題」『帝国農会報』一九一八年六月。

「郡誌調査会に於て」『信濃教育』一九一八年七月。

「SIXTH MEETING」第一回国際連盟常任委任統治委員会議事録に記載されている柳田の発言、一九二一年一〇月。

「神道私見（完結）」『丁酉倫理会倫理講演集』一九一八年二月。

「大礼の後」『郷土研究』一九一六年一月。

「FIRST MEETING」第一回国際連盟常任委任統治委員会議事録に記載されている柳田の発言、一九二一年一〇月。

「柳田委任統治委員会委員ヨリ山川部長宛」『外務省記録　国際連盟委任統治』一九二二年九月～一二月。

『柳田國男全集』（二六巻）筑摩書房、二〇〇〇年。

「新しき政治は民衆化」『憲政』一九二四年五月。

「エクスプレッション其他」『女性改造』一九二四年八月。

「必ず現はるべきもの」『東京朝日新聞』一九二五年一月四日。

「九月二十日午前ノ聯盟総会ニテ」『外務省記録　国際連盟委任統治問題一件　委任統治委員会報告書綴』一九二二年九月。

「国際聯盟の発達」『国際聯盟』一九二二年三月。

「此冬何方ニマヰルニシテモ」『外務省記録　国際連盟委任統治問題一件　委任統治委員会報告書綴』一九二二年八月。

「THE WELFARE AND DEVELOPMENT OF THE NATIVES IN MANDATED TERRITORIES」一九二三年八月。

「七月一日から　愈排日法の実施につき」『東京朝日新聞』一九二四年七月一日。

「市町村制改正に就て」『東京朝日新聞』一九二五年一月二九日。

「政党と階級意識」『東京朝日新聞』一九二五年一〇月七日。

「党人の臆病」『東京朝日新聞』一九二四年八月三一日。

「俳諧とFolk-Lore」『日光』一九二五年四月。

「這箇鏡花観」『新小説』一九二五年五月。

「拝啓　委任統治常設委員会ハ」『外務省記録　国際連盟委任統治問題一件　委任統治委員会報告書綴』一九二三年八月。

「普選と封建思想」『東京朝日新聞』一九二五年三月一日。

「編輯者の一人より」『民族』一九二五年一一月。

「山川端夫様私信」『外務省記録　国際連盟委任統治問題一件　委任統治委員会報告書綴』一九二二年八月。

『柳田國男全集』（二七巻）筑摩書房、二〇〇一年。

「学生運動の限度」『東京朝日新聞』一九二六年九月一九日。

「感情政治の得失」『東京朝日新聞』一九二八年三月四日。

「憲法の番人」『東京朝日新聞』一九二八年六月一七日。

「御発輦」『東京朝日新聞』一九二八年一一月六日。

「混乱を利用する者」『東京朝日新聞』一九二八年二月二日。
「二党対立の勢」『東京朝日新聞』一九二八年二月二四日。
「戊辰年頭の詞」『東京朝日新聞』一九二八年一月一日。
「和気と闘志」『東京朝日新聞』一九二八年二月一一日。
『柳田國男全集』(二八巻)筑摩書房、二〇〇一年。
「花袋君の作と生き方」『東京朝日新聞』一九三〇年五月一九、二〇、二一日。
「凡人史の省察」『農村教育研究』一九二九年一一月。
『柳田國男全集』(二九巻)筑摩書房、二〇〇二年。
「今日の郷土研究」『郷土教育』一九三四年五月。
「郷土研究と民俗学」『肥前史談』一九三六年九月。
「採集手帖のこと」『民間伝承』一九三六年五月。
「漱石の猫に出る名――越智東風の由来」『週刊朝日』一九三四年三月一一日。
「小さい問題の登録」『民間伝承』一九三五年九月。
『柳田國男全集』(三〇巻)筑摩書房、二〇〇三年。
「アジアに寄する言葉」『アジア問題講座』(一巻政治・軍事篇一)一九三九年。
「甲寅叢書」『図書』一九三九年一二月。
「法制局時代の上山氏」『上山満之進　上巻』成武堂、一九四一年一二月。
「予が出版事業」『図書』一九三九年一二月。
『柳田國男全集』(三一巻)筑摩書房、二〇〇四年。
「学問用語の改良」『思想の科学』一九四八年一一月。

「喜談日録（一）」『展望』一九四六年一月。

「教育の原始性」『民間伝承』一九四六年八月。

「現代科学ということ」『民俗学新講』民世堂書店、一九四七年一〇月。

「現代と俳諧」『復活』一九四九年二月。

「婚姻の要件、夫婦財産制及び離婚手続」『第一回国会衆議院司法委員会公聴会会議録』一九四七年一〇月。

「ジュネーブの思ひ出」『國際聯合』一九四六年一一月。

「日本を知る為に」『民間伝承』一九四九年一一月。

「文章革新の道」『夕刊新大阪』一九四七年一月八・九日。

「病める俳人への手紙」『風花』一九四七年一二月。

「柳田先生講演　日本民衆の日常語」『民間伝承』一九四八年一月。

「よい自治体はこの一票から」『朝日新聞』一九四七年四月。

『柳田國男全集』（三二巻）筑摩書房、二〇〇四年。

「私の信条」『世界』一九五一年二月。

『柳田國男全集』（三三巻）筑摩書房、二〇〇五年。

「折口君の学問」『折口信夫全集月報』一九五七年二月。

「七部集の話」『定本柳田國男集』（七巻）筑摩書房、一九六二年一一月。

『柳田國男全集』（三四巻）筑摩書房、二〇一四年。

「京都行幸の日」『定本柳田國男集』（別巻第二）筑摩書房、一九六四年六月。

「困蟻功程」『傳承文化』（五号）一九六六年七月。

「準備なき外交」『定本柳田國男集』（二九巻）筑摩書房、一九六四年五月。

「瑞西日記」『定本柳田國男集』(三巻)筑摩書房、一九六三年七月。

「大正一一年日記」『定本柳田國男集』(別巻第四)筑摩書房、一九六四年一〇月。

「大正七年日記」『定本柳田國男集』(別巻第四)筑摩書房、一九六四年一〇月。

「大嘗宮の御儀」『定本柳田國男集』(別巻第二)筑摩書房、一九六四年六月。

「大嘗祭ニ関スル所感」『定本柳田國男集』(三一巻)筑摩書房、一九六四年一一月。

「比較民俗学の問題」『定本柳田國男集』(三〇巻)筑摩書房、一九六四年八月。

『柳田國男全集』(三五巻)筑摩書房、二〇一五年。

「困蟻労程」自筆ノート。

「木曜会記事」昭和二二(一九四七)年七月二二日。

「木曜会記事」昭和二三(一九四八)年一月二五日。

柳田国男編『郷土会記録』大岡山書店、一九二五年。

柳田国男編『日本民俗学研究』岩波書店、一九三五年。

柳田国男・山川菊栄「主婦の歴史」『新女苑』一九四〇年一一月号。

柳田国男・橋浦泰雄・中村哲・岡田謙「柳田國男氏を圍みて」『民俗台湾』一九四三年一二月。

柳田国男・中野重治「文学・学問・政治」『展望』一九四七年一月号。

柳田国男・堀一郎「私の歩んできた道〈対談〉」『伝記』一九四七年九月号。

柳田国男・浅野晃・橋浦泰雄「民間伝承について」『柳田國男対談集』筑摩書房、一九六四年。

柳田国男・天野貞祐・桑原武夫・竹内好・遠藤湘吉・中島健造「進歩・保守・反動」『柳田國男対談集』筑摩書房、一九六四年。

柳田国男・桑原武夫「日本人の道徳意識」『柳田國男対談集』筑摩書房、一九六四年。

柳田国男・山室静・本多秋五・杉森久英・荒正人「日本文化の伝統について」『民俗学について――第二柳田国男対談集』筑摩書房、一九六五年。

柳田国男・柳宗悦・比嘉春潮・式場隆三郎「民芸と民俗学の問題」『民俗学について――第二柳田國男対談集』筑摩書房、一九六五年。

柳田国男他『稲の日本史』(上) 筑摩書房、一九六九年。

柳田国男・岩野泡鳴・長谷川天渓・正宗白鳥「イプセン会第八回例会」『季刊柳田国男研究』(一号) 一九七三年。

柳田国男談話・成城教育研究所編『社会科の新構想』第一書店、一九八五年。

柳田国男他「座談会　五〇年前の山村調査」『民俗学研究所紀要』(一〇号) 一九八六年。

柳田国男著・酒井卯作編『南島旅行見聞記』森話社、二〇〇九年。

柳田国男・徳川無声「一つ目小僧から記紀まで」徳川夢声著・阿川佐和子編『問答有用　徳川夢声対談集』ちくま文庫、二〇一〇年。

飯倉照平編『柳田国男・南方熊楠往復書簡集』(上・下) 平凡社ライブラリー、一九九四年。

田中正明編『柳田國男　私の歩んできた道』岩田書院、二〇〇〇年(「村の信仰」「写生と論文」「私の方言研究」を収録)。

「成城連句座談会」『俳句研究』一九四八年九月号。

「民俗学の過去と将来(上)」『民間伝承』一九四九年一月。

「村の信仰」思想の科学研究会編『私の哲学』中央公論社、一九五〇年。

「佐々木喜善氏宛柳田国男書簡(一九一〇年一〇月二六日付)(一九二三年一月七日付)」『定本柳田國男集』(別巻第四) 筑摩書房、一九六四年。

「胡桃沢勘内宛柳田国男書簡(一九一七年一〇月一一日付)」『定本柳田國男集』(別巻第四) 筑摩書房、一九六四年。

「内閣文庫の思い出」『北の丸』(一五号)一九八三年。

「柳田國男自伝」「さゝやかなる昔」(柳田が生前、この書名の書物を出版する予定で整理してあったもの)の一部。『柳田國男全集』(三一巻)ちくま文庫、一九九一年所収。

柳田研究・柳田国男以外の著者による文献

赤坂憲雄『漂泊の精神史——柳田国男の発生』小学館、一九九四年。
＊本来は三(四)部作のひとつだが、完成された柳田像から入るのでなく、対象となる論考を書いた時の柳田に出来るだけ自分を近付けながら叙述を行おうとしており、この姿勢はシリーズ全体を通して一貫している。その営みの中に、柳田研究の上で新しい方法を見出すことができる。
赤松啓介(栗山一夫)「郷土研究の組織的大衆化の問題」『俚俗と民潭』(一四号)一九三二年。

赤松啓介(栗山一夫)「『旅と傳説』の任務に関して」『旅と傳説』一九三三年三月号。

朝日新聞百年史修委員会編『朝日新聞社史 大正・昭和戦前編』朝日新聞社、一九九一年。

阿満利麿『日本人はなぜ無宗教なのか』ちくま新書、一九九六年。

荒垣秀雄「柳田さんと朝日新聞」『定本柳田國男集』(一〇巻月報七)筑摩書房、一九六二年。

荒正人「詩人、柳田國男さん」『定本柳田國男集』(一七巻月報六)筑摩書房、一九六二年。

有泉貞夫「柳田國男考——祖先崇拝と差別」神島二郎編『柳田國男研究』筑摩書房、一九七三年。

有賀喜左衛門「『民族』の頃」『定本柳田國男集』(一三巻月報一三)筑摩書房、一九六三年。

家永三郎「柳田史学論」『日本読書新聞』一九五一年一〇月三一日。

生田清「順正書院のこと」『定本柳田國男集』(三一巻月報三五)筑摩書房、一九六四年。

池田彌三郎『折口信夫――まれびと論　日本民俗文化大系二』講談社、一九七八年。

池田彌三郎・谷川健一『柳田国男と折口信夫』岩波書店、一九九四年。

石井正己『遠野物語の誕生』ちくま学芸文庫、二〇〇五年。

石井正己『『遠野物語』を読み解く』平凡社、二〇〇九年。

石田英一郎「柳田先生と人類学」『定本柳田國男集』（三〇巻月報三二）筑摩書房、一九六四年。

石田英一郎「日本民俗学の将来」『石田英一郎全集』（二巻）筑摩書房、一九七〇年。

石田英一郎「偉大なる未完成――柳田国男における国学と人類学」『石田英一郎全集』（三巻）筑摩書房、一九七〇年。

石田英一郎「抵抗の科学」『石田英一郎全集』（三巻）筑摩書房、一九七〇年。

石田英一郎「はみだした学問」『石田英一郎全集』（四巻）筑摩書房、一九七〇年。

泉鏡花「遠野の奇聞」後藤総一郎編『柳田国男研究資料集成』（一巻）日本図書センター、一九八六年。

泉鏡花「山海評判記」『鏡花小説・戯曲選』四巻、岩波書店、一九八二年。

伊藤純郎『郷土教育運動の研究　増補』思文閣出版、二〇〇八年。

伊藤幹治・米山俊直『柳田国男の世界』日本放送出版協会、一九七六年。

井上通泰「雷の褌に河童の屁――喰眼録の由来」『週刊朝日』一九三四年三月一一日。

井伏鱒二「旅行のこと」『定本柳田國男集』（九巻月報三）筑摩書房、一九六二年。

今井富士雄「今井富士雄ノート」柳田国男研究会編『柳田国男・ジュネーブ以後』三一書房、一九九六年。

色川大吉『柳田國男　日本民俗文化大系一』講談社、一九七八年。

岩倉規夫「柳田先生と内閣文庫」『定本柳田國男集』（一七巻月報六）筑摩書房、一九六二年。

岩本由輝『続柳田國男――民俗学の周縁』柏書房、一九八三年。

岩本由輝『もう一つの遠野物語 追補版』刀水書房、一九八三年。
＊同時代の文学、後代への影響、ヨーロッパ文学――いくつかの参照点となる文脈の中に置き、『遠野物語』を捉え直した先駆的著作。巻末に付された国際連盟委任統治委員時代の文献の翻訳は研究史の中で落とせない位置を占める。
岩本由輝『論争する柳田國男』御茶の水書房、一九八五年。

上野勇「年会に対する批判と反省」『日本民俗学』一九五五年三月号。

上野誠『魂の古代学――問いつづける折口信夫』新潮選書、二〇〇八年。

宇田零雨「柳叟先生と連句（一）」『定本柳田國男集』（一八巻月報一七）筑摩書房、一九六四年。

梅棹忠夫「ヤク島の生態」『思想』一九五一年九月。

梅棹忠夫「五〇年の幅で」『思想の科学』一九九一年九月号。

海野芳郎『国際連盟と日本 近代日本外交史叢書六』原書房、一九七二年。

江藤淳『落ち葉の掃き寄せ』文藝春秋、一九八一年。

大塚英志『怪談前後 柳田民俗学と自然主義』角川選書、二〇〇七年。

大藤時彦『柳田国男入門』筑摩書房、一九七三年。

岡野弘彦『折口信夫の晩年』慶應義塾大学出版会、二〇一七年。

岡茂雄『本屋風情』平凡社、一九七四年。

岡茂雄「追悼座談会記録・岡茂雄氏談話」『渋沢敬三』（上）渋沢敬三伝記編纂刊行会、一九七九年。

岡正雄「柳田国男との出会い」『柳田国男研究』（創刊号）一九七三年。

岡村民夫『柳田国男のスイス――渡欧体験と一国民俗学』森話社、二〇一三年。

岡谷公二『貴族院書記官長柳田国男』筑摩書房、一九八五年。

岡谷公二『殺された詩人――柳田国男の恋と学問』新潮社、一九九六年。

小熊英二『単一民族神話の起源 〈日本人〉の自画像の系譜』新曜社、一九九五年。

小熊英二『民主と愛国』新曜社、二〇〇二年。

小田内通敏『聚落と地理』古今書院、一九二七年。

折口信夫「髯籠の話」『折口信夫全集』(二巻) 中公文庫、一九七五年。

折口信夫「民族史観における他界観念」『折口信夫全集』(一六巻) 中公文庫、一九七六年。

折口信夫「天子非即神論」『折口信夫全集』(二〇巻) 中公文庫、一九七六年。

折口信夫「神道宗教化の意義」『折口信夫全集』(二〇巻) 中公文庫、一九七六年。

折口信夫「神道の新しい方向」『折口信夫全集』(二〇巻) 中公文庫、一九七六年。

折口信夫『折口信夫対話集』講談社文芸文庫、二〇一三年。

掛谷昇治「日本青年館と柳田国男」柳田国男研究会編『柳田国男・ジュネーブ以後』三一書房、一九九六年。

加藤周一「梁塵秘抄」『加藤周一自選集』(七巻) 岩波書店、二〇一〇年。

加藤守雄『わが師折口信夫』文藝春秋、一九六七年。

金関丈夫「天皇と柳田先生」『定本柳田國男集』(一八巻月報二〇) 筑摩書房、一九六三年。

鹿野政直『近代日本の民間学』岩波新書、一九八三年。

鎌田久子「柱のかげから」『定本柳田國男集』(三一巻月報三五) 筑摩書房、一九六四年。

亀井秀雄「抒情詩の成立」『文学』一九八六年一一月号、岩波書店。

柄谷行人『柳田国男論』インスクリプト、二〇一三年。

柄谷行人『遊動論 柳田国男と山人』文春新書、二〇一四年。

川田稔『柳田国男の思想史的研究』未來社、一九八五年。

川田稔『「意味」の地平へ――レヴィストロース　柳田国男　デュルケーム』未來社、一九九〇年。

川田稔『柳田国男――その生涯と思想』吉川弘文館、一九九七年。

川田稔「立憲制的君主制から議会制的君主制へ」伊藤之雄・川田稔編『環太平洋の国際秩序の模索と日本　第一次世界大戦後から五五年体制成立』山川出版社、一九九九年。

菊地暁『柳田国男と民俗学の近代』吉川弘文館、二〇〇一年。

木佐木勝『木佐木日記』（下）中央公論新社、二〇一六年。

北岡伸一「新渡戸稲造における帝国主義と国際主義」『岩波講座近代日本と植民地四　統合と支配の論理』岩波書店、一九九三年。

きだみのる「柳田國男先生のこと」『定本柳田國男集』（一四巻月報五）筑摩書房、一九六二年。

北村透谷「漫罵」『北村透谷集　明治文学全集二九』筑摩書房、一九七六年。

桐生悠々「公民教育奨励」『新愛知』一九一五年四月二一日。

金田一春彦「柳田国男先生と国語学」『国語学』（五〇集）一九六二年一二月。

国木田独歩「空知川の岸邊」中島健蔵編『国木田独歩集』筑摩書房、一九七四年。

国木田独歩「自然を写す文章」『筑摩現代文学大系六』筑摩書房、一九七八年。

国木田独歩「余と自然主義」『筑摩現代文学大系六』筑摩書房、一九七八年。

倉富勇三郎日記研究会編『倉富勇三郎日記』（一巻）国書刊行会、二〇一〇年。

桑原武夫「第二芸術――現代俳句について」『桑原武夫集』（二巻）岩波書店、一九八〇年。

桑原武夫「学問を支えるもの」『桑原武夫集』（四巻）岩波書店、一九八〇年。

桑原武夫「柳田さんの一面」『桑原武夫集』（六巻）岩波書店、一九八〇年。

後藤総一郎編『人と思想　柳田國男』三一書房、一九七二年。

後藤総一郎監修『柳田国男伝』三一書房、一九八八年。

後藤総一郎監修『別冊　柳田国男伝　年譜・書誌・索引』三一書房、一九八八年。

小堀安奴「『野草雑記』を読んで」『定本柳田國男集』（二二巻月報三）筑摩書房、一九六二年。

佐伯有清『柳田国男と古代史』吉川弘文館、一九八八年。

佐古純一郎「大いなる遺産」『定本柳田國男集』（一六巻月報一〇）筑摩書房、一九六二年。

佐多稲子「柳田先生」『定本柳田國男集』（一〇巻月報七）筑摩書房、一九六二年。

佐藤健二『読書空間の近代』弘文堂、一九八七年。

佐藤健二『柳田国男の歴史社会学』岩波書店、二〇一五年。

柴田静「柳田先生と教育」『定本柳田國男集』（別巻第一月報二四）筑摩書房、一九六三年。

柴田実「京大と柳田先生」『定本柳田國男集』（一〇巻月報七）筑摩書房、一九六二年。

島崎藤村「『遠野物語』」後藤総一郎編『柳田国男研究資料集成』（一巻）日本図書センター、一九八六年。

杉本仁『柳田国男と学校教育　教科書をめぐる諸問題』新泉社、二〇一一年。

杉森久英「柳田さんとの四五回」『定本柳田國男集』（一七巻月報六）筑摩書房、一九六二年。

住谷一彦他編『異人・河童・日本人』新曜社、一九八七年。

高藤武馬『ことばの聖――柳田国男先生のこと』筑摩書房、一九八三年。

高原隆「ジョージ・ローレンス・ゴム民俗学の柳田国男への影響について」『日本民俗学』（二一七号）一九九九年。

竹沢尚一郎「ロマンティストであり、リベラリストである――「柳田国男」の自己創造」『国立民族学博物館研究報告』（四二巻二号）二〇一七年。

谷川彰英『柳田国男　教育論の発生と継承――近代の学校教育批判と「世間」教育』三一書房、一九九六年。

谷川健一『柳田国男の民俗学』岩波新書、二〇〇一年。

谷川健一編著『源泉の思考――谷川健一対談集』冨山房インターナショナル、二〇〇八年。

田山花袋「蒲団」「重右衛門の最後」『日本現代文学全集二一　田山花袋集』講談社、一九八一年。

田山花袋「妻」『田山花袋全集』（一巻）文泉堂書店、一九七三年。

田山花袋『東京の三十年』岩波文庫、一九八一年。

坪内祐三『靖国』新潮社、一九九九年。

鶴見太郎「柳田国男古稀記念事業」『人文学報』（九一号）二〇〇四年一二月。

東条操「柳田先生と方言研究」『定本柳田國男集』（二〇巻月報八）筑摩書房、一九六二年。

東畑精一「農政学者としての柳田国男」『文学』一九六一年一月。

戸板康二「風貌」『定本柳田國男集』（八巻月報二）筑摩書房、一九六二年。

殿木圭一「柳田さんの論説」『定本柳田國男集』（三一巻月報三五）筑摩書房、一九六四年。

永井和「柳田国男、官界を去る」『立命館文学』（五七八号）二〇〇三年。

永瀬清子「諸国の天女は」『四季』一九三九年二月号。

中野重治「無欲の人」『現代日本文学全集』（一二巻）「柳田国男集」月報、筑摩書房、一九五五年。

中野重治「折り折りの人」『朝日新聞』一九六七年一一月二〇日。

中野重治「草餅の記」『中野重治全集』（一九巻）筑摩書房、一九七八年。

中野重治「「狐のわな」について」『中野重治全集』（一九巻）筑摩書房、一九九七年。

中野重治「遺言状（その二）」『中野重治全集』（二八巻）筑摩書房、一九九八年。

永橋卓介「解説」J・フレーザー『金枝篇』（五巻）岩波書店、一九八六年。

中村哲『新版　柳田国男の思想』法政大学出版会、一九七四年。

＊複雑な構成を持つ柳田国男の思想をいくつかの重要項目に分解することで、研究史上しっかりとした眺望を与えた古典的な名著。身近な形で柳田に接した著者の体験が随所に生かされている。

中村生雄『折口信夫の戦後天皇論』法蔵館、一九九五年。

中村光夫「歌はぬ詩人」『定本柳田國男集』（二巻月報一）筑摩書房、一九六二年。

那須皓「会津の旅、郷土会、そしてケニア――柳田先生を想う」『定本柳田國男集』（一六巻月報一〇）筑摩書房、一九六九年。

西村眞次「『一つ目小僧その他』」『東京朝日新聞』一九三四年九月二三日。

西脇順三郎「柳田先生の思い出」『定本柳田國男集』（一六巻月報九）筑摩書房、一九六二年。

新渡戸稲造「地方の研究」『新渡戸稲造全集』（五巻）教文館、一九七〇年。

E・バーク「フランス革命の諸考察」水田洋訳『世界大思想全集』（第二期第一一）河出書房、一九五七年。

橋浦泰雄「柳田国男先生古稀記念覚書」一九四三年、未公刊資料。

橋浦泰雄「柳田国男との出会い」『季刊柳田国男研究』（二号）一九七三年。

橋川文三「柳田国男」『橋川文三著作集』（二巻）筑摩書房、一九八五年。

長谷川四郎「柳田国男」『定本柳田國男集』（一九巻月報一四）筑摩書房、一九六三年。

花田清輝「柳田国男について」神島二郎編『柳田国男研究』筑摩書房、一九七三年。

羽仁五郎「郷土なき郷土科学」『羽仁五郎歴史論著作集』（一巻）青木書店、一九六七年。

原奎一郎編『原敬日記』（五巻）福村出版社、一九六五年。

比嘉春潮他編『山村海村民俗の研究』名著出版、一九八四年。

東明雅他編『連句辞典』東京堂出版、一九八六年。

平田篤胤「霊能真柱　下つ巻」田原嗣郎他校注『日本思想大系五〇　平田篤胤　伴信友　大國隆正』岩波書店、

一九七三年。

福田アジオ『日本民俗学方法序説』弘文堂、一九八四年。

福田アジオ『日本の民俗学――「野」の学問の二〇〇年』吉川弘文館、二〇〇九年。

藤井隆至編『柳田國男農政論集』法政大学出版局、一九七五年。

藤井隆至『柳田國男　経世済民の学――経済・倫理・教育』名古屋大学出版会、一九九五年。

藤井隆至編「解説」『柳田国男　農政論集』法政大学出版局、一九七五年。

藤井隆至『評伝　柳田国男――日本の経済思想』日本評論社、二〇〇八年。
＊一連の農政論で柳田によって取り上げられた主題が、後年の民俗学とどのように関わっているか、分かりやすい文体で跡付けた一冊。柳田の民俗学は経済学の側面を持っていることが伝わってくる。同じ著者の『柳田國男　経世済民の学』（名古屋大学出版会、一九九五年）も参考になる。
フランス、アナトール「白き石の上にて」『アナトオル・フランス長篇小説全集』第一一巻（権守操一訳）白水社、一九五〇年。

古野清人「柳田先生の学風」『定本柳田國男集』（一〇巻月報七）筑摩書房、一九六二年。

堀一郎「「新国学談」のころ」『定本柳田國男集』（一一巻月報一七）筑摩書房、一九六三年。

堀一郎「柳田国男と宗教史学」『国文学　解釈と教材の研究』一九七三年一月号。

牧口常三郎「教授の統合中心としての郷土科研究」『牧口常三郎全集』（三巻）第三文明社、一九八一年。

牧田茂『柳田國男』中公新書、一九七二年。

正岡子規「芭蕉雑談」『日本現代文学全集一六　正岡子規集』講談社、一九八〇年。

益田勝実「先祖の話」『定本柳田國男集』（二〇巻月報八）筑摩書房、一九六二年。

松尾尊兊「歴史と私」『歴史手帖』一九九六年一二月。

松本信広「東北の旅」『定本柳田國男集』（二巻月報一）筑摩書房、一九六二年。

松本三喜夫『柳田国男と海の道――『海南小記』の原景』吉川弘文館、二〇〇三年。

松本三喜夫『柳田国男の忘れもの』青弓社、二〇〇八年。

南方熊楠「『郷土研究』の記者に与ふる書」『郷土研究』一九一四年七月。

宮崎修二朗「あるポイント」『定本柳田國男集』（別巻第三月報三三）筑摩書房、一九六四年。

宮田登「地方史研究と民俗学」神島二郎編『柳田國男研究』筑摩書房、一九七三年。

宮本常一「橋浦さんのこと」『鳥取民俗』（二号）一九七九年一二月。

村井紀『南島イデオロギーの発生　柳田国男と植民地主義』福武書店、一九九二年。

室井康成『柳田国男の民俗学構想』森話社、二〇一〇年。

ロナルド・A・モース『近代化への挑戦――柳田国男の遺産』日本放送出版協会、一九七七年。

山口麻太郎「壱岐島にお迎えした柳田先生」『定本柳田國男集』（九巻月報三）筑摩書房、一九六二年。

山下一仁『いま蘇る柳田國男の農政改革』新潮選書、二〇一八年。

山下紘一郎『柳田国男の皇室観』梟社、一九九〇年。

山下久男著・伊能嘉距・佐々木喜善先生顕彰碑建設委員会編『佐々木喜善先生とその業績』遠野市教育委員会、一九八二年。

柳田為正『父柳田国男を想う』筑摩書房、一九九六年。

本居宣長「玉勝間」吉川幸次郎他校注『日本思想大系四〇　本居宣長』岩波書店、一九七八年。

和歌森太郎「柳田先生に学んだもの」『定本柳田國男集』（五巻月報九）筑摩書房、一九六二年。

あとがき

戦後間もない頃に残した談話録の中で柳田は、自分が恵まれたものとして、「村のチャンス」、「人のやらない学問」、そして「法制局貴族院書記官長」というポストの三つを挙げている（「『伝記』編集者座談会」一九四七年五月一三日、『全集』三五巻、三〇九頁）。少年期に都市ではなく村で学問の初歩を身に付け、さらに濫読の機会を与えられたこと、その後取り組んだ問題の深さ、それを可能にした環境という点で、これらはいずれも柳田の生涯に不可欠の要素である。その意味で晩年の柳田は何が自分をつくったのかについて、的確に理解していた。

柳田の生涯を考える上で、そのことがひとつの障壁になった。本書を推敲するにあたって、自分なりの柳田像を捉えたと思った瞬間、すでに柳田が先回りしてそのことに言及しているのではないか、と思うことが何度かあった。暗示に富んだ柳田の文章にはそれだけの奥深さと怖さがあった。

民俗学に結論はない、かりに複数の結論があるとするならば、民俗学にも結論がある、としたように（「柳田国男聴書」一九四七年一一月五日、『全集』三五巻、四六二頁）、柳田はすぐに答えを出す、あるいはそれを優先させることを嫌った。実際、柳田の魅力とは問題をゆっくりと形作ることにあり、安易な結論付けを行わないことは、生涯を通じて一貫していた。

本文でもふれたが、多くの無名の人々によって積み重ねられた民俗と引き比べて、一人の人間がやれることは限られている、という柳田が抱いた感慨は、そのまま柳田の学問を特徴付けたといえる。

執筆、資料閲覧に際しては、成城大学民俗学研究所柳田文庫をはじめ、関係諸機関の御厚意に支えられた。また、二〇〇〇年代の初めに行われた「柳田国男の会」の年大会を通して得た研究史上の新知見は、自身の立脚点を確かめる上で大いに役立った。

多くの優れた研究者たちによって、文字通り日々更新されていく柳田国男研究を前に、重い腰を上げることができないでいる著者を、気長に待ち続けて下さった堀川健太郎氏の根気と励ましに感謝する。

二〇一九年七月一三日

京都九条山にて　著者識

柳田国男略年譜

和暦	西暦	齢	関係事項	一般事項
明治 八	一八七五		7・31兵庫県神東郡田原村辻川（現在の神崎郡福崎町大字西田原字辻川）に父松岡操（医者、儒学者）・母たけの六男として誕生。父から漢学、国学の素養を、母からは「伝承型」の気質を受け継ぐ。兄弟には、長兄鼎《かなえ》（医者）、三兄泰蔵（通泰、井上家に養子、医者、歌人・国文学者）、次弟静雄（海軍大佐で退役、民族・言語学者）、末弟輝夫（号映《えい》丘《きゅう》、東京美術学校教授、日本画家）らがいる。	11月浜村に遠江国報徳社が創立される。
一二	一八七九	4	辻川の昌文小学校に入学。この年、長兄鼎は結婚し、四畳半二間、三畳二間の家に両親、弟たちと同居するが一年たらずで離婚。国男は兄の悲劇を目の当たりにして、自身の家を「日本一小さい家」と考えるようになった。	4月琉球藩を廃して沖縄県を設置。
一六	一八八三	8	昌文小学校卒業後、北条町（母の生地）の高等小学	7月日本鉄道会社開業。

			校に入学。	
一七	一八八四	9	**冬**一家は母の実家のある加西郡北条町（現在の加西市北条町）に移転。	
一八	一八八五	10	このころ、悲惨な飢饉を目の当たりにする。高等小学校卒業後一年間、辻川の豪農・三木家に預けられ和漢の蔵書を濫読（第一の「乱読時代」）。	**12月**太政官制の廃止と内閣制度の確立。
二〇	一八八七	12	茨城県北相馬郡布川（現在の利根町布川）に開業した長兄宅に身を寄せるために兄・井上通泰に伴われて上京。その時、自筆詩文集『竹馬余事』を編み、郷里へ残す（国男のはじめての著書）。	**1月**民友社の設立と『国民之友』創刊（2月）。
二一	一八八八	13	病弱のため学校へ行かず、長兄の知人小川家の蔵書を濫読三昧（第二の「乱読時代」）。	**4月**市制・町村制の公布。
二二	一八八九	14	このころから森鷗外の雑誌『しがらみ草紙』に短歌を投稿し始める。	**2月**大日本帝国憲法の発布。
二三	一八九〇	15	**冬**下谷区徒士町《おかち》の兄・井上通泰の家に同居。通泰の紹介により、千駄木の森鷗外宅に出入りするようになる。	**7月**第一回総選挙。
二四	一八九一	16	兄たちの援助により進学することになり、私立中学に編入。**6月**歌人松浦辰男（萩坪）に入門、短歌を学ぶ。この歌塾で田山花袋を知り、友となる。	

二六	一八九三	18	9月第一高等中学校（のち第一高等学校）に合格。	1月イギリスで独立労働党結成。
二八	一八九五	20	またいとこの中川恭次郎（尚絅）の手引きで、『文学界』に新体詩を発表するようになる。	4月下関条約による日清戦争の終結。
二九	一八九六	21	7月母たけ死去。9月には、後を追うように父操も急死。	
三〇	一八九七	22	2月『文学界』に『夕づつ』他を発表。4月『抒情詩』（国木田独歩・田山花袋らとの共著）を刊行。7月第一高等学校を卒業して、9月東京帝国大学法科大学政治科に入学。	3月足尾鉱毒事件。
三一	一八九八	23	夏三河・伊良湖岬に約一カ月滞在し、漂着した椰子の実を見る。帰京後そのことを『文学界』時代に知己となった島崎藤村に話す。	
三三	一九〇〇	25	7月東京帝国大学法科大学卒業後、農商務省農務局農政課に勤務。早稲田大学で「農政学」を講義する。	9月立憲政友会の結成。
三四	一九〇一	26	5・29歌人松波遊山の推薦で、柳田家の養嗣子として入籍する。養父直平（旧飯田藩士）は大審院判事であった。11月から12月にかけて講演で長野県各地をまわる。	
三五	一九〇二	27	2月法制局参事官に転ずる。この年よりのちに土曜会、竜土会とよばれるようになる文学仲間の小集会	1月日英同盟協約調印。

			を持つ。	
三七	一九〇四	29	4・9かねて婚約中の柳田直平四女孝（明治一九年五月三一日生）と結婚する。	2月日露戦争の開始。
三九	一九〇六	31	3月美濃郡上の山奥で貧困から子供を殺した老人の特赦がある（のちに『山の人生』冒頭の挿話となる）。	
四〇	一九〇七	32	2月田山花袋、蒲原有明、小山内薫、島崎藤村らとイプセン会を始める。	
四一	一九〇八	33	1月兼任宮内書記官になる。7月九州旅行の途次、宮崎県椎葉村に入り、狩の故実の話を聞く（『後狩詞記』の旅）。11月水野葉舟がはじめて岩手県遠野の佐々木喜善をつれてくる（『遠野物語』の出会い）。	10月戊申詔書発布。
四二	一九〇九	34	2月長女三穂生まれる。3月『後狩詞記』を自費出版する。8月はじめて遠野を訪れる。	
四三	一九一〇	35	6月兼任内閣書記官記録課長となる。12月新渡戸稲造宅で郷土会を創立。6月『遠野物語』を刊行する。	5月「大逆事件」の検挙がはじまる。8月朝鮮併合に関する日韓条約調印。
四四	一九一一	36	3月南方熊楠との文通始まる。11月神話学者高木敏雄に会う。	10月中国で辛亥革命。
四五	一九一二	37	4月フレーザーの『金枝篇』を読み始める。9月次	8月友愛会結成。

大正元			女千枝出生。明治天皇の大葬に奉仕する。	
二	一九一三	38	3月高木敏雄と雑誌『郷土研究』を創刊。	2月大正政変。
三	一九一四	39	4月貴族院書記官長となる。高木敏雄が『郷土研究』から手を引き、以後柳田の単独編集となる。「甲寅叢書」の一冊として『山島民譚集』を刊行する。	7月第一次世界大戦（〜一九一八年一一月）。
四	一九一五	40	5月長男為正生まれる。11月京都における大正天皇の即位式に奉仕。この年、折口信夫と出会う。	
六	一九一七	42	3月三女三千誕生。『郷土研究』四巻一二号で休刊。3月台湾、中国、朝鮮旅行に出発。	11月ロシア一〇月革命。
七	一九一八	43	7月オランダ領東インド諸島に興味を持ち、弟静雄の関係した「日蘭通交調査会」によく行く。	7月富山県魚津町で米の県外流出に反対する運動が起こり全国に波及（米騒動）。
八	一九一九	44	1月四女千津生まれる。5月九州旅行。水上生活者に興味を持ち家船《えぶね》のことを調べる。貴族院議長徳川家達と対立し、12月貴族院書記官長を辞任する。	3月「朝鮮三・一運動」はじまる。
九	一九二〇	45	8月最初の三年間は国の内外を旅行させるという条件で、東京朝日新聞社客員となる。8月から9月にかけて、東北東海岸を旅行。その紀行文「豆手帖から」を朝日新聞に連載（『雪国の春』の旅）。10月静	12月日本社会主義同盟創立。

			岡、岐阜など中部・関西地方の旅行に出発（『秋風帖』の旅）。さらに、12月九州東海岸を南下して沖縄への旅に出る（『海南小記』の旅）。	
一〇	一九二一	46	前年に引き続き沖縄の旅。1月那覇で伊波普猷に会う。5月国際連盟事務局次長であった新渡戸稲造の推輓により、常設委任統治委員会委員に就任し、ジュネーブへ出発。12月帰国。	
一一	一九二二	47	4月南島談話会開催。5月二度目の渡欧。この前後よりエスペラントの学習に力をいれる。	7月日本共産党創立。
一二	一九二三	48	欧州各地を旅行。8月連盟委員辞任の意志を固め、帰国の途中、ロンドンで関東大震災の報に接する。12月自宅で民俗学に関する第一回談話会を開催する。	9月関東大震災。
一三	一九二四	49	2月朝日新聞社編集局顧問論説担当となる。4月慶応義塾大学文学部講師となり、民間伝承を講義。伊波普猷に協力し、「おもろさうし」刊行につとめる。	5月第一五回総選挙で護憲三派が圧勝。
一四	一九二五	50	11月岡正雄、有賀喜左衛門らを編集同人に迎え、雑誌『民族』を刊行する。	
昭和 二	一九二七	52	8月北多摩郡砧村（現在の世田谷区成城）に移る。	
三	一九二八	53	9月秋田県寺内村の菅江真澄墓前祭に参列。のち真澄の古跡を訪ね歩く。12月東条操らと方言研究会を	2月普選第一回総選挙。

			組織する。	
四	一九二九	54	4月雑誌『民族』休刊。	10月世界恐慌のはじまり。
五	一九三〇	55	1月童話作家協会主催の桃太郎の会で「桃太郎の話の起源と発達」を講演。4月長野県洗馬村長興寺で「民間伝承論大意」を講演。11月朝日新聞社論説委員を辞任する。	
六	一九三一	56	1月『明治大正史世相篇』を刊行する。	
七	一九三二	57	1月養母柳田琴死去。4月有賀喜左衛門、大藤時彦らと「郷土生活の研究法」の会を開く。12月養父柳田直平死去。	5月『日本資本主義発達史講座』の刊行はじまる（～一九三三年八月）。
八	一九三三	58	5月比嘉春潮と雑誌『島』を刊行。9月自宅の書斎で「民間伝承論」の講義を始める。後藤興善、比嘉春潮、大藤時彦、大間知篤三らが参加。この小集会が発展し、昭和九年より木曜会となる。このメンバーが後の「民間伝承の会」の中心となる。	1月ドイツでヒトラー政権成立。
九	一九三四	59	4月自宅書斎を郷土生活研究所として全国山村調査を開始。	この年・東北地方で記録的な冷害、大凶作。
一〇	一九三五	60	7月から8月柳田の還暦を記念して、日本青年館で日本民俗学講習会が開かれる。9月この講習会がきっかけとなって、自宅に「民間伝承の会」を創設。	2月天皇機関説事件。7月フランスで人民戦線成立。

			機関誌『民間伝承』が発刊され、これを契機に民俗学研究者の組織が全国的となる。	
一一	一九三六	61	5月自宅で昔話研究会を発会し、全国昔話の採集に着手する。	2月二・二六事件。
一二	一九三七	62	1月丸ノ内ビルで日本民俗学講座を開講。5月日本学術振興会の補助を受けて全国海村調査開始。	7月日中戦争の開始。
一四	一九三九	64	4月日本民俗学講座で「祭礼と固有信仰」を講義。	7月国民徴用令公布。
一六	一九四一	66	1月日本民俗学の建設と普及の功により、昭和一五年度第一二回朝日文化賞を受ける。12・29南方熊楠死去。	12月太平洋戦争の開始。
一七	一九四二	67	このころ、折口信夫らとよく連句会を催す。	
一九	一九四四	69	10月「民間伝承の会」主催で古稀の記念会が行われる。晩秋自宅の庭にかまを造って炭を焼こうと思い立つ（『炭焼日記』へ）。	
二〇	一九四五	70	3月成城高等学校の生徒に「家と霊魂の話」をする。戦死者の魂のゆくえについて考え、『先祖の話』を書き進める。8・15終戦の詔勅を聞き、日記に「感激不止」と書きとめる。	4月沖縄戦の開始。8・14ポツダム宣言受諾の決定。
二一	一九四六	71	5月国語教育のために、成城学園教師とともに、話し方教育の会を開く。7月最後の枢密顧問官に就任。	

二二	一九四七	72	3月昭和九年から続いた木曜会を発展解消して、書斎に民俗学研究所設立。4月成城学園の教員のために、自宅で社会科の教育方法について話す。	5月日本国憲法施行。11月農業協同組合法公布。
二三	一九四八	73	5月東京書籍株式会社の小学中学国語科検定教科書の監修を受諾。	
二四	一九四九	74	2月国立国語研究所評議員となる。3月学士院会員となる。4月民間伝承の会を日本民俗学会と改称発足し、初代会長となる。	10月中華人民共和国成立。
二五	一九五〇	75	この年より、民俗学研究所の事業として、全国離島村落の調査に着手する。	6月朝鮮戦争の開始。
二六	一九五一	76	11月第一〇回文化勲章受章。また、柳田の監修した『民俗学辞典』は毎日出版文化賞を受賞する。	
二七	一九五二	77	5月第六回九学会連合大会で、「海上生活の話」を特別講演。6月東畑精一らと稲作史研究会を始める。10月関西へ旅行。途中、故郷・辻川を訪れる。	5月メーデー事件。
二八	一九五三	78	9・3折口信夫死去。9・5折口追悼のため、家にこもって本を読む。	
三〇	一九五五	80	12月民俗学研究所理事、代議員会で石田英一郎の「日本民俗学の将来」にふれて研究所の解散を提案する。	

三二	一九五七	82	4月民俗学研究所解散を決定。9月研究所の蔵書を成城大学に委託。12月神戸新聞社創立六十周年記念のため、嘉治隆一に故郷の昔話をする（『故郷七十年』となる）。	
三五	一九六〇	85	5月千葉市の教育館で「日本民俗学の頽廃を悲しむ」を講演。	5月新安保条約強行採決。
三六	一九六一	86	2月『定本柳田國男集』の出版を決める。	7月京都で世界宗教者平和会議。
三七	一九六二	87	3月故郷福崎町の名誉町民になる。4月親戚による米寿祝賀会が開かれる。5月日本民俗学会主催の米寿祝賀会が開かれ、この席で柳田国男賞設置が発表される。8・8享年八八歳で心臓衰弱のため永眠。戒名・永隆院殿顕誉常正明国大居士。8・12青山斎場で日本民俗学会葬として葬儀が行われる。遺言により蔵書は成城大学に寄贈（「柳田文庫」）。9・11川崎市生田の春秋苑に埋葬される。	8月原水爆禁止世界大会。10月キューバ危機。

（付記　この略年譜は、筑摩書房刊『定本柳田國男集』別巻第五所収年譜〔鎌田久子編〕を底本として作成したものに適宜改変した。）

人名索引

か　行

さ　行

た　行

な　行

は　行

ま　行

や　行

ら・わ行

著作索引

（著者名及び特記のないものは柳田の著作）

さ 行

た　行

な　行

や　行

ら・わ行

《著者紹介》
鶴見太郎（つるみ・たろう）
1965年　生まれ。
京都大学大学院文学研究科博士課程修了，博士（文学）。
現　在　早稲田大学文学学術院教授。
著　書　『柳田国男とその弟子たち』人文書院，1998年。
『座談の思想』新潮選書，2013年。
『日常からの挑戦』（リーディングス戦後日本の思想水脈第４巻，編著）
岩波書店，2016年，ほか。

ミネルヴァ日本評伝選
柳《やなぎ》田《た》国《くに》男《お》
――感じたるまゝ――

2019年９月10日　初版第１刷発行　〈検印省略〉

定価はカバーに
表示しています

著　者　鶴　見　太　郎
発行者　杉　田　啓　三
印刷者　江　戸　孝　典

発行所　株式会社　ミネルヴァ書房
607-8494　京都市山科区日ノ岡堤谷町１
電話代表（075）581-5191
振替口座　01020-0-8076

共同印刷工業・新生製本

ISBN978-4-623-08739-6
Printed in Japan

刊行のことば

歴史を動かすものは人間であり、興趣に富んだ人間の動きを通じて、世の移り変わりを考えるのは、歴史に接する醍醐味である。

しかし過去の歴史学を顧みるとき、人間不在という批判さえ見られたように、歴史における人間のすがたが、必ずしも十分に描かれてきたとはいえない。二十一世紀を迎えた今、歴史の中の人物像を蘇生させようとの要請はいよいよ強く、またそのための条件もしだいに熟してきている。

この「ミネルヴァ日本評伝選」は、正確な史実に基づいて書かれるのはいうまでもないが、単に経歴の羅列にとどまらず、歴史を動かしてきたすぐれた個性をいきいきとよみがえらせたいと考える。そのためには、対象とした人物とじっくりと対話し、ときにはきびしく対決していくことも必要になるだろう。

今日の歴史学が直面している困難の一つに、研究の過度の細分化、瑣末化が挙げられる。それは緻密さを求めるが故に陥った弊害といえるが、その結果として、歴史の大きな見通しが失われ、歴史学を通しての社会への働きかけの途が閉ざされ、人々の歴史への関心を弱める危険性がある。今こそ歴史が何のためにあるのかという、基本的な課題に応える必要があろう。評伝という興味ある方法を通じて、解決の手がかりを見出せないだろうかというのも、この企画の一つのねらいである。

狭義の歴史学の研究者だけでなく、多くの分野ですぐれた業績をあげている著者たちを迎えて、従来見られなかった規模の大きな人物史の叢書として、「ミネルヴァ日本評伝選」の刊行を開始したい。

平成十五年（二〇〇三）九月

ミネルヴァ書房

ミネルヴァ日本評伝選

企画推薦
梅原　猛
ドナルド・キーン
佐伯彰一
角田文衞

監修委員
上横手雅敬
芳賀　徹

編集委員
石川九楊
伊藤之雄
猪木武徳
今谷　明
今橋映子
熊倉功夫
佐伯順子
坂本多加雄
武田佐知子
竹西寛子
西口順子
兵藤裕己
御厨　貴

上代

- *俾弥呼　古田武彦
- 日本武尊　西宮秀紀
- *仁徳天皇　若井敏明
- 雄略天皇　吉村武彦
- 継体天皇　若井敏明
- *蘇我氏四代　遠山美都男
- 推古天皇　義江明子
- 聖徳太子　仁藤敦史
- 斉明天皇　武田佐知子
- *小野妹子・毛人・毛野　大橋信弥
- *額田王　梶川信行
- 弘文天皇　遠山美都男
- 天武天皇　新川登亀男
- 持統天皇　丸山裕美子
- 阿倍比羅夫　熊田亮介
- *藤原四子　木本好信
- *柿本人麿　古橋信孝
- *元明天皇・元正天皇　渡部育子
- 聖武天皇　本郷真紹
- 光明皇后　寺崎保広
- *孝謙・称徳天皇　勝浦令子
- 藤原不比等　荒木敏夫
- 橘諸兄・奈良麻呂　遠山美都男
- 吉備真備　今津勝紀
- *藤原仲麻呂　木本好信
- 道鏡　吉川真司
- *藤原種継　木本好信
- *行基　吉田靖雄

平安

- *桓武天皇　井上満郎
- 嵯峨天皇　西別府元日
- 宇多天皇　古藤真平
- 醍醐天皇　石上英一
- 村上天皇　京樂真帆子
- 花山天皇　上島　享
- *三条天皇　倉本一宏
- 藤原薬子　中野渡俊治
- *藤原良房・基経　瀧浪貞子
- *紀貫之　神田龍身
- 源高明　所　功
- *安倍晴明　斎藤英喜
- *藤原道長　朧谷　寿
- *藤原伊周・隆家　倉本一宏
- 藤原定子　山本淳子
- *藤原彰子　朧谷　寿
- 清少納言　三田村雅子
- 和泉式部　ツベタナ・クリステワ
- 大江匡房　小峯和明
- *阿弖流為　樋口知志
- 坂上田村麻呂　熊谷公男
- *源満仲・頼光　元木泰雄
- 平将門　西山良平
- 藤原純友　寺内　浩
- 最澄　吉田一彦
- 円珍　岡野浩二
- *空也　石井義長
- 奝然　上川通夫
- *源信　小原　仁
- 慶滋保胤　吉原浩人
- *後白河天皇　美川　圭
- *式子内親王　奥野陽子
- 建礼門院　生形貴重
- *藤原秀衡　入間田宣夫
- 平時子・時忠　元木泰雄
- 平維盛　根井　浄
- 守覚法親王　阿部泰郎
- 藤原隆信・信実　山本陽子

鎌倉

- 源頼朝　川合　康
- *源義経　近藤好和
- 源実朝　神田龍身
- *九条兼実　加納重文
- 九条道家　上横手雅敬
- 北条時政　野口　実
- 熊谷直実　佐伯真一
- *北条政子　関　幸彦
- *北条義時　岡田清一
- 曾我十郎・五郎　杉橋隆夫
- 北条時頼　山本隆志
- 北条時宗　近藤成一
- 平頼綱　細川重男
- 竹崎季長　堀本一繁
- 西行　光田和伸
- 鴨長明　浅見和彦
- 藤原定家　赤瀬信吾
- *京極為兼　今谷　明
- *兼好　島内裕子
- 重源　横内裕人
- *運慶　根立研介
- 快慶　井上一稔
- 法然　今堀太逸
- 栄西　中尾良信
- 明恵　西山　厚
- *親鸞　末木文美士
- 恵信尼・覚信尼　西口順子
- 覚如　今井雅晴
- *道元　船岡　誠
- 叡尊　細川涼一
- *忍性　松尾剛次
- *日蓮　佐藤弘夫
- 一遍　蒲池勢至
- 夢窓疎石　原田正俊
- *宗峰妙超　竹貫元勝

南北朝・室町

- 後醍醐天皇　上横手雅敬

＊護良親王　新井孝重
＊懐良親王　森茂暁
＊赤松氏五代　渡邊大門
＊北畠親房　岡野友彦
楠正成　兵藤裕己
楠木正行・正儀　生駒孝臣
＊新田義貞　山本隆志
＊光厳天皇　深津睦夫
足利尊氏　市沢哲
＊足利直義　亀田俊和
佐々木道誉　下坂守
細川頼之　亀田俊和
円観・文観　田中貴子
足利義詮　早島大祐
足利義満　川嶋將生
＊足利義持　吉田賢司
＊足利義政　木下昌規
＊大内義弘　平瀬直樹
伏見宮貞成親王　松薗斉
＊山名宗全　山本隆志
細川勝元・政元　古野貢
畠山義就　呉座勇一
足利成氏　阿部能久
世阿弥　西野春雄
雪舟等楊　河合正朝
宗祇　鶴崎裕雄
＊満済　森茂暁
一休宗純　原田正俊
蓮如　岡村喜史

戦国・織豊

北条早雲　家永遵嗣
＊北条氏政　黒田基樹
大内義隆　藤井崇
斎藤氏三代　木下聡
＊毛利元就　岸田裕之
＊毛利輝元　光成準治
＊小早川隆景・秀秋　光成準治
＊六角定頼　村井祐樹
＊今川義元　小和田哲男
＊武田信玄　笹本正治
＊武田勝頼　笹本正治
＊真田氏三代　笹本正治
＊三好長慶　天野忠幸
＊松永久秀　天野忠幸
＊宇喜多直家・秀家　渡邊大門
＊上杉謙信　矢田俊文
大友宗麟　鹿毛敏夫
島津義久・義弘　福島金治
＊長宗我部元親・盛親　平井上総
浅井長政　長谷川裕子
吉田兼倶　西山克
山科言継　松薗斉
＊雪村周継　赤澤英二
正親町天皇・後陽成天皇　神田裕理
足利義輝・義昭　山田康弘
織田信長　三鬼清一郎
織田長益　八尾嘉男
＊明智光秀・秀満　小和田哲男
豊臣秀吉　藤井讓治
豊臣秀次　矢部健太郎
＊北政所おね　田端泰子
＊淀殿　福田千鶴
蜂須賀正勝・家政　三宅正浩
前田利家　東四柳史明
山内一豊・忠義　長屋隆幸
＊黒田如水　小和田哲男
＊蒲生氏郷　藤田達生
石田三成　堀越祐一
＊細川ガラシャ　田端泰子
＊支倉常長　田中英道
千利休　熊倉功夫
＊長谷川等伯　宮島新一
顕如　神田千里
教如　安藤弥

江戸

＊徳川家康　笠谷和比古
本多忠勝　柴裕之
＊徳川家光　野村玄
徳川吉宗　横田冬彦
＊後水尾天皇　久保貴子
後桜町天皇　所京子
＊光格天皇　藤田覚
＊春日局　福田千鶴
＊宮本武蔵　渡邊大門
＊池田光政　倉地克直
保科正之　八木清治
シャクシャイン　岩崎奈緒子
＊田沼意次　藤田覚
細川重賢　安高啓明
＊二宮尊徳　小林惟司
末次平蔵　岡美穂子
＊高田屋嘉兵衛　生田美智子
＊林羅山　鈴木健一
吉野太夫　渡辺憲司
熊沢蕃山　川口浩
＊山崎闇斎　澤井啓一
山鹿素行　前田勉
＊北村季吟　島内景二
伊藤仁斎　澤井啓一
貝原益軒　辻本雅史
＊ケンペル　B・M・ボダルト＝ベイリー
新井白石　大川真
荻生徂徠　柴田純
＊雨森芳洲　上田正昭
石田梅岩　高野秀晴
白隠慧鶴　芳澤勝弘
前野良沢　松田清
平賀源内　石上敏
本居宣長　田尻祐一郎
杉田玄白　吉田忠
木村蒹葭堂　有坂道子
＊大田南畝　沓掛良彦
菅江真澄　赤坂憲雄
＊鶴屋南北　諏訪春雄
良寛　阿部龍一
＊山東京伝　佐藤至子
＊滝沢馬琴　高田衛
平田篤胤　山下久夫
国友一貫斎　太田浩司
シーボルト　宮坂正英
本阿弥光悦　岡佳子
小堀遠州　中村利則
狩野探幽・山雪　山下善也
尾形光琳・乾山　河野元昭
＊二代目市川團十郎　田口章子
伊藤若冲　狩野博幸
浦上玉堂　高橋博巳
＊佐竹曙山　成瀬不二雄
葛飾北斎　岸文和
酒井抱一　玉蟲敏子
孝明天皇　青山忠正
＊和宮　辻ミチ子
徳川慶喜　大庭邦彦
島津斉彬　原口泉
横井小楠　沖田行司
＊古賀謹一郎　小野寺龍太
＊永井尚志　高村直助
＊岩瀬忠震　小野寺龍太
＊栗本鋤雲　小野寺龍太
大村益次郎　竹本知行
河井継之助　小川和也

＊西郷隆盛　家近良樹
＊由利公正　角鹿尚計
＊塚本明毅　塚本学
＊月性　海原徹
＊吉田松陰　海原徹
＊高杉晋作　海原徹
＊久坂玄瑞　一坂太郎
ペリー　遠藤泰生
ハリス　福岡万里子
オールコック　佐野真由子
アーネスト・サトウ　奈良岡聰智

近代

＊明治天皇　伊藤之雄
＊大正天皇　F・R・ディキンソン
＊昭憲皇太后・貞明皇后　小田部雄次
大久保利通　三谷太一郎
山県有朋　鳥海靖
木戸孝允　落合弘樹
井上馨　伊藤之雄
＊松方正義　室山義正
北垣国道　小林丈広
板垣退助　小川原正道
長与専斎　笠原英彦
大隈重信　五百旗頭薫
伊藤博文　坂本一登
井上毅　大石眞
＊井上勝　老川慶喜

＊桂太郎　小林道彦
＊渡邉洪基　瀧井一博
＊乃木希典　佐々木英昭
星亨　小林道彦
林董　奈良岡聰智
＊児玉源太郎　小林道彦
＊高宗・閔妃　木村幹
山本権兵衛　室山義正
＊金子堅太郎　松村正義
高橋是清　鈴木俊夫
小村寿太郎　簑原俊洋
＊犬養毅　小林惟司
原敬　季武嘉也
＊加藤高明　櫻井良樹
牧野伸顕　小宮一夫
田中義一　黒沢文貴
内田康哉　高橋勝浩
平沼騏一郎　堀田慎一郎
＊鈴木貫太郎　小堀桂一郎
宇垣一成　北岡伸一
＊宮崎滔天　榎本泰子
＊浜口雄幸　川田稔
幣原喜重郎　西田敏宏
関一　玉井金五
水野広徳　片山慶隆
広田弘毅　井上寿一
安重根　上垣外憲一
＊グルー　廣部泉
＊永田鉄山　森靖夫
東條英機　牛村圭
今村均　前田雅之

蔣介石　劉岸偉
石原莞爾　山室信一
近衛文麿　庄司潤一郎
＊岩崎弥太郎　武田晴人
伊藤忠兵衛　末永國紀
＊五代友厚　田付茉莉子
大倉喜八郎　村上勝彦
＊安田善次郎　由井常彦
渋沢栄一　武田晴人
中野武営　佐賀香織
益田孝　鈴木邦夫
山辺丈夫　宮本又郎
武藤山治　阿部武司・桑原哲也
池田成彬　松浦正孝
西原亀三　森川正則
小林一三　橋爪紳也
大倉恒吉　石川健次郎
大原孫三郎　猪木武徳
＊河竹黙阿弥　今尾哲也
イザベラ・バード　加納孝代
＊林忠正　木々康子
＊森鷗外　小堀桂一郎
＊二葉亭四迷　ヨコタ村上孝之
＊夏目漱石　佐々木英昭
徳冨蘆花　半藤英明
巌谷小波　千葉信胤
樋口一葉　佐伯順子
＊島崎藤村　十川信介
泉鏡花　東郷克美
上田敏　小林茂

＊有島武郎　亀井俊介
北原白秋　平石典子
菊池寛　山本芳明
芥川龍之介　髙橋龍夫
＊宮沢賢治　千葉一幹
高浜虚子　坪内稔典
与謝野晶子　佐伯順子
＊種田山頭火　村上護
＊斎藤茂吉　品田悦一
＊高村光太郎　湯原かの子
石川啄木　先崎彰容
萩原朔太郎　エリス俊子・栗原飛宇馬
＊原阿佐緒　秋山佐和子
＊狩野芳崖・高橋由一　古田亮
川村清雄　落合則子
＊小堀鞆音　小堀桂一郎
竹内栖鳳　北澤憲昭
黒田清輝　高階秀爾
中村不折　石川九楊
横山大観　高階秀爾
＊橋本関雪　西原大輔
小出楢重　芳賀徹
土田麦僊　天野一夫
岸田劉生　北澤憲昭
濱田庄司　濱田琢司
＊山田耕筰　後藤暢子
松旭斎天勝　川添裕
中山みき　鎌田東二
佐田介石　谷川穣
＊ニコライ　中村健之介

＊出口なお・王仁三郎　川村邦光
＊新島襄　太田雄三
新島八重　佐伯順子
木下広次　冨岡勝
海老名弾正　西田毅
嘉納治五郎　クリストファー・スピルマン
柏木義円　片野真佐子
津田梅子　田中智子
＊澤柳政太郎　新田義之
河口慧海　高山龍三
山室軍平　室田保夫
大谷光瑞　白須淨眞
＊久米邦武　髙田誠二
フェノロサ　伊藤豊
井上哲次郎　井ノ口哲也
三宅雪嶺　長妻三佐雄
＊岡倉天心　木下長宏
志賀重昂　中野目徹
徳富蘇峰　杉原志啓
＊竹越与三郎　西田毅
内藤湖南・桑原隲蔵　礪波護
＊廣池千九郎　橋本富太郎
岩村透　今橋映子
＊西田幾多郎　大橋良介
＊金沢庄三郎　石川遼子
＊柳田国男　鶴見太郎
厨川白村　張競
＊村岡典嗣　水野雄司

大川周明 山内昌之
西田直二郎 林 淳
＊折口信夫 斎藤英喜
シュタイン 瀧井一博
西 周 清水多吉
＊福澤諭吉 平山 洋
成島柳北 山田俊治
福地桜痴 山田俊治
＊村山龍平 早房長治
島田三郎 武藤秀太郎
田口卯吉 鈴木栄樹
＊陸 羯南 松田宏一郎
黒岩涙香 奥 武則
長谷川如是閑 織田健志
＊吉野作造 田澤晴子
＊山川 均 米原 謙
＊岩波茂雄 十重田裕一
＊北 一輝 岡本幸治
＊穂積重遠 大村敦志
中野正剛 吉田則昭
＊満川亀太郎 福家崇洋
＊エドモンド・モレル 林田治男
＊北里柴三郎 福田眞人
高峰譲吉 木村昌人
田辺朔郎 秋元せき
＊南方熊楠 飯倉照平
石原 純 金子 務
＊辰野金吾 河上眞理・清水重敦
＊七代目小川治兵衛 尼崎博正

本多静六 岡本貴久子
ブルーノ・タウト 北村昌史

現代

昭和天皇 御厨 貴
高松宮宣仁親王 後藤致人
＊李 方子 小田部雄次
吉田 茂 中西 寛
マッカーサー 柴山 太
鳩山一郎 楠 綾子
＊石橋湛山 増田 弘
重光 葵 武田知己
市川房枝 村井良太
＊池田勇人 藤井信幸
高野 実 篠田 徹
和田博雄 庄司俊作
朴正熙 木村 幹
＊田中角栄 新川敏光
宮沢喜一 村上友章
竹下 登 真渕 勝
＊松永安左エ門 橘川武郎
鮎川義介 井口治夫
＊出光佐三 橘川武郎
＊松下幸之助 米倉誠一郎
渋沢敬三 井上 潤
＊本田宗一郎 伊丹敬之
＊井深 大 武田 徹
＊佐治敬三 小玉 武

幸田家の人々 金井景子
＊正宗白鳥 大嶋 仁
＊大佛次郎 福島行一
＊川端康成 大久保喬樹
＊薩摩治郎八 小林 茂
坂口安吾 千葉一幹
太宰 治 安藤 宏
松本清張 杉原志啓
安部公房 鳥羽耕史
＊三島由紀夫 島内景二
井上ひさし 成田龍一
R・H・ブライス 菅原克也
柳 宗悦 熊倉功夫
バーナード・リーチ 鈴木禎宏
＊熊谷守一 古川秀昭
川端龍子 岡部昌幸
藤田嗣治 林 洋子
＊井上有一 海上雅臣
＊手塚治虫 竹内オサム
古賀政男 藍川由美
＊吉田 正 金子 勇
武満 徹 船山 隆
＊八代目坂東三津五郎 田口章子
＊力道山 岡村正史
＊西田天香 宮田昌明
安倍能成 中根隆行
サンソム夫妻 平川祐弘・牧野陽子
＊天野貞祐 貝塚茂樹

和辻哲郎 小坂国継
矢代幸雄 稲賀繁美
石田幹之助 岡本さえ
＊平泉 澄 若井敏明
＊早川孝太郎 須藤 功
安岡正篤 片山杜秀
青山二郎 田野 勲
島田謹二 小林信行
田中美知太郎 川久保剛
前嶋信次 杉田英明
＊唐木順三 澤村修治
亀井勝一郎 山本直人
知里真志保 モコットゥナシ
＊保田與重郎 谷崎昭男
石母田正 磯前順一
＊福田恆存 川久保剛
井筒俊彦 安藤礼二
佐々木惣一 伊藤孝夫
小泉信三 都倉武之
＊瀧川幸辰 伊藤孝夫
式場隆三郎 服部 正
大宅壮一 有馬 学
清水幾太郎 庄司武史
＊フランク・ロイド・ライト 大久保美春
＊中谷宇吉郎 杉山滋郎
今西錦司 山極寿一

＊は既刊
二〇一九年九月現在